东北师范大学日本研究丛书

主编：尚侠

从垄断到竞争

——日美欧电力市场化改革的比较研究

井志忠　著

商務印書館

2017年·北京

序　言

余昺鹏

从1978年开始，特别是20世纪90年代初期以来，许多国家和地区先后进行了电力工业市场化改革，探索通过电力市场配置电力资源的途径和方法。目前，除非洲及亚洲的少数国家外，世界上大多数国家都已经或正在进行电力工业的市场化改革。电力市场化改革已经成为一种世界性潮流。

改革开放以来，中国电力工业取得了举世瞩目的成就。截至2007年年底，中国电力工业发电装机容量为71329万千瓦，750千伏、500千伏、330千伏、220千伏线路长度分别为511公里、92567公里、15795公里、219337公里，2007年全年发电量为32559亿千瓦时。1998年12月24日，国务院办公厅转发《国家经贸委关于深化电力工业体制改革有关问题的意见》（国办发146号文件），明确提出要厂网分开、竞争上网，建立电力市场，并选择浙江等6个省市作为电力市场试点。如果从此时算起，电力市场建设已走过了10年的历程。2002年2月10日，国务院印发《电力体制改革方案》（国发[2002]5号文件）。以此为标志，电力市场化改革提速并进一步深化。2007年4月6日，国务院办公厅印发《关于"十一五"深化电力体制改革的实施意见》（国办发[2007]19号文件），对电力市场化改革思路作了新的完善和补充。经过艰苦求索，中国的电力市场化改革取得了阶段性成果，建立起了电力监管制度，发电侧形成了寡头垄断市场结构，但也暴露出一些无法回避的问题。例如，从电价变动上看，由于燃料价格和运价上涨等原因，销售电价在改革中一路上涨，用户享受不到电力市场化改革和发电侧竞争的成果；从进程上看，由于电力供应一直偏紧等原因，进展缓慢，甚至一些已经明确的改革措施也未落到实处。因而，对中国电力市场化改革措施与路径的争论也一直没有停止过。

电力市场化改革受到人们广泛关注，不仅在于它与人们生活密不可分，还在于这是破除垄断、提高效率的一项复杂改革，很多理论和实践问题尚处于探索之中。从以下随意剖开的几个层面就可管窥一斑。采用什么方式引入竞争，就什么进行竞争，以解决电力行业的效率和资源稀缺性问题是电力市场化改革的核心问题，不同的解决方案将构成不同的竞争模式。电力工业采用何种组织结构和竞争模式能够更有效率，还是一个需要不断实践的课题。电力市场化改革有多重目标，而且相互之间有矛盾，如何根据经济发展的不同阶段和电力发展的不同水平，确立改革的主要目标和次要目标，并且使多重目标之间相互平衡，这是摆在政府、电力监管机构、电力市场设计者面前的一道难题。对电力市场化改革，人们往往容易看到改革前的弊端，也常常会想象改革后的成果，但对改革过程中将会面临的制约因素和风险却也容易认识不足，美国加州电力危机和美、加“8·14”大停电事故就充分说明了这一点。

电力工业管理体制的规律和市场化改革的趋势，需要我们去把握和探寻，世界各国电力工业改革的经验教训需要我们去借鉴，中国电力工业改革中出现的问题需要我们用科学、理性的态度去解决和创新。

本书是作者对各具特色的日美欧电力市场化改革实践进行深入分析的一次尝试,它试图从纷繁复杂的表象中找出一些共性与规律,以期为深化中国电力体制改革提供一个思路或视角。我认为这是一件很有意义的事情,希望通过作者的劳动和本书的出版,就如何推进中国电力体制改革,引起大家进一步的探讨。尽管不可能把关于电力市场化改革的所有问题在这一部书中都解决掉,但我仍然希望在今后的研究中,作者继续关注这一课题,并对书中已经涉猎的,如市场势力、输电线路阻塞等问题,以及书中没有提及的,如发展中国家电力体制改革等问题做进一步深入研究,期待看到作者更多研究成果。

2008 年 10 月于吉林大学

完成的，电力的生产和消费必须保持瞬时平衡，任何背离都将引起频率波动，导致设备破坏直至整个系统瓦解。[①] 电力需求随时间、季节和偶然性因素波动很大。

(2)电力供应通过垂直的各阶段进行：发电、高压电网输电、地区电网配电、供电到用户。电网中各输电线之间的电力潮流（输电容量）分配是根据物理学的克希霍夫定律确定的，输电线的传输容量是根据物理学欧姆定律、电磁感应定律确定的。发电、输电、配电之间必须保持协调，配合一致。

(3)电力发电燃料如煤、石油、天然气等释放的二氧化碳、氧化氮和氧化硫等化合物；核电产生的放射性废料，水电站招致的生态变化等，对外部环境的影响很大。

(4)电力行业属于资本、技术密集型产业，沉淀成本大，建设周期长；随着科技的发展，电厂装机越来越大、电网覆盖面越来越广。

(5)为了保证电力供应的安全性，电力系统必须拥有能够实时满足多变的用电需求的电力资源，发电备用容量一般在8%左右，输电网要留有适当的裕度。

(6)电力系统中连接在一起的电厂、电网和用电器，可以被视为世界上最大的机器，任何单一部件的变化都会对整个系统产生影响，其中发电与输电环节的协作是保证电力供应系统完整性的关键。电力供求平衡必须在电网的每一个环节上保持不变，否则将造成大规模电力供应的中断。由于随机性的供求不平衡会突然发生，所以电力系统运营调度部门要随时监视系统运行情况，发生问题及时处理，

---

① エネルギー政策研究会『電力ビジネス事典』エネルギーフォーラム、2004年9月、第49—50頁。

第一章　日美欧电力市场化改革的理论考察

第一节　电力工业管理体制的演变

一、电力工业管理体制的内涵

电力工业管理体制是指与电力工业相关的组织在管理电力工业方面权限划分的制度。主要包含了政府、电力行业协会、电力企业在电力工业管理方面各自的职能和相互关系。具体可以从电力行业的特点、政府对电力工业的宏观管理与市场监管、电力行业协会的功能以及电力企业运行机制几个方面理解。

(一)电力行业的特点

电力工业从结构上分有纵向一体化与非纵向一体化、集中与分散、垄断与竞争等不同模式。电力工业的纵向结构是指从发电、输电、配电到售电这几个阶段的关联程度。如果这些活动是统一管理的,就是纵向一体化;如果是分开管理,就是非纵向一体化。电力工业的横向结构则是指处于同一阶段上的企业的数量及关系。电力行业经济、技术特征非常明显,要完整、准确地理解电力工业管理体制的特点,首先应理解电力行业的如下特点。

(1)电力不能储存,电力的生产、输送、销售和使用是瞬间同步

目　　录

以确保电力系统运行安全。

(7)由于电网中的能量损失与约束因素的存在,使得电力输送成本与输送距离成正比。远距离输电投资很大,成本也很高。

(8)电网是电力市场的基础和载体,电力市场在建设过程中,要充分考虑电网的安全稳定运行问题。电力安全直接影响社会的政治安全和经济安全,一旦出现问题,恢复起来的时间较长,影响国民经济的发展速度。电网事故具有瞬时性和难以预测性,往往在数秒钟之内发生。

电力行业的以上特点说明,电力工业是一个具有规模经济的基础性行业,存在规模经济与竞争活力相协调的问题。同时,电价明显地影响收入分配,因而具有公用事业的特点;但又不能过分强调电力企业的公用事业性,电力企业首先应该成为一个在市场中按市场规律运作的企业。电力企业与政府之间的关系既有与一般企业一样的共性,又有特殊之处。

(二)政府对电力工业的宏观管理与市场监管

在市场经济条件下,政府承担社会管理者的职责,追求公平、公正的社会目标,行使调控、监督、协调、服务的职能,坚持市场经济普遍规律与电力工业特殊规律相结合,积极推进电力市场体系建设,为电网安全稳定运行创造良好的市场环境条件。政府管理电力的职能主要包括:

(1)制定有关电力工业的行政法规、规章;研究制定电力工业发展的经济、技术政策,组织制定国家标准。

(2)研究制定国家电力工业发展的战略和重大方针,编制全国电力工业长远规划和年度计划,对重大电力建设和技改项目进行立项审查。

(3)依法管理供电营业区划分和营业许可证核发等工作,对电力价格进行监管。

(4)履行行政执法和行政执法监督的职责,负责对全国电力生产、建设的安全监察和环境保护的监督评价。

政府行使管理职能的方式,应该以运用许可证、合同监督等法律手段为主,以行政手段为辅,并且要通过立法予以明确。

(三)电力行业协会的功能

电力行业协会的基本功能是沟通电力企业与政府之间的联系,发挥政府与电力企业之间的桥梁纽带作用,具体表现在以下三个方面:(1)为会员企业提供服务。经常开展的活动有:开会讨论协调会员企业间的竞争与合作关系;同其他组织合作,协调行业间的关系;拟定电力企业经营标准;发布统计资料;制定电力行业的行规会约;消除电力会员企业间的不公平竞争;对电力行业情况进行宣传报道;搞好电力协会的财务管理;信息服务;专业服务;仲裁与调解;行业教育;举办展览会、讲演会;广告合作;提倡与组织电力标准化;信用服务;影响电力行业税收政策。(2)影响政府电力产业政策及电力法律制定。电力行业协会作为一个有组织的利益群体,已成为政府电力立法的重要渊源之一,许多有关电力的法律法规都是按照该利益群体的意见修改的。政府在电力立法和制定电力产业政策方面,一般都很重视电力行业协会的意见,政府甚至经常主动找电力协会,征求它们对决策的意见和看法。(3)为政府提供服务。如:为政府提供电力行业的统计资料及电力行业发展趋势的报告;接受政府委托,提出电力行业经济政策建议,根据电力行业特点制定电力行业标准等。日美欧影响较大的电力行业协会有英国电气协会(EA);美国的全美公用电力企业协会(APPA)、爱迪生电气协会(EEI)和国家农村电力合作社协会(NRECA);日本的中央电力协议会(CEPC)、电气事业联合会(FEPC)和电力系统利用协议会(ESCJ);欧洲电力企业联合会(EURELECTRIC)等。

(四)电力企业运行机制

电力企业运行机制涉及电力企业内部要素的相互作用、关系及其运行方式。电力企业运行机制从外部考察,是电力企业所处的经济体系的运行机制;从电力企业内部看,是电力企业本身产权关系属性,它涉及资产所有者对电力企业经营活动的控制方式和程度,也决定了电力企业采取的法律和组织形式。如何完善电力企业的治理结构,既使得电力企业成为具有竞争活力和可持续发展的市场主体,同时,又保证电力产业满足普通消费者的需求和社会公平要求,是电力市场化改革必须解决的难题。

二、公有垂直一体化垄断经营的电力工业

电力工业管理体制大致可以分为两个阶段:第一个阶段是从19世纪末到20世纪80年代末,主要特征是:日美欧各国大多对电力行业实行价格和市场准入的严格管制、垂直一体化垄断经营,并由政府来维持其垄断地位;电力工业的所有制性质多以公有(联邦、州)为主,如英国1926年前后电力工业国有化、德国1920年前后电力工业公营化(仍有一部分实行民营),但日本、美国分别在1900年、1910年前后民营化,至今一直以民营为主。[①] 基本上可以把这一阶段的电力工业管理体制的特征概括为"国家直接投资+政府管制"。第二个阶段是从20世纪90年代初到现在,主要特征是日美欧各国纷

① 西村陽『電力改革の構図と戦略』エネルギーフォーラム、2000年11月、第28—29頁。

纷实行市场化改革,认识到电力资源可以通过电力市场获得有效配置,“私人企业+政府监管”的模式逐渐占据电力公司治理模式的主导地位。

从19世纪末开始发展起来的电力工业,开始仅仅是供应一个城市或一个城市的某个地方,电力工业的规模很小,大多是地方的小公司或私人公司,电力市场呈现出低水平竞争状态。[①] 由于电力工业具有发、供、用同时完成的固有生产规律和自然垄断特性,到第二次世界大战结束以后,许多国家把分散的、小型的电力公司收归国有,成立垂直一体化垄断管理的公有电力公司。

政府和电力管理者之所以认为电力工业需要垄断经营,首先基于技术方面的原因,即只有一个垂直垄断的体系才能管理大而复杂的电力系统,才能发挥规模效益。其次,电力系统的大量投资需要很长时间才能回收,电力企业的发电、输电工程投资要靠终端用户支付电费来偿还。[②]

基于此,日美欧各国政府对电力行业的垄断经营地位大多是给予承认的,承认的方式是给予特许经营权,即特许某一地区只有一个电力企业或少数几个配电企业经营,用户一般没有用电选择权。[③] 特许权是对垄断地位的确认,同时,也是一种管理形式。电力企业此种权利也不是无限制的,它必须接受政府监管,即垄断约束。

---

① 叶泽、欧阳永熙:《电力工业从垄断到竞争的结构演变》,载《电力技术经济》2004年第1期,第20页。

② 山家公雄『電力自由化のリスクとチャンス』エネルギーフォーラム、2001年9月、第199—201頁。

③ 経済協力開発機構・国際エネルギー機関著、中田俊彦訳『電力自由化と構造改革—競争市場に対する戦略的思考とは?』技術経済研究所、2002年9月、第35—44頁。

电力工业的所有制性质之所以多以公有(联邦、州、郡)为主,一是由于电力投资规模的要求,政府认为私人资本不能提供巨额资金,而相信政府通过借贷和担保可以获得低利率的优惠贷款。二是电力工业在技术上具有自然垄断性,如果由私人来经营就会利用它获取超额利润,即垄断效益。三是电力工业是基础性产业,政府认为公有制是电力工业最好的一种管理方式,它有利于政府对电力工业的宏观调控和保证廉价供应电力。

尽管从19世纪末到20世纪80年代末,日美欧各国电力管理体制总体状况是垂直垄断管理的公有电力公司,但管理的模式还是有差异的,大致可以分为四种类型:(1)英国和英联邦国家的模式——州、郡属发输电公司和地方配电公司。这种模式的特点是:各州、郡政府有较大的自主权,每个州、郡或几个州、郡建立垄断经营的发电、输电公司,州、郡内各地方自己组织配电公司。发输电公司由州、郡政府管理和经营,配电公司由地方自己管理和经营。(2)法国模式——全国性垂直垄断管理的公有电力公司。发展中国家大都采取法国电力工业的管理模式,也都没有设立电力监管委员会、电力行业协会,其监管任务由中央和地方各级政府部门分散管理。与法国不同的地方是,法国电力工业实行了政企分开,而发展中国家大多没有实行政企分开。(3)日本模式——10大垂直垄断的私有化电力公司在各自区域内垄断经营。(4)美国模式——私有制、以州为主的多模式垄断电力公司。

第二节　日美欧电力市场化改革背景分析

公有垂直垄断的电力工业管理体制在电力工业发展初期适应了

社会化大生产的需要，对促进电力工业的快速发展、满足国民经济需要起到了很大的作用。但到了20世纪80年代末期，由于外部环境的变化和其本身缺陷的凸显，电力工业管理体制在平静中又迎来了一场变革。

一、电力全球化

随着经济全球化趋势的加强，日美欧各国为实现本国经济的发展，加大经济开放程度，逐步融入国际经济一体化大循环中。全球经济一体化，在电力行业，就呈现为电力全球化，它促使日美欧各国纷纷实行电力市场化改革。电力全球化，主要表现在以下几个方面：

其一，煤炭、油、气等发电能源，可以从世界市场采购，使发电能源选择具有多样性。

日本能源资源贫乏，只有少量水能和煤炭，必须大量进口原油、天然气、煤炭及铀等能源，是世界第二大能源进口国。日本为了减轻对进口石油的依赖，大力发展核电，开发水电、煤电、液化天然气发电，开发新能源，从供需两方面开发节能技术，进口能源的比重已明显降低，但到1999财年，一次能源进口比例仍超过79%。[①] 至今日本的发电能源仍主要从世界市场采购。

2003年第一季度，俄罗斯石油产品出口达2090万吨，出口额42亿美元，其中出口柴油830万吨，价值20.9亿美元；出口重油930万吨，价值13亿美元；出口润滑油25万吨，价值5200万美元；出口天然气达531亿立方米，出口额为52.9亿美元。进口俄天然气较多的国家是德国（88亿立方米）、意大利（59亿立方米）、乌克兰（70亿立

---

① http://www.sp.com.cn/sjdl/dlgygk/yz/200304230052.htm.

方米)、白俄罗斯(54 亿立方米)。[①] 俄罗斯是世界上出口发电能源较多的国家之一。

其二,既可考虑自己建电厂供电,也可考虑由国外输入,这取决于经济效益的分析及环境容量的大小,相应需要发展跨国联网。

2002 年上半年俄罗斯电力出口量为 72 亿千瓦时。其中,俄罗斯向独联体国家出口电力 29 亿千瓦时,价值 4650 万美元;向独联体以外及波罗的海国家出口电力 43 亿千瓦时,价值 7200 万美元。[②]

白俄罗斯年需电力平均为 340 亿千瓦时,但近年来每年只生产 260 亿千瓦时,需要进口 70—80 亿千瓦时。2003 年白俄罗斯产电能 259 亿千瓦时,进口 76 亿千瓦时,其中从俄罗斯进口 35 亿千瓦时,通过俄罗斯公司从立陶宛进口 41 亿千瓦时。[③]

冷战结束后,由于能源分布和经济发展的不平衡及电网互联运行的巨大效益,跨国联网输电的趋势不断发展。如欧洲发输电联盟(UCPTE)早在 1963 年就实现了西欧各成员国 400 千伏交流联网,以后又通过直流同英国、瑞典实现非同期联网。1995 年 9 月原民主德国地区电网与西欧电网联网,1995 年 10 月波兰、捷克、匈牙利三国电网与西欧电网同期互联。美洲最大的北美互联电力系统由美国 2000 多个电力公司组成,电网装机容量近 700 吉瓦。北部还与加拿大通过交流和直流互联,南部则与墨西哥电网互联,形成了一个世界上规模最大的北美电网。

---

① 《俄罗斯经贸动态》, http://www. agfine. com,2003 – 07 – 30。

② 《俄罗斯上半年电力出口下降 18%》, http://www. chinapower. com. cn ,2002 – 09 – 13。

③ 《白俄罗斯拟靠自身力量满足国内电力需求》, http://www. chinapower. com. cn , 2004 – 02 – 10。

其三,加强引进外资与对外电力投资并举,使资金、人力资源双向流动,加强国际交流与合作力度,使电力企业在融入全球电力市场过程中不断发展提高。

日美欧各国电力公司互相收购、兼并;但有时也会受到来自各方面的干预甚至阻击。欧洲各国都有自己的王牌能源企业,从2005年企业的股市市值看,法国电力公司(EDF)为770亿欧元,居欧洲之首,其次为德国E.ON公司,为663亿欧元,意大利Enel和法国苏伊士公司分列第三和第四,分别为444亿欧元和420亿欧元。从2005年企业的营业额看,E.ON公司为老大,达560亿欧元,其次为法国电力公司(EDF),为510亿欧元,Enel和苏伊士分列第四和第五,分别为340亿欧元和300亿欧元。[①] 近年来,美国、英国、法国、德国等国的一些大的电力公司纷纷制定海外投资战略,设立专门的海外投资机构。2006年2月21日,德国最大的能源公司——德国E.ON公司宣布,已向西班牙最大的电力企业恩德萨(Endesa)公司发出以每股27.50欧元现金价格方式收购的信息。这笔交易的总价值达291亿欧元,远远高于西班牙天然气公司2005年9月发出的225.5亿欧元的收购报价。E.ON公司总裁贝尔诺塔特称,如果收购成功,不仅E.ON公司能够扩大规模,成为世界上最大的天然气和电力公司,而且也能给恩德萨带来巨大的好处,并将有利于实现欧洲统一的能源市场。在德国E.ON公司提出并购报价后,西班牙首相萨帕特罗深感不安,他在与E.ON公司总裁的会谈中明确表示,反对收购恩德萨。而西班牙新闻国务秘书莫拉莱达则表示,西班牙政府尊重市场规律,但由于此项交易涉及能源领域,因此希望将恩德萨留在西班牙

---

① 陈志萱:《欧洲能源企业并购潮起》,载《经济日报》2006年3月1日。

人手中。恩德萨董事会主席皮萨罗2006年2月25日在股东大会上表示,拒绝德国E.ON公司和西班牙天然气公司出价收购,恩德萨将走自己的路。恩德萨总裁介绍了与E.ON接触的情况,并表示双方并未达成任何收购意向。

在全球化的过程中,发展中国家也与发达国家进行了电力方面的合作。发展中国家电力工业吸收了日美欧等发达国家电力公司的投资,而日美欧等发达国家的电力公司则借此实现了资本输出的目的。以中国为例:据统计,截至1998年底,中国经批准设立的外商投资电力项目公司共计39家,涉及的装机容量达2700万千瓦,外商投入股本金总计达23亿美元,境外融资协议金额达上百亿美元。投资高峰期集中在1995到1997年,三年时间里,外商投资电力项目公司成立了19家,投入股本金约16亿美元,涉及装机容量1550万千瓦。①

其四,在电网布局、电源结构、电力能源供应及技术等方面,必须确保电力安全供应,具有较强抵御各种风险的能力,否则将对国家电力安全构成威胁。

蒙古西部和北部多个省份依靠俄罗斯供电,但蒙方常常不能及时向俄方交付电费,俄方断电使蒙古经济发展受到影响,给人民生活造成诸多不便。蒙方受制于人,无法保证电力安全供应。2000年3月,俄方曾因电费问题对蒙西部三省断电近一个月。到了2002年11月,蒙古西部的科布多、巴音乌列盖和乌布苏分别欠俄4.86亿图格里克、2.7亿图格里克和3.23亿图格里克(1美元约合1115图格

① 美国松滨国际系统公司:《外国投资商:欢迎电力工业体制改革》,载《中国电力企业管理》2002年第7期,第14页。

里克,时价)的电费。[①] 这些债务已经拖欠多年,有的是当地原来一些工厂、企业拖欠下来的,但这些企业许多已破产倒闭,所欠的电费亦无法追回。俄远东地区电力公司多次敦促这三省尽早偿还拖欠的电费,但由于蒙方回应不积极,于是俄停止向这三省供电,并称直到电费问题解决后才能恢复供电。由于正值严冬,西部地区又是蒙古最寒冷的地区,停电后,当地供暖设备也无法正常工作,各省处境十分困难。停电同时影响当地污水处理和自来水的供应。停电地区利用小型柴油发电机发电,只能保证对当地医院、部队等重要机构进行定时供电、供暖。蒙古总理、基础设施部长和财政经济部长与西部三省的领导进行了磋商,并决定由蒙古政府向西部三省提供优惠贷款4.5亿图格里克,加上各省自行筹资,希望尽快将拖欠的债务偿清,使俄方恢复供电。

为了解决蒙古西部省区用电问题,蒙古政府着手于2005年在西部建立德尔根和泰希尔两座小型水电站,以结束该国西部省区进口俄罗斯电力的历史。

二、电力科技创新

电力科技创新使得电力网络具备了开放运营的管理技术,对日美欧各国电力企业的传统经营方式造成了空前的冲击。[②] 没有电力科技的进步、信息技术的发展,电力工业不可能走向自由化和市场化。电力科技创新对电力经营管理体制的影响主要表现在以下三个方面:

---

① 《蒙古3省长期拖欠电费 俄罗斯电力公司停止供电》,http//www.news.tom.com,2002-11-19。

② 鈴木浩・渡辺進『ITが拓く電力ビジネス革命』オーム社、2002年7月、第14—29頁。

1. 发电科技创新对电力经营管理体制的影响

在第二次世界大战后的 20 年间，电力需求旺盛。化石燃料价格低廉，供电成本很低，电力科技创新的重点集中在发电科技上，提倡大电厂、大电网、大机组。

随着电脑、信息和控制技术在发电设施上的应用，在发电领域不再有更多的规模经济效益：电厂设备和规模已经定型，热效率提高已达到极限，从技术上讲已没有更多措施降低成本。在这种情况下，能够快速适应高峰负荷需要的燃气蒸汽联合循环机组、小型热电联产机组有了新的生存空间，大型和远离负荷中心的电厂将越来越多地被靠近负荷中心的小型和清洁发电方式所代替。可再生能源用于发电，除水能资源开发可以建设大型、特大型水电站外，其他如风能、太阳能、潮汐能等的发电利用大都是小型的。世界范围内的清洁、高效和分散的电力生产是未来电力的发展方向。

2. 输电科技创新对电力经营管理体制的影响

20 世纪 70 年代出现了两次石油危机，化石燃料价格大幅度上涨，而且环境保护逐渐受到重视，使得各产业开始注意节约能源，并重视能源利用效率。在电力方面，电力需求的增长也趋向缓和，电力部门转而重视电力负荷管理与电力需求侧管理，致力于用户消费结构的研究，以改进电力负荷及用电量的预测。这时，电力科技创新的重点集中在输电科技创新和配电科技创新上。

在输电方面，由于电脑具有快速、大量的计算能力，各电力公司的中央调度中心通过各种通信方式将各发电厂及变电所联结成一个完整的调度、监控系统，各发电厂按照其调度命令调度发电量以适应电力需求的变化。调度中心的电脑，除了收集各发电厂和变电所供需电量资料外，还可以依据经济调度的需求计算结果，每隔数秒就发布指令，调度各发电厂的发电设施，以达到整体最优。由于输电系统的监控已完全自动化，因此对于未来电力公司以竞标方式决定发电量，现有的调度设施已经有足够能力给予监控和计算。还由于输电系统即时监控功能的完备，如果一旦开放电力代输业务，则任何时刻代输电力、电量的进出系统都可以掌握和控制，而应分摊的代输费用也可以很快计算出来。只要将原来的经济调度原则改变为依照合同和竞标结果来安排发电和输电就可以了。

3. 配电科技创新对电力经营管理体制的影响

配电科技创新使配电系统实现了自动化。配电系统自动化主要是利用电脑、控制设备，将配电线路及各用户连接成同电力线路并行的一套控制系统。其基本功能除了监控线路、迅速侦察事故、隔离故障和快速转供，以缩小停电范围外，还可以深入到每个用户，用微处理机替代传统的机械表，将任何时段的用电量、负荷记录下来，通过现代化通信系统和配电自动化系统联结，其记忆的资料可以迅速、方便地被电脑主机读取、存储。这种遥控读表功能除可以节约抄表及计算电费的人力之外，还可以利用其记录各时段的用电量和负荷，采用分时峰谷电价和实时电价。[①] 这是采用自动化及微处理机对电价制度产生最大影响的因素。此外，如果在电表外部同时安装负荷控制装置，通过负荷控制，可以进一步为用户提供分级电价，用户从中可以获取实时电价信息，制定最优用电策略从而获得电价优惠；另一方面，电力公司可以实施电力需求侧管理，降低高峰负荷，节省新建电厂投资及燃料成本。在配电系统调度方面，由于可通过信息系统

---

① 鈴木浩・渡辺進『ITが拓く電力ビジネス革命』オーム社、2002 年 7 月、第 66—72 頁。

收集即时用电资料,配电与售电业务分开时,也可提供任何时间、任何用户的用电资料,在电费计算上可以突破传统的用户只能向一家供电商购电的限制。

配电科技创新使发、输、配电环节利润重新分配。例如,在英国,由于政府转让其所拥有的 12 个配电公司的股份,英国 11 家地区配电公司已经被接管,配电公司走到了一个十字路口。促使配电公司被接管的因素有两个:(1)较为宽松的管制与公司厉行成本节约使得利润增长归于配电公司;(2)政府转让拥有的股份,伴随着美国电力事业的放松管制和自由化,使英国配电公司可进入美国购进有盈利的资产,此举为英国股东带来丰厚的回报。这样,就使资本市场上配电资产显得更有价值。

配电科技创新使配电环节的功能分离,配电环节中若干部分可以让非电力公司来经营。例如,在美国加州,非电力公司被允许从事查表收费业务。随着电表记账付费技术和配电网络维护技术进一步提高,配电环节更多的功能可以从配电公司的业务里分离出来。如果这些功能真的不断分离的话,那么,配电公司的垄断经营将受到极大的挑战。

配电公司出现横向整合和多种公用事业一并经营的现象。日美欧各国普遍的情况是电力产业和燃气产业相互融合,在此过程中,燃气公司和电力公司的合并扩大了配电公司的经营范围,但同时,电力产业和燃气产业的交叉竞争变得增强。

总之,以燃气蒸汽联合循环机组和小型热电联产机组为代表的发电技术创新正逐渐改变发电环节的自然垄断性质,为电力行业按环节分拆创造了有利条件;而迅速发展的计算机和信息技术在输配电环节的广泛利用又为电力市场化改革提供了现实可行性。

三、社会各界对打破电力垄断的强烈呼声

铁路、民航、电信、天然气等其他自然垄断行业的服务对象都是社会部分群体,而电力则是对社会的全方位覆盖,服务对象涉及千家万户,关乎国计民生。正因为如此,日美欧各国大多首先在铁路、民航、电信、天然气等行业率先实行体制改革,而电力的体制改革则往往是放在最后来进行。[①] 尽管铁路、民航、电信、天然气等自然垄断行业的成功改革为电力体制改革提供了信心和经验,但电力体制改革却因慎重而显得迟缓,社会各界对打破电力垄断也因期望值较高而呼声强烈。

电力用户要求打破垄断。他们看到了垂直一体化垄断经营的弊端,要求通过引入竞争机制,享受低电价、高服务质量,拥有用电选择权,安全稳定用电。

电力投资者要求打破垄断。他们希望获得宽松的市场准入、公平的竞争环境和合理的投资回报。

独立发电公司(IPP)要求打破垄断。他们要求电网企业不再拥有发电公司,所有的发电公司成为平等的市场竞争主体,在公平、公开、公正的电力市场竞争规则下,获得发展和采用新技术。

环境保护组织要求打破垄断。他们希望通过市场手段,减少污染。

监管者要求打破垄断。他们希望能够通过竞争实现最优选择,通过监管实现价值最大化。

政府也希望打破垄断。政府要求电力工业降低直接支付成本,

---

① 竹内英次郎『外から見た「電力自由化」』日本電気協会新聞部、2004 年 2 月、第 96 頁。

提高运营效率，优化资源配置，改变垄断经营造成的体制性缺陷，通过电力市场化改革吸收到足够多的资金，促进电力发展。

四、国际组织的政策扶持

在所有的国际组织中，世界银行在推进电力市场化改革上起的作用最大，态度也最坚决。世界银行经过广泛调查研究之后，执行董事会通过了世界银行工业能源处撰写的《世界银行 1992 年政策报告——世界银行在电力部门中的作用》，将电力改革纳入世界银行认可的国际援助战略的一部分。这个报告对推进日美欧各国电力改革，特别是发展中国家的电力改革起到了推动作用。

世界银行对电力部门贷款的调查证实，尽管发展中国家的电力系统有了惊人的发展，而且确有一些效率高的电力部门和许多成功的单项工程，但是由于政府未能触及电力部门的基础——体制问题，使得电力部门在电价、财务、技术和机构等方面有日趋严重的问题。

世界银行主张不能继续以垂直垄断方式来管理电力工业，应对电力工业进行改革——政府必须对电力部门减少干预，允许电力部门有较大的自主权，政府只负责制定目标、政策、法律和规章，以保证各种投资者和公众的利益。世界银行还发放贷款支持电力市场化改革。1991 财政年度世界银行对发展中国家电力部门的贷款数额约为 400 亿美元，占世界银行总贷款的 15%。[①] 世界银行还对电力市场化改革浪潮进行跟踪研究，总结经验教训，例如，在加州电力危机发生后，世界银行曾告诫发展中国家，搞电力体制改革要有四个前提：一是不缺电；二是电网覆盖面宽；三是电价要高于成本；四是监管

① 王永干、刘保华：《国外电力工业体制与改革》，中国电力出版社 2001 年版，第 6 页。

者要有经验和信誉。

另外,亚洲开发银行(ADB)还就有关电力市场化改革的一些具体问题进行了探讨,如2002年12月围绕电力监管、2003年1月围绕电力市场结构问题分别举行了研讨会。在此基础上,2003年6月提出了电力自由化模式。[①]

五、公有垂直一体化垄断体制存在的缺陷

以公有方式实行垂直一体化垄断经营,导致了竞争制度的缺失,存在明显的制度性缺陷,难以达到有效提高全行业效率的目的。电力市场化改革前,垂直垄断和公有制的电力企业经过几十年的运营,面临着以下几个问题:

(1)美国能源情报署(Energy Information Administration, EIA)预测,1990—2020年全球电力消费量平均每年增长2.7%,发达国家平均每年增长1.9%,而发展中国家平均每年增长4.2%(见表1-1)。[②] 这说明随着全球性市场经济的发展,目前及可预计的将来,一方面,日美欧发达国家电力市场的供求关系逐渐发生了变化,电力需求增长速度变慢,电力供给的增加也受到越来越多因素的制约。而且,事实上日美欧发达国家大多是在电力容量富余的状况下进行的市场化改革。另一方面,许多发展中国家的经济蓬勃发展,电力需求很大,求大于供,缺电严重,要求高速度发展电力工业,这就需要更多的资金,而发展中国家政府不能提供足够的资金,使得公用电力事业面临严重的资金短缺。

---

① 石黒正康・野村宗訓『変貌するアジアの電力市場—アセアン諸国の電力構造改革の行方』日本電気協会新聞部、2004年6月、第134—139頁。

② 世界銀行編、生島靖久訳『インフラストラクチャーの改革—民営化と規制と競争の経済学』シュプリンガー・フェアラーク東京、2005年5月、第136頁。

表1－1　EIA预测的1990－2020年发达国家和发展中国家电力消费量（单位：10亿千瓦时）

国家或地区	1990	1999	2005	2010	2015	2020	1999－2020年平均变化率（%）
发达国家	6385	7517	8620	9446	10281	11151	1.9
美国	2817	3236	3793	4170	4556	4916	2.0
东欧·俄罗斯	1906	1452	1651	1807	2006	2173	1.9
发展中国家	2258	3863	4912	6127	7548	9082	4.2
亚洲	1258	2319	3092	3900	4819	5858	4.5
中国	551	1084	1523	2031	2631	3349	5.5
印度	257	424	537	649	784	923	3.8
其他国家	450	811	1033	1220	1404	1586	3.3
中南美	449	684	788	988	1249	1517	3.9
全球	10549	12832	15183	17380	19835	22406	2.7

资料来源：世界銀行編、生島靖久訳『インフラストラクチャーの改革—民営化と規制と競争の経済学』シュプリンガー・フェアラーク東京、2005年5月、第136頁。
注：2005年及以后的数值为预测值。

（2）由于电力企业内部缺乏激励机制，电力企业之间缺乏竞争，造成电力企业普遍效率低下，服务差。在许多发展中国家，输电、配电损失很大，发供电设备维护修理落后，供电可靠性低下，有些电力投资决策具有明显的缺陷，电力供应很难满足用户的要求。

（3）日美欧发达国家电价水平居高不下，民众对此深感不满。而发展中国家人为压低电价，阻碍了电力工业的发展。发展中国家政府紧紧地控制着公用电力事业，要求电力工业承担过重的社会目标，并且对电力企业经营管理的干预过多，许多发展中国家的政府认为便宜的电力对社会经济有好处，从而人为压低电价，这种政策的后果是:不能刺激用户节约用电,使得电力使用的经济效益不高;由于公用电力事业财政紧张,低电价,使得公用电力事业无法取得合理的投资回报和新的电力工程的投资,甚至连电厂的日常维护检修也难以维持,更谈不上老电厂的更新改造。

(4)电力企业的垂直垄断和公有制阻碍了能源效率的提高和可再生能源的开发。并且政府缺少有效的监管制度和监管手段。政府以行政手段为主直接管理电力工业,从而扭曲了市场信号,导致了监管成本高、效率低。

这些问题从根本上讲是由于政府对电力企业干预太多,介入太深,政府没有将电力企业作为一般意义上的参与市场竞争的企业,而是过多强调了电力企业的公用事业性和自然垄断性,要求电力企业承担许多非商业化的社会目标,没有提供按市场经济规律去运营的条件,电力行业长期处于垄断状态,缺乏有效竞争。

以电力全球化为基础,以电力科技创新为保证,在社会各界打破电力垄断的强烈呼声中,在国际组织的大力推动下,为了克服制度性缺陷,日美欧各国纷纷放弃垂直一体化垄断经营电力体制,转而进行电力市场化改革,寻求通过电力市场配置电力资源。

第三节　日美欧电力市场化改革的理论基础

一、自然垄断的基本特征

对电力行业实行市场化改革源于经济学中对自然垄断的研究。有些行业随着企业生产规模的扩大和范围的扩展,单位成本递减,从而实现效益增加。这些行业具有向规模经济、范围经济发展的内在趋势。这种并非法律和政府原因,而是由于自然因素和产业本身特点形成的垄断就称为自然垄断。[①] 规模经济、范围经济是自然垄断的主要依据，如果不存在或由于技术发展失去了规模经济、范围经济，也就不属于自然垄断范畴。[②] 从规模经济的角度，克拉克森等经济学家认为自然垄断的基本特征是：在一定的产出范围内，生产函数呈规模报酬递增状态，即生产规模越大，单位产品的成本就越小，由一个企业大规模生产，要比由几家较小规模的企业同时进行生产能更有效地利用资源。[③]

（一）自然垄断行业必然实行垄断经营

自然垄断性行业的发展与垄断经营之间存在着紧密联系的技术经济因素。具体说来，第一，自然垄断性行业的生产需要庞大的固定资本，实行垄断经营，生产规模就大，客户就多，单位成本就小，就能得到规模经济效益。第二，自然垄断性行业的企业进行联合生产经营要比企业单独生产经营的成本低，从而可以获得生产与分配的纵向统一利益和对多种用户提供多种服务的复合供给利益，即获得范围经济效益。第三，自然垄断性行业生产需要的设备投资巨大，折旧时间长，同时这些设备很难转移作为其他用途，所以，固定成本有较大的沉淀性。这三个方面的技术经济因素决定了自然垄断性行业的发展必然要求实行垄断经营。垄断经营使得其他生产者难以参与此类生产要素的市场供给，自然地限制或阻止了其他生产者的进入，形成市场垄断。这样就维护了自然垄断行业的垄断地位及其垄断利

---

① 许纯祯：《西方经济学教程》，吉林大学出版社 1996 年版，第 194 页。

② 龚维敬：《垄断经济学》，上海人民出版社 2007 年版，第 601—602 页。

③ 赵会茹、李春杰、李泓泽：《电力产业管制与竞争的经济学分析》，中国电力出版社 2007 年版，第 16 页。

益。[①]

（二）自然垄断行业实行垄断经营对社会的利与弊

自然垄断行业实行垄断经营是由自然因素和产业本身特点决定的。自然垄断行业实行垄断经营对社会具有有利的一面：从理论上说，具有降低平均成本的功效，具有促进经济效率提高的可能性，具有刺激创新的作用。

自然垄断行业实行垄断经营也存在对社会不利的方面：自然垄断行业往往凭借自身的经济优势或超经济势力对商品价格和商品数量实行控制，采取远远高于平均成本的垄断价格，造成资源浪费和社会福利的损失；自然垄断企业不像完全竞争厂商那样去力图降低成本；造成市场竞争、生产效率和社会产量的损失；消费者可能会被迫出很高的价格，造成消费者利益的损失；造成经济和技术出现停滞趋势。这些损失一部分转化为自然垄断者的超额利润，另一部分生产者得不到，消费者也得不到，被称为无谓损失。

（三）自然垄断行业实行垄断经营的效应

评价自然垄断行业实行垄断经营的效率既要考虑降低平均成本所带来的效应，又要考虑无谓损失的效应，即正效应和负效应相抵之后的总效应，称之为净配置效应。[②] 净配置效应的大小最终通过竞争效率的高低反映出来，可用图 1－1 局部均衡模型来分析。

水平线 AC_1 表示某个行业没有达到垄断时行业内企业的平均成本水平，而 AC_2 表示行业实现垄断时的平均成本水平。垄断前的价

---

① エネルギー政策研究会『電力ビジネス事典』エネルギーフォーラム、2004 年 9 月、第 69—70 頁。

② 王勇军、康永平、沈方：《电力市场中购电费用及竞争效率分析》，载《中国电力》2003 年第 6 期，第 20—21 页。

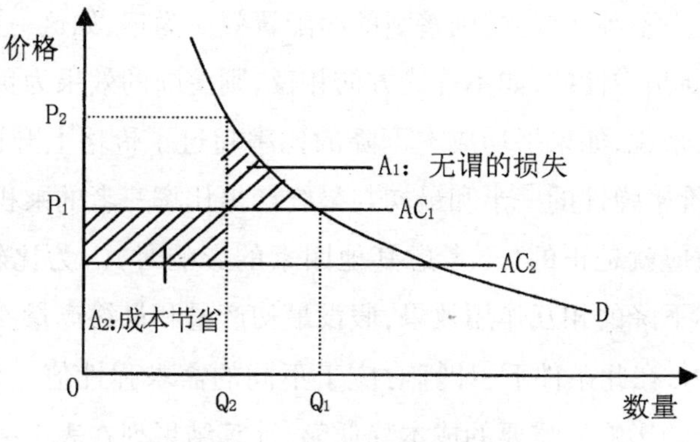

图1－1　净配置效应均衡分析

格由 P_1 给出，垄断后的价格由 P_2 给出，假设 $P_2 > P_1$（如果小于 P_1，则垄断的经济效果严格为正）。

垄断的净配置效应可由图中的两个阴影部分的面积给出。标着 A_1 的面积是假设成本不变时价格由 P_1 上升到 P_2 形成的社会无谓损失。自然垄断降低了平均成本，标着 A_2 的面积就代表节省的成本所产生的效应，因此，净配置效应是成本节省效应与无谓损失相抵之后的总效应，即净配置效应由 2 个面积之差 $A_2 - A_1$ 给出。

$$A_2 = (AC_1 - AC_2)Q_2 = [\Delta(AC)]Q_2$$

$$A_1 \approx \frac{1}{2}(P_2 - P_1)(Q_1 - Q_2) = \frac{1}{2}(\Delta P)(\Delta Q)$$

要使净配置效应为正，则以下不等式成立：

$$[\Delta(AC)]Q_2 - \frac{1}{2}(\Delta P)(\Delta Q) > 0$$

将这一不等式除以 P_1Q_1，将 $\Delta Q/Q_1$ 用表达式 $E_P(\Delta P/P_1)$ 代替，其中 E_P 为需求的价格弹性，注意到 $P_1 = AC_1$，可得：

$$\frac{\Delta(AC)}{AC_1} - \frac{1}{2}E_P\frac{Q_1}{Q_2}\left(\frac{\Delta P}{P_1}\right)^2 > 0$$

如这一不等式成立，则垄断的净配置效应为正，如这一差值等于零，则垄断是中性的，如不等式方向相反，则垄断的效果为负。

总的来说，如果平均成本下降的比率超过了价格上升比率的平方、需求价格弹性的一半和最初与最终产出比率三者的乘积，垄断的净配置效应就是正的（不考虑其他因素的影响时）。为比较价格上升和成本下降的相互作用效果，假设最初产量和最终产量变化不大，即 $Q_1 \approx Q_2$，在此条件下，计算对应于不同的需求弹性值。为了抵消价格上升的影响所需要的成本降低额，计算结果列在表 1－2。

表 1－2　成本降低百分比 $[(\Delta(AC)/AC_1)\times 100]$

$(\Delta P/P_1)\times 100$	E_p		
	2	1	1/2
5	0.25	0.12	0.06
10	1.00	0.50	0.25
20	4.00	2.00	1.00
30	9.00	4.50	2.25

当价格增长 20% 时，如果 E_p 为 2，则成本下降 4% 就足以抵消价格上涨的影响；如果 E_p 为 1，只需要成本下降 2% 就可中和价格效应；而如果 E_p 为 1/2，则 1% 的成本下降就足够了。更一般地，显然相对适度的成本下降往往就能抵消相对较高的价格增长的影响，即便需求价格弹性高达 2 也是如此，而 2 可能是需求价格弹性的合理上限。

因此，在判定自然垄断的优劣时，要结合具体的自然垄断行业的特点，分析该自然垄断行业在特定时期和特定经济技术条件下垄断的净配置效应的正负，这是垄断与反垄断的效应评价标准。

（四）自然垄断行业的垄断程度

自然垄断行业垄断程度的高低可用市场势力指标衡量。市场势力一般定义为将可获益的价格调整到偏离竞争水平的一种能力。美国联邦能源管制委员会（Federal Energy Regulatory Commission, FERC）在《2000年市场状况》的报告中给出了一个新的定义：市场势力可以定义为这样一种能力，在基本条件维持不变，即没有相应的成本或费用增加的情况下，为了达到提高针对消费者的价格的目的，限制容量或服务以阻止其进入市场或提高竞争对手的成本。但这个定义受到了广泛质疑，新的定义正在酝酿中。[①] 市场势力可分为纵向势力和横向势力。纵向势力是指厂商参与两项或两项以上相关领域的经济活动，利用其在一个领域的主导地位提高相关领域的价格，增加整个企业的利润。横向势力是指厂商控制了某一市场较大的份额，抬高价格以获得超额利润。长期以来，传统的经济学理论认为，电力是公共产品，电力行业是公用事业和网络性产业，具有自然垄断性的特点。[②] 电力一直是垄断的传统领域，人们总认为电力工业是最具规模经济的行业，日美欧各国的电力行业过去无一例外地实行发、输、配、售垂直一体化的市场结构，普遍被认为存在纵向势力和横向势力。

（五）自然垄断行业的解制

市场经济，竞争是真谛，垄断是例外。对于自然垄断行业，政府应该以其已有制度为依据，根据技术变化、放松管制等外部环境的改变产生的适应性变化，推动竞争，让市场机制充分发挥作用，确保其

---

① ［美］Steven Stoef著，宋永华、刘俊勇、王秀丽译：《电力系统经济——电力市场设计》，中国电力出版社2006年版，第304页。

② 山田聡『電力自由化の金融工学』東洋経済新報社、2001年6月、第147頁。

提供优质廉价产品和服务，取得规模经济效益。[①]政府放松管制主要体现在政府立法、执法和社会监督三个方面。通过制定和实施一定的监管法规，并借助社会监督力量，建立起竞争机制，以制导垄断企业的经济决策和市场行为。

随着现代科学技术的飞速发展，以前属于自然垄断的行业，现在已经不能再归为此类，或者生产销售的某个环节并不属于自然垄断，应该对竞争者开放。[②] 在这种情况下，继续实行垄断经营反而成为阻碍竞争的力量和无效率的保护伞，使垄断的净配置效应恒为负值。这时就需要实行行业解制。具体解制的办法因行业而异，但有基本的几点需要注意：一是要认清该行业的哪一部分应该解制；二是对解制的部分要引入足够多的竞争者，并有相应的市场监督机制；三是解制的时机要把握好，要对当时的市场供需情况及其发展趋势认真研究。

自然垄断企业一般具有行业内的垄断地位，因此，具有自主行动权的垄断企业自然会利用自己的垄断地位来极大地追求超额利润。由于自然垄断行业往往是一个国家的基础设施行业，它关乎众多民众的生活，企业过度的利润追求会导致一系列的矛盾，从而影响社会的稳定。因此，如何确定自然垄断企业有效的治理结构以确保公众的利益就成为一个重大的问题，而这又必须建立在确保企业的投资者能够获得合理的利润基础上，否则将无人有动力对这些产业进行投资，从而导致这些产业投资不足，最终还是会影响社会公众的福

① 吴小丁：《反垄断与经济发展——日本竞争政策研究》，商务印书馆 2006 年版，第 18 页。

② 肖兴志：《自然垄断产业规制改革模式研究》，东北财经大学出版社 2003 年版，第 22—23 页。

利。

从公司治理的角度来看,这意味着自然垄断企业的治理必须考虑更加广泛的目标。这里可以采用利益相关者治理模式来描述自然垄断企业应该采取的治理模式。

利益相关者治理模式认为,公司是由不同的要素提供者共同组成的一个系统,包括提供资本的股东、提供人力资本的公司员工、对其产品投入长期期望的需求者以及其他社会公众等。公司治理应该考虑所有这些参与者的利益需求。公司的本质是为所有的利益相关者提供财富或服务,而不是仅仅给股东提供投资收益最大化的机会。而且,公司的发展取决于所有利益相关者的支持,他们对公司的发展同等重要。

显然,由于股东、社会公众对于自然垄断产业都有着极为重要的利益期望,因此,利益相关者治理模式的概念是比较符合这种情况的。自然垄断企业治理的目标在于构建一个有效率的治理系统来确保股东、社会公众以及其他利益相关者的利益需求,尤其是要一方面保证电力企业股东获取合理的收益,另一方面则要保证社会公众能从这些电力企业中获得低价优质的电力产品与服务。

二、电力行业的解制与市场化改革

随着现代科技和经济理论的发展,特别是电力新技术的发展和网络开放理论研究的突破,人们发现电力资源和其他资源一样,可以通过市场机制获得有效的配置,这比国家控制的垂直垄断管理体制要有效得多;进而发现网络有可能成为竞争的瓶颈。这就要求:网络经营者与网络使用者分开,允许非网络所有者按市场规则和技术标准使用网络;网络经营业务与非网络经营业务分开,即具有自然垄断性的输、配电业务和非自然垄断性的发、售电业务分开,而且在分开经营的条件下,完全能够保证电力生产、供应的安全稳定运行。因此出现了大量的独立发电公司和独立售电公司,而垂直一体化的电力公司在运营中必然要利用其在输、配电市场所具有的垄断地位来关照自己所拥有的发售电企业,排斥其他独立发电公司和独立售电公司,从而造成发售电市场的不公平竞争,使市场竞争机制难以真正发挥作用。另外,还阻碍了可再生能源的开发和能源效率的提高,限制了新能源产业与电力产业的融合,[①]而且一味追求规模大的电力企业逐渐变成规模不经济。这就要求电力行业必须解制,电网经营公司不能拥有发售电企业。

就发售电企业而言,随着竞争程度的提高,发售电企业的竞争成本可能会增大,但经济效率的提高,会导致整个社会成本的降低。当发电、售电市场实现完全竞争时,社会成本达到最低。

输电网是将发电厂或发电基地(发电中心)发出的电力输送到电能消费地区(负荷中心)的主干渠道,也是相邻电力系统之间输送电力的联网渠道。它把独立的电力系统联结成一个整体,组成互联电网。输电网由输电线路和变电所、开关站等输电设施设备组成。输电电压等级较高,一般分为3级:高压电网、超高压电网、特高压电网及以上。

配电网是在消费电能地区从输电网接收电力并将电力降压分配到最终电力用户的渠道,由配电线路、配电变电所、配电变压器等配电设施组成,一般沿交通系统延伸,覆盖负荷中心的用电区域。按电压等级分,配电网分为3个等级:高压配电电网、中压配电电网、低压

---

① 植草益『産業融合—産業組織の新たな方向』岩波書店、2000年、第92—93頁。

配电电网。与输电网不同的是,配电网能够促进售电侧的竞争。[①]

就输配电网经营企业而言,当不考虑外部性时,输配电网经营企业的生产者成本等于社会成本。随着生产规模的扩大,垄断程度的增加,社会成本不断下降。

因此,对整个电力行业来说,发电和售电环节充分竞争,而输电和配电环节实行垄断经营,社会成本最低,电力资源实现最优配置。

将发电、输电、配电和售电分成四个独立的业务,在发电和售电环节打破垄断,适当放松政府管制,制定市场规则和市场交易制度,建立竞争性电力市场,使其充分竞争,消除或削弱市场势力;而输电和配电环节作为自然垄断领域,实行垄断经营,政府实施更为有效的管制,从而使其在政府严格管制下规范运作。这是日美欧各国电力市场化改革的普遍规律。[②] 但也有学者认为,输电系统是可以通过引入市场机制来改善运营情况的,在输电业务中应当允许新的进入者进入,尤其是在义务输电企业融资困难、难以建设新线路满足广大用户要求的情况下更是如此。[③]

放松电力管制,引入竞争机制是提高电力产业整体效率、改善社会整体福利不可缺少的重要因素。但是,电力行业的初始投资往往十分巨大,如果任由市场竞争机制发挥作用,政府不加以适当监管,可能会产生不利于社会福利改进及资源最优配置的结果,形成市场失灵。常见的后果有两种:一种结果是市场竞争无法实现优胜劣汰,

---

① 冯永晟、马源:《论输配电网的自然垄断属性》,载《电力技术经济》2008 年第 2 期,第 22 页。

② [美]Geoffrey Rothwell、[西班牙]Tomás Gómez 著,叶泽、夏晓华译:《电力经济学:管制与放松管制》,中国电力出版社 2007 年版,第 11 页。

③ [英]Fiona Woolf 著,翻译工作组译:《全球输电扩展:通往成功之路》,中国电力出版社 2007 年版,第 140—145 页。

任何电力企业都达不到规模经济，恶性竞争持续不断。另一种结果是市场竞争达到了均衡，某个电力企业独占市场份额，达到规模经济，电力行业生产成本因此大幅度降低，但是无数其他电力企业被竞争淘汰。因此，在放松电力管制取得进展的同时，为形成公平和有效的电力市场竞争格局，政府还需要加强电力监管制度的建设，以监管的方法来放松电力管制。

市场失灵是导致政府电力监管的原因，电力监管机构在电力市场化的过程中发挥着重要作用，但其必须学会很好地控制，不当的监管也会造成资源配置偏离帕累托最优，形成电力监管失灵。监管过多会阻碍电力市场发展，监管不足会造成电力市场秩序混乱，例如电力监管滞后于经济、技术变化的要求，或者没有及时区分电力行业中的垄断性业务和非垄断性业务这两类不同业务。对于电网传输这类垄断性业务，必须继续严格管制；其他领域的业务属于非垄断性业务，可以在其运营中引入竞争。只有根据电力行业中这两种业务的性质和特点，区分实行不同的政策，才能在电力行业中实现竞争活力与规模经济兼容的有效竞争，提高行业的电力经营效率。

（一）电力市场的基本结构

在电力工业引入竞争机制时，规模经济与竞争活力之间出现了一个两难选择，两者对电力工业发展都很重要，管理中会存在着一个顾此失彼的问题，这就是所谓"马歇尔冲突"。[①] 电力工业大容量、高参数机组发电，超高压、远距离、大电网集中供电的好处令人垂涎欲滴，但追求规模经济的结果必然是垄断的发展。它将使价格机制失去作用，电力资源的市场配置遭到扭曲，自由竞争这一经济运行的原

① 李怀：《自然垄断理论研究》，东北财经大学出版社2003年版，第28页。

动力被人为地扼杀,整个电力工业失去活力。因此在电力改革中,既要考虑规模经济,又要使其不影响电力公司引入竞争机制。

现以发电环节为例,规模经济主要体现在机组规模和企业规模方面。由于技术的发展,小型发电机组的发电成本已大大降低,这使大机组的规模经济效益不再显著,降低了机组规模经济。尽管如此,机组规模经济在一定范围内仍然是存在的,尤其是在许多重要的电源中,如火电、核电等。

在企业规模上,根据美国20世纪70年代的测算,发电企业的最佳经济规模为年发电量320亿千瓦时左右,但在达到180亿千瓦时左右时,平均成本曲线就开始变得平坦,基本接近最佳经济规模水平。根据中国1996年统计资料测算,中国发电企业规模达到年发电量260亿千瓦时左右时,其成本最低,达到最佳经济规模;事实上,在达到150亿千瓦时左右时,平均成本曲线开始变得平坦,接近最佳经济规模水平。[①]

再以输、配电环节为例。输、配电环节具有较大的规模经济性,其中输电环节的规模经济效益更为明显。[②] 输、配电环节的规模经济源于网络系统的存在,其主要体现在两个方面:一是通过扩大网络覆盖区域使需求量不断增加,此时虽然需要加大固定资本投资,但分摊到每一单位售电量上的固定成本,却可能不断下降,从而获得规模经济效益;二是通过扩大利用者数量使需求量不断增加,此时网络覆盖区域没有改变,单纯由扩大利用者数量所带来的固定资本投资一

---

① 刘阳平、叶元煦:《电力产业的自然垄断特性分析》,载《哈尔滨工程大学学报》1999年第5期。

② 南部鶴彦『電力自由化の制度設計—系統技術と市場メカニズム』東京大学出版会、2003年3月、第71頁。

般较小，许多情况下都通过现有设施的备用容量来实现，而需求量的增加必然使每一需求承担的固定成本不断下降，使整个系统足以实现规模经济。

从上述对电力产业规模经济的分析中可以发现，电力产业内部各环节的规模经济特征并不相同。输、配电环节存在较大的规模经济，其中输电环节的规模经济又大于配电环节，而发电环节只存在有限的规模经济，这就使电力产业内部各环节呈现出不同的垄断与竞争形式，在对电力产业规模经济与市场竞争进行选择时必须加以区分，分别对待。

电力市场化改革，既要考虑规模经济，又要使其不影响电力公司引入竞争机制。在发电和售电环节引入竞争以后，发电市场的特点一是单个发电公司占整个电力市场相当大的份额，从而对市场价格具有明显的影响力；二是发电公司的决策相互影响、相互依存，每个发电公司的供给行为影响到整个市场的价格，从而影响到其他发电公司的利润；三是除了价格竞争以外，更经常的是非价格方面的竞争，包括电厂的技术改造、直销活动以及政府管理等方面，而且同样具有相互依存性；四是发电市场上存在进入障碍，发电公司仍然能够获得一定的超额利润。①

在电力行业的非自然垄断领域引入竞争存在一个度的问题，要防止过度竞争。无论从电力工业的技术要求、规模效益、竞争的有效性方面，还是从国民经济的发展方面看，电力工业都不是拆分得越小越好。电力市场的基本结构是发电公司的寡头垄断和电网公司的自

① 南部鶴彦・西村陽『エナジー・エコノミクス—電力・ガス・石油:理論・政策融合の視点』日本評論社、2002年10月、第45—72頁。

然垄断并存。

（二）电力市场化改革后市场势力的削弱与存在

日美欧各国电力市场的实践表明，在电力工业实现按环节切分重组后，由于消除了垄断环节实施纵向市场操纵的利益基础而使电力市场的纵向势力得到抑制。然而由于电力产业的特殊性，竞争环节的横向势力并没有随着市场开放、发电企业的拆分和新竞争厂商的进入而消除。[①] 例如，1990 年英国电力市场化改革后，建立了电力库（POOL）交易制度，但电价的制定实际上是被 National Power（NP）、Power Gen（PG）等少数几个大型综合性发电商所控制。同样，2000—2001 年美国加州电力危机期间，电力批发价格暴涨，也被认为与发电厂商的市场势力有关，例如，安然公司（ENRON）操控加州电力市场，从中获取暴利。

目前已实现自由化的现货电力市场交易模式有多种，但共同特点是都以竞价上网为特征。发电厂商向电力市场调度交易机构报价，通常是次日 24 小时各个时段厂商所拥有的各台机组愿意提供的出力和相应的价格。电力市场调度交易机构按厂商的报价进行排序，根据系统的用电负荷需求依序从低价到高价调用发电机组的出力。最后调用的机组（边际机组）的报价作为系统该时段的市场价格，系统所调用的机组无论其报价如何，在该时段均接受同样的市场价格。对于完全竞争的电力市场，理性的发电厂商都会以其生产成本（或短期边际成本）报价。

然而，在电力市场中，每个发电厂商均有抬高市场价格的内在动

---

① 黄晓玲、郭国川：《电力市场操纵力问题探析》，载《中国电力》2003 年第 6 期，第 35—40 页。

机。基于上述特性，理论上发电厂商可通过抬高报价来实施对电力市场的操纵。这是最直接的竞价策略，也是最容易实现的。如图1－2所示，在完全竞争的电力市场中，市场的电力供给曲线应是其边际成本曲线（mc），所对应的市场竞争价格 P_c，竞争产量 Q_c。如果厂商以高于边际成本的价格报价，则对应市场垄断价格 P_m，垄断产量 Q_m。显然，垄断价格 P_m 高于市场竞争价格 P_c，垄断产量 Q_m 小于竞争产量 Q_c。通过限制产量并得到相应的较高的价格，生产者剩余由 S_{ace} 变为 S_{abgf}，净增加量为（$S_{edgf}-S_{bcd}$）；消费者剩余减少了 S_{ecgf}；社会福利净损失 S_{bcg}。

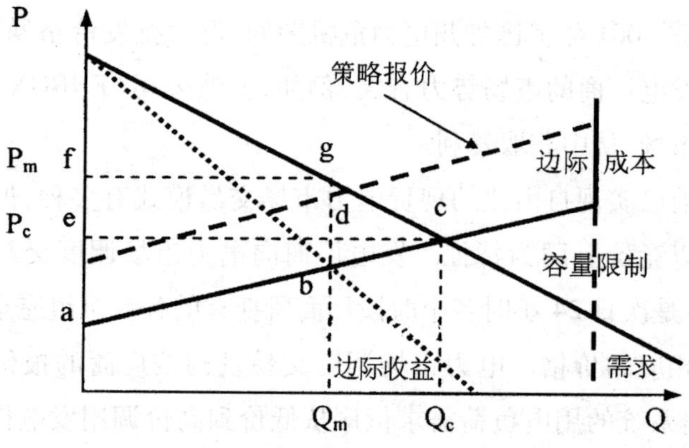

图1－2 厂商垄断竞争市场的短期均衡

针对抬高报价的市场操纵，通常可要求发电厂商以其边际成本作为限价参与报价。然而，由于各机组的边际成本的确认十分复杂，即便是可以认定各机组的边际成本，发电厂商也可以采用第二种策略，即通过改变其发电可调容量达到实施对电力市场进行操纵的目的。

在电力市场的实践中，确认发电可调容量的工作十分困难，所以,由此而形成的市场势力也十分难以认定。以一个只有3台机组的简化电力系统为例,在没有控制发电可调容量的情况下,假定市场在供需平衡的条件下恰好以价位第2高的机组的边际成本作为市场均衡价格,于是边际成本最低的机组可以获得利润S_{abdc}(见图1-3);在市场需求不变的情况下,发电厂商一旦限制机组2的可调容量,则系统必须调用价位最高的机组3参与发电,以弥补机组2被限制少发的那部分容量。这时,全系统将以边际成本最高的机组3的边际成本作为市场均衡价格,于是边际成本最低的机组1可获得利润S_{abfe},净增加S_{cdfe},机组2也可获得额外利润S_{dghf},而社会福利净损失为S_{gijh}(见图1-4)。

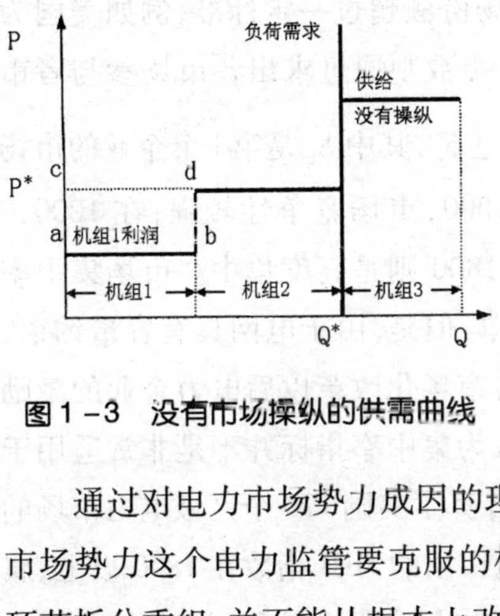

图1-3 没有市场操纵的供需曲线

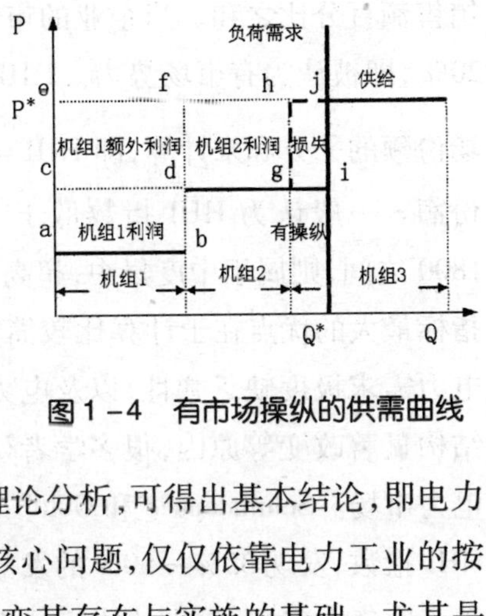

图1-4 有市场操纵的供需曲线

通过对电力市场势力成因的理论分析,可得出基本结论,即电力市场势力这个电力监管要克服的核心问题,仅仅依靠电力工业的按环节拆分重组,并不能从根本上改变其存在与实施的基础。尤其是在电力供应偏紧的情况下,发电厂商的市场势力行为仍普遍存在。如果市场规则不完善,则会进一步导致电力市场势力被滥用,个别电力市场参与者会通过控制价格谋取超额利润。加州电力危机就是一个典型的例子。电力工业重组后的电力市场势力问题,不仅为政策制定者和立法者所关注,同样为发电厂商和电网企业及与电力市场运营有关的各方所普遍关注。抑制和消除电力市场势力、提高电力市场竞争效率是电力工业重组后的重要课题。

目前,日美欧各国电力监管机构广泛采用结构性指标监测市场势力。① 结构性指标是最简单的衡量发电厂商市场势力的指标,也是传统产业组织理论的重要内容之一,包括集中率指标、关键供应商指标和剩余供给指标。

集中率指标是传统的衡量市场势力的方法之一,包括市场份额和HHI指数,其基本逻辑是:市场越集中,则各市场参与者越有可能利用市场势力。市场份额是指在相关市场中n个最大的企业所占的销售额百分比之和。当企业的市场份额超过一定标准,例如美国为20%,即被认为有市场势力。HHI指数则通过求出各市场参与者市场份额的平方和来计算,即 $HHI=\sum_{i=1}^{n}S_i^2$,其中 S_i 是第i个企业的市场份额。一般认为HHI指数低于1000,市场竞争性较强;在1000—1800之间,则属于中度集中;超高1800则是高度集中。市场集中率指标最大的优点在于计算比较简单,但是,由于电网具有容量约束,电力需求极度缺乏弹性,以及电力市场化改革以后电力企业的激励结构显著改变等原因,很多学者认为集中率指标并不是非常适用于电力市场。Schmalensee和Golub计算了美国170个区域电力市场的HHI指数,发现35%—60%的发电市场的HHI指数在1800以上,属于高度集中市场,因此,他们认为发电厂商很容易利用市场势力。②

---

① 八田達夫・田中誠『電力自由化の経済学』東洋経済新報社、2004年8月、第46—50頁。

② R. Schmalensee and B. Golub, "Estimating Effective Concentration in Deregulated Wholesale Electricity Markets," *Rand Journal of Economics*, 1984, 15(1), pp. 12-26.

考虑到集中率指标的不足，Bushnell、Knittel 和 Wolak 设计了一种关键供应商指标（Pivotal Supplier Index，PSI）。根据他们的定义，对于某个时期的发电厂商 i 来说，如果该时期总需求减去其他所有发电厂商的发电容量之和（包括进口容量）大于零，则表明这个发电厂商就是关键供应商。给定 t 时期的需求水平 D_t，如果发电厂商 i 是关键供应商，则 PSI 等于 1，否则等于 0。当发电厂商是关键供应商时，对于剩余需求而言，它是一个垄断者，如果需求是完全没有弹性的，则该厂商可以将价格提高到任意水平。对于一段给定的时间（例如一年），可以通过加总每小时的 PSI_{it} 来计算该发电厂商有百分之几的时间是关键的。关键供应商指标综合反映了需求、总可用的供给、最大供应商的容量份额和合约状况这三个因素，相对于集中率指标而言是一个重大的进步。但是，关键供应商指标也有缺陷，特别是当某个发电厂商接近关键但又不是关键厂商时，该厂商仍然有可能利用市场势力，但是关键供应商指标却无法侦测出来。Blumsack 和 Lave 利用关键供应商指标研究了 2000 年 6 月至 2001 年 6 月美国加州、PJM、纽约三个电力市场的市场势力问题，发现这三个电力市场的竞争程度远比 HHI 指数预期的要低，即使不存在合谋，发电厂商也能通过策略性投标行为来影响价格。[①]

鉴于关键供应商指标的固有缺陷，Sheffrin 提出了剩余供应指标（Residual Supply Index，RSI），其定义如下：RSI =（总供给 - 最大供应商的供给量）/ 总需求，其中，总供给包括本地区的总供给容量和总的净进口容量；总需求包括负荷和备用容量；最大供应商的供给量

---

① S. Blumsack and L. B. Lave，"Mitigating Market Power in Deregulated Electricity Markets." http://www. Andrew. cmu. edu/user/sblumsac/usaee. pdf，2006 - 04 - 13.

则由该供应商的发电总量减去合约发电量得出。当 RSI 超过 1 时，说明除厂商 i 以外的发电厂商的供给量足以满足电力需求，此时发电厂商 i 对市场价格的影响将非常小；反之，当 RSI 小于 1 时，为了满足需求，厂商 i 是必不可少的，此时，厂商 i 是关键供应商，存在一定的市场势力。剩余供给指标比关键供应商指标包含了更多的信息，而且可以灵活地设定临界值。Sheffrin 应用剩余供应指标对 2000—2002 年加州的市场力进行了分析，结论显示，三年的 RSI 分别是0.86、0.96 和 0.94，这说明 2000—2002 年加州电力市场确实存在市场势力操纵的嫌疑。

此外，监管机构还采用模拟模型（主要有竞争基准分析、古诺模拟和供给函数均衡模拟 3 种）、剩余需求估计、新经验产业组织、囤留分析等方法监测市场势力。①

（三）电力市场化改革后市场竞争效率的提高与缺乏

在发电和售电环节建立的竞争性电力市场中竞争主体的数量、竞争主体的构成、竞争量的大小以及竞争规则等因素决定了电力市场竞争效率的高低。

市场势力影响着自然垄断行业的净配置效应，它是衡量市场竞争效率的一个重要指标。目前，日美欧各国电力市场化改革普遍对电力市场中的竞争效率问题研究不够，对于市场势力与电力市场中竞争主体的数量、竞争主体的构成、竞争电量的大小及竞争规则间关系缺乏研究，较少考虑在电力市场的结构设计中如何抑制市场势力，采用的抑制措施效果也不理想。这是当前日美欧各国电力市场化改

---

① 杜立民、史晋川：《电力市场中市场力的监测：一个综述》，载《浙江大学学报》（人文社科版）2007 年第 4 期，第 153—162 页。

革的一个缺陷。

然而揭示电力改革重组后市场势力的存在和竞争效率的缺乏并不能证明电力工业市场化改革的失败，也不能证明政府的行政干预要加强，当然，更不能认为过高市场势力的存在和竞争效率的缺乏是不可避免或是可接受的。这种揭示只是揭示了电力体制改革的特殊性与极端复杂性，也说明了世界范围的电力工业改革还处于不断探索、学习的过程。我们不能从理想的角度来理解电力工业的市场化改革，既不能认为发电和售电环节已经不存在或者不会产生市场垄断，更不能认为今后改革的重点是自然垄断环节。电力工业客观上允许垄断结构的存在，并且要引导和发挥其积极作用。反垄断的关键问题不是市场垄断的地位，而是市场垄断的行为。

另外，随着社会对环保要求越来越高，电力市场化改革必须充分考虑环保因素。目前，日美欧各国在电力市场化改革中对环保的考虑，主要集中在保持已有排放控制力度，以及引入电价较高的环保电源（主要是风电和天然气发电）并扩大其市场占有率上。针对排放控制，日美欧各国多采取措施，加强本已十分严格的环境监管体系、提高排放税收额度，以及引入大气排放物（主要是二氧化碳和氮氧化物）的额度交易体系，以疏堵结合的方式降低传统燃煤、燃油电厂的排放。对于环保电源主要给予免税、补贴和电量强制收购等优惠扶持政策。可以看出，正是这些电力市场之外的外部措施，使得发电企业不得不将节能、环保上的成本和效益体现在其发电报价中，最后通过市场竞价中标执行了政府在节能、环保上的导向。

新自由主义经济理论是日美欧各国电力市场化改革的经济学基础，同时日美欧各国电力市场化改革实践又进一步丰富和发展了新自由主义经济理论。[①] 在经济学关于管制与竞争,或者更广泛意义上的政府与市场分工的理论争论和政策更迭中,具有公用事业和自然垄断特性的电力工业的市场化改革,显然不过是其中的一个环节或层面。纵观整个经济思想史,在政府与市场的关系问题上,从亚当·斯密(Adam Smith)的自由市场经济到凯恩斯(J. M. Keynes)的国家干预主义再到主张恢复自由市场经济和强有力个人主义刺激的以弗里德曼(Milton Freidem)和施蒂格勒(George. J. Stigler)为代表的新自由主义,又到目前出现的以斯蒂格利兹(J. Stiglitz)为代表的再度强调政府干预的新国家干预主义,管制与竞争呈现出一种交替更迭的特征。与经济思潮的交替更迭相适应,在管制与竞争的政策选择上,也出现了从强调市场失败与政府管制到强调管制失败与放松管制再到强调再管制的历史演变。受此启发,也有经济学家认为:在当今电力工业引入竞争的改革后,很可能今后再出现强化管制的改革。[②] 但无论如何,实践已经证明,虽然发生了加州电力危机和美加"8·14"大停电这样的改革失误,但总体上,电力市场化改革使日美欧各国电力工业的效率大大提高,电价下降,服务质量也明显改善。

电力市场化改革怎样具体实施主要受以下几个方面因素的影响:(1)一国的政治、经济制度和文化传统;(2)该国电力资产民营化后财务利益的处置和电力工业的所有制结构;(3)该国所处的电力工业发展阶段和投融资环境;(4)该国的人口、地理特征的差异和资

① シャロン・ビーダー著、高橋健次訳『電力自由化という壮大な詐欺—誰が規制緩和を望んだか』草思社、2006 年 4 月、第 12—18 頁。

② 叶泽、欧阳永熙:《电力工业从垄断到竞争的机构演变》,载《电力技术经济》2004 年第 1 期,第 20 页。

源状况;(5)改革的体制转换成本;(6)一国的电力供求状况、电源结构、电网规模、负荷特性及电价水平等多重因素。由于日美欧各国电力市场化改革的背景、驱动力和改革目标存在一定的差异,使其改革各具特色。

第二章　日本:电力自由化与发展新能源产业

第一节　日本电力管理体制

一、日本电力市场的参与者

日本最初的发电开始于1880—1910年期间。1951年5月日本形成了东京、关西、中部、九州、东北、中国、四国、北陆、北海道9大私营区域电力公司。[①] 1952年政府和9大区域电力公司投资建立了一个公私合营跨区域的电力公司——电源开发公司(J-POWER),成立之初,该公司2/3的股份归属于国家。1997年6月,日本政府通过决议,计划于2003年秋季J-POWER完成私有化。由于J-POWER拥有整套覆盖全国的发电和送电网络,持有J-POWER 1/3股权的9大电力公司担心其进入电力零售市场会对自己构成威胁,因此他们不愿卖出其所持有的J-POWER股权,使得这一私有化计划不能按期实现。此后,2004年10月,J-POWER在东京证券交易所一部上市,政府和电力公司持有的股份全部卖出。J-POWER电力企业分布于日

---

① 中瀬哲史『日本電気事業経営史－9電力体制の時代』日本経済評論社、2005年3月、第135—153頁。

本全境,拥有不同类型的电站和输电干线,目前,总装机容量为1638万千瓦,其中水电856万千瓦,火电782万千瓦。[①] 1955年9大电力公司和电源开发公司又共同投资建立了核能开发公司(JAPS),负责核电站的建设和运行。目前,核电已占日本全部发电量的近1/3,日本成为仅次于美国和法国居世界第3位的核电大国。1972年,日本成立了第10家私营区域电力公司——冲绳电力公司。在日本还有34家市、县政府经营的发电公司,20家联合投资性电厂和其他发电设施。

10大私营区域电力公司(9大电力公司和冲绳电力公司)属于"一般电力事业",实行发电、输电、配电和售电垄断经营管理。[②] 根据《电气事业法》的规定,这10家电力公司都有固定的供电区域。因而,这种管理体制又被称为"地域独占体制"。其他电力公司属丁独立发电公司(Independent Power Producer ,IPP),所生产的电力全部由"一般电力事业"公司收购,称为"趸售电力事业"。由于大部分"趸售电力事业"是"一般电力事业"所转投资的,所以其建设需要得到当地"一般电力事业"主管单位的许可。[③] 10大私营区域电力公司均已发展为上市公司。1987年4月22日,东京电力(9501)股价高达9420日元。[④] 10大私营区域电力公司治理结构有以下特点:(1)股权结构存在法人相互持股和主银行的特征。在此基础上形成的治理结构,表现出经营者支配和主导的倾向,公司股权非常稳定,

---

① 圓尾雅則『電力・ガス』日本経済新聞社、2006年11月、第160頁。

② シャロン・ビーダー著、高橋健次訳『電力自由化という壮大な詐欺—誰が規制緩和を望んだか』草思社、2006年4月、第363—364頁。

③ 植草益『産業融合—産業組織の新たな方向』、岩波書店2000年、第91—102頁。

④ 森田隆大『資本市場と電力』日本電気協会新聞部、2001年2月、第135頁。

其结果是股东相互支持,相互控制。(2)实行内部董事制度。日本10大电力公司董事会成员主要来自公司内部,决策和执行都由公司内部人来承担。董事长提名董事候选人,社长会即为股东会。若公司经营业绩不佳,其他法人股东将督促改进直至罢免社长。(3)主银行制发挥重要监督作用。主银行除了对电力公司持股和提供较大份额的贷款外,还负责电力企业的短期贷款和收支账户管理,可通过财务状况的变动有力地监督电力公司的行为,银行有动力和责任介入公司的治理。(4)电力公司员工可在一定程度上参与公司的治理。在日本10大电力公司中,员工主要是通过企业内工会参与公司治理,并且侧重于中低层员工的参与,如自我管理、建立质量管理小组等。另外,终身雇佣制度也强化了员工的地位,迫使公司管理者不得不尊重员工的权益。①

表2-1 1998年日本电力生产状况

电力公司和电站	企业数量	资产,10^9日元	电站数量	发电效率		发电量	
				吉瓦	%	10^9千瓦时	%
私营区域电力公司	10	2599.4	1358	185.8	84.8	769	83.8
J-POWER	1	70.6	65	13.9	6.35	47.8	5.2
JAPS	1	120.0	3	2.8	1.3	17.8	1.94
县电站	34	530.8	272	2.5	1.14		
工业企业电站	20	290.8	92	11.7	8.13		
核能电站			2006	2.4	1.1	13.3	1.45
共计	66个以上		3796	219		918.3	

资料来源:齐向阳:《日本电力工业概述》,载《吉林电力》2002年第2期。

① 戚聿东、柳学信:《自然垄断产业治理模式改革:国际经验及启示》,载《改革》2007年第1期,第27页。

表2-1是1998年3月1日,日本电力生产的构成状况。表2-2是2003财年10大区域电力公司电力销售总量情况,总额为834304百万千瓦时,最大的东京电力公司销售电量为276012百万千瓦时,销售额为48538亿日元。可以看出日本绝大多数电能都是由10家私营区域电力公司生产的。

表2-2　2003年日本10大电力公司电力销售总量(单位:百万千瓦时)

电力公司	销售电量	电力公司	销售电量
东京电力	276012	关西电力	140246
中部电力	122216	九州电力	77268
东北电力	74547	中国电力	55434
四国电力	26273	北海道电力	29528
北陆电力	25624	冲绳电力	7156

资料来源:日本電気事業連合会。

二、日本的输配电网络

日本9大电力公司以管辖区域为基础形成了9大电网,电网互联工作从1960年开始。东京、东北、北海道3个电网使用50赫兹系统,内部互联;关西、中部、九州、中国、四国、北陆这6个电网使用60赫兹系统,内部采用500千伏输电线路互联。[①] 2个不同频率的系统之间通过设在佐久间(300兆瓦)和新信浓(600兆瓦)两个变频站连接。至1999年3月,除冲绳外,日本已实现了全国联网。日本电网结构以500千伏为主网架、以大用户负荷为中心设置输配电线路,实行双回路供电。运行中的主干输电线路有5种电压等级,即500千

① エネルギー政策研究会『電力ビジネス事典』エネルギーフォーラム、2004年9月、第78頁。

伏、275 千伏、220 千伏、187 千伏和 132 千伏。2000 年度末 10 大私营区域电力公司输电线路长度为 93697 公里，其中，架空线路长度为 82672 公里，地下线路长度为 11025 公里（见表 2－3）。[①] 日本的配电系统基本上采用 20 千伏、6 千伏以及 200/100 伏的结构。随着通信技术的发展，双通道微波、光纤等已经广泛应用于日本的输配电系统自动化、远程抄表以及办公自动化上。

日本的一次能源基本都是依赖进口，9 大电力公司之间电源结构趋同，在日本不存在北电南送、西电东送问题和电源结构调整的问题。日本 9 大电力公司电网之间是弱联系，电量交换的比率仅为 6.4%，交换的电量很少。

表 2－3　2000 年度末 10 大电力公司输电线路电压等级及长度（单位：公里）

输电电压		55 千伏以下	66－77 千伏	110－154 千伏	187 千伏	220 千伏	275 千伏	550 千伏以上	合计
北海道电力	架空	1178	3904	519	1986	0	317	0	7904
	地下	23	267	0	9	0	0	0	299
东北电力	架空	1526	6762	3828	0	0	2089	146	14351
	地下	42	313	25	0	0	3	0	383
东京电力	架空	557	7810	3099	0	0	1281	2347	15094
	地下	1949	3136	316	0	0	339	40	5779
中部电力	架空	1233	5617	1881	0	0	1259	853	10842
	地下	600	522	67	0	0	91	0	1280
北陆电力	架空	239	1660	772	0	0	241	149	3062
	地下	43	52	1	0	0	0	0	96

① 橘川武郎『日本電力業発展のダイナミズム』名古屋大学出版会、2004 年 10 月、第 513 頁。

关西电力	架空	1334	4384	2130	10	37	1739	1479	11113
	地下	105	1506	309	5	0	46	49	2020
中国电力	架空	959	2000	2706	0	1035	0	686	7386
	地下	172	79	187	0	0	0	0	438
四国电力	架空	166	1745	90	1020	0	0	279	3300
	地下	30	67	0	1	0	0	0	98
九州电力	架空	1503	4115	1024	0	1722	0	649	9013
	地下	82	345	4	0	41	0	0	472
冲绳电力	架空	137	377	93	0	0	0	0	607
	地下	65	77	17	0	0	0	0	160
10 大电力公司合计	架空	8832	38374	16142	3016	2794	6926	6588	82672
	地下	3111	6364	926	15	41	479	89	11025

资料来源:橘川武郎『日本電力業発展のダイナミズム』名古屋大学出版会、2004 年 10 月、第 513 頁。

三、日本的电价

日本的电价结构,主要由基本电价制度和特定电价制度构成。

基本电价制度有 3 种:(1)容量电价制。这种电价,是按以后的合同设备容量计收电费,而不考虑其用电量的多少,即根据每个合同用电设备的瓦数或伏安数,按比例定时缴纳固定电费(除灯具及小型电器收费之外,每项合同须加收一笔用户费用)。容量电价制只适用于用电较少、不值得为收取电费而装表和抄表的小用户。(2)表价(表底费制)。对于实行表价制的用户,只需按其用电量(千瓦时)支付一定电费。与容量电价制相比,其缺点是,如果用电量很少或用电时间不长,则不能收回电力的固定成本。因此,表价制规定要收取一笔固定的、按一定用电量计算的表底费。(3)两部制电价。这是上述两种电价的混合体,其电费计算包括两部分,即按合同容量

(千伏安)、电流(安)或负荷(千瓦)确定的容量电费,加上按用电量(千瓦时)计算的量收费。日本大多数用电合同均采用两部制电价。

特定电价制度主要有分段电价制、季节电价制和分时电价制。(1)分段电价制。分段电价制是一种递增性的电价制度,是对一部分住宅用电实行的,它将用电量分为3段,第1段用电量限为120千瓦时/月,第2段用电量限为120千瓦时/月~200千瓦时/月,第3段用电量限为200千瓦时/月以上。其中,第1段的电量被认为是维持居民最低生活水平的绝对需要量,采用较低的电价;第2段电价,定在只够抵偿平均成本的水平;第3段电价,则是反映边际成本的上涨趋势,用以促进能源节约,其电价较高。(2)季节电价制。该制度是1980年电价改革时提出的,其目的在于缓和夏天高峰负荷时供电方发电机组不足以满足需方负荷而造成的设备过分滥用。该制度规定,在夏季(7—9月)加收一笔反映供电成本季节变化费用的较高价格(高于其他季节)。对于冬季高峰负荷,所有公用电力公司对商业低压、高压和高压动力用户,也均采用季节电价制。(3)分时电价制。主要针对高压动力和特高压动力用户执行,各电力公司对不同用电时间段规定了不同的电价,可由用户自己选择。

四、日本的电力营销

在电力营销工作中,日本的电力企业尽量为客户提供一系列方便的服务。电力企业会在各个区域建立营业网点,客户可以直接到支店、营业所或者打电话到呼叫中心,获取与电力相关的各种服务。以东京电力公司为例,50千瓦以下的客户可以直接致电客户中心申请相关业务。客户中心每年的电话量中,搬家、销户和开通业务占40%,电费查询业务占30%,故障及咨询业务占10%,合同变更业务占5%,其他业务为15%(包括建议、投诉、电气化咨询等)。随着互联网的应用,居民客户和低压客户在电力公司的主页上可以获取电价及费率计算、填写合同申请、修改合同申请以及其他变更服务等。电力公司对居民客户和低压客户采用便携式抄表仪进行抄表,对于高压客户采用远程抄表方式,并且按月准时将账单送到客户手中。大约80%的客户采用银行划账或邮局储蓄账户的形式支付电费账单,有些电力公司会对使用上述形式的居民客户给予每月50日元的优惠。客户也可以在就近的营业网点缴纳电费。

五、日本政府对电力工业的监管

日本政府电力监管主要由经济产业省负责,具体工作由经济产业省内的资源能源厅处理;为审查各电力公司的新建工程,在经济产业省下成立了电力审议会;为协调9大电力公司和电源开发公司(J-POWER)之间的关系,1958年成立了中央电力协议会,下设管理委员会负责日常事务;为管理电力公司之间的联网调度,成立了中央调度联络执委会;为进行电力行业管理,成立了日本电气事业联合会,负责行业管理和统计,代表电力行业出席众议院会议,接受议员对电力行业的质疑和咨询;为制定电力系统各种规则和有效监管,2004年2月成立了日本电力系统利用协会(ESCJ)。此外,还有日本电力调查委员会、海外电力调查会、日本核能产业会议、日本电气计量检定所和日本电气用电试验所,分别行使一定的电力管理职能。

日本政府电力监管的主要内容是:电价、环境保护和发展规划。电价监管的原则:一是成本补偿原则,其做法是以完全成本作为核定电价的基础;二是共同报酬原则,确定合理的利润,总资本报酬率为8%;三是公平负担原则,采取成本加利润加税收的办法。环境保护监管主要是限制二氧化碳等有害物质的排放,评价核电建设对环境的影响。对发展规划主要通过长期供求规划和核电建设规划的制订与电力公司共同讨论,实行统筹控制。

日本政府对电力行业实行监管的目的:一是避免消费者利益因公共电力企业垄断而受侵害;二是保证供电的可靠性;三是允许电力企业得到合理的投资回报。

概而言之,日本的电力管理体制是由10家私有电力股份公司依法在各自固定区域内实行发电、输电、配电、售电一体化垄断经营,并对区域内不拥有电网的独立发电公司所生产的全部电力实行趸售;各区域电网是互联的,但交换的电量很少;政府对电力行业实行多部门协调有效监管。日本的这种电力管理体制又被称为"地域独占体制"。

第二节　日本电力自由化

日本电力市场化改革由政府主导,在法律框架内进行。日本于1947年制定了被称为"经济宪法"的最初的《禁止垄断法》,并创设了该法的专门实施机关——公正交易委员会,此后,分别于1949年、1953年、1977年对该法律进行了3次大的修改。自1988年开始的针对日本市场的封闭性和排他性问题形成的"日美结构问题协议",强烈要求日本政府放宽政府管制及强化《禁止垄断法》的执行,按此要求,日本自1991年至2002年,对《禁止垄断法》进行了一系列修改,与电力体制改革关系密切的是:以往被认为属于自然垄断行业的铁路、电力、燃气、电气通信事业等,通过推进改革引入了竞争机制,废止了对自然垄断行业的禁止垄断法的适用除外规定;1999年12月还公布了公正交易委员会与经济产业省共同策划制定的《关于合法电力交易的指针》，2002 年对其作了部分修改。[①] 2005 年，又对《禁止垄断法》进行了以课征金制度和公正交易委员会处理案件的程序为中心的大幅度修改。[②] 在这样的背景下，日本电力市场化改革，随着《电气事业法》的颁布和 3 次修改而开展与深入。

一、日本《电气事业法》的颁布、修改与实施

1. 1964 年日本政府颁布了《电气事业法》，1995 年经首次修改后于 1996 年 1 月 1 日颁布实施。

这一法案的主要内容是：(1) 为了确保公平、公开进行电源建设，在电力公司的电源建设过程中，要引入招标制度。(2) 以开发建设期短的中小规模的火力发电厂为招标对象。而对需要长期开发的大规模电源仍由电力公司开发建设。(3) 为使这些独立发电厂(IPP)能向本地域以外的电力公司售电，本地域的电力公司应当有责任负责制定趸售委托输电的条款，并接受独立发电厂趸售委托输电的申请，同时将上述内容公开化。(4) 对于企业自备电厂、垃圾电站、新能源电站，在满足自发自用的前提下，电力公司有责任收购剩余电力。(5)"特定电力企业"(PPS)经过通产大臣的批准，可以向特别指定的用户供电，并承担全部的供电责任。[③]

日本电力公司实际执行的情况为：

发电领域：(1) 1996 年、1997 年各独立的 IPP 电厂竞价积极性高，投标数为中标数的 4 到 5 倍，中标价格低于预计的价格。(2) 大

---

① エネルギー政策研究会『電力ビジネス事典』エネルギーフォーラム、2004 年 9 月、第 37－38 頁。

② [日] 根岸哲、舟田正之著，王为农、陈杰译：《日本禁止垄断法概论》，中国法制出版社 2007 年版，第 5—17 页。

③ 植草益『産業融合—産業組織の新たな方向』岩波書店、2000 年、第 91—102 頁。

规模的IPP电厂不断出现，而且IPP电厂对于开发周期长的大规模电源项目也有参与的愿望。本地域的电力公司接受IPP趸售委托输电，也收购企业自备电厂、垃圾电站、新能源电站所生产的电力。

输电领域：(1)日本的输电成本1996年度约为4日元/千瓦时。(2)用户满足于供电可靠性，同时又希望降低供电价格。为此，1997年7月政府召开电力事业审议会，决定成立电力改革基本政策研究委员会。通产大臣提出委员会研究工作的方向是：为了降低电力成本，应当发展什么样的电力事业。委员会研究的结果是：输电网的设备占电力公司固定资产的比例较大，但却保证了供电可靠性；在输电领域很难引入市场竞争机制，很难通过市场竞争来降低成本。只能在努力找到保证供电可靠性和降低供电成本的平衡点方面下工夫。

售电领域：《电气事业法》首次修改后，在售电环节没有引起大的变化。

2. 1999年日本政府出台了第2次修订的《电气事业法》。

其主要内容是：(1)放开占市场份额26%的特别高压用户(电压20千伏，用电2兆瓦以上，通常称为大宗用户，见表2-4)，允许这些用户自主选择电力公司，直接参与电力零售。为特别高压用户供电的企业，除负责该地区供电的电力公司外，其余被称为“特定规模电力企业”(Power Producer and Supplier, PPS)，PPS没有自己的电网，必须使用电力公司的电网向大宗用户供电。① 比较大的PPS有丸红、新日本制铁、大王制纸、新日本石油、大阪煤气等股份公司。②(2)新建电源项目实行招标。

---

① 植草益『エネルギー産業の変革』NTT出版株式会社、2004年1月、第73—74頁。

② 土方薫『電力デリバティブ』シグマベイスキャピタル、2004年9月、第164—166頁。

表2-4　日本电力用户分类

类别	特征	交易量（千份）	售电量（千兆瓦时）	市场份额（%）	市场规模（万亿日元）
1	>2 兆瓦，>20 千伏	8	220000	26	2.8
2	>50 千瓦，>6 千伏	700	305000	37	5.0
3	<50 千瓦，200 伏	6600	59000	7	1.1
4	<50 千瓦，100 伏	68600	254000	30	5.6

资料来源：王耕中：《日本的电力市场自由化》，载《中国电业》2003 年第 12 期，第 66 页。

第二次修订的《电气事业法》颁布实施后的执行情况是：(1)部分用户电力零售自由化。自 2000 年 3 月起，日本政府已允许符合条件的约 8300 家大型工厂、百货商店等大宗用户，自由选择向价格最低的供电商购买电力，两年来已有 2% 至 3% 的用户更换了供电商。[①] (2)电力公司竞争压力增大。原本各地区独家供电的区域电力公司，既要与独立发电厂（IPP）以及“特定规模电力企业”（PPS）竞争，又要与跨地区而来的其他地区的电力公司竞争。既要应对如何保住原有大宗用户的挑战，同时又要满足客户对于更低电价、更高供电可靠性的需求。面对自由化竞争带来的压力，日本的电力公司积极采取措施保护自己在市场中的份额：关注用户满意度——降低电价，服务多样化；关注成本——降低运行成本和人员成本，提高运行效率，平衡需求；增强赢利能力——开发新业务，进入国际电力市场，加强集团管理。(3)促进了日本电力市场公平竞争。日本电力零售市场部分解除管制之后，由于新的市场进入者的电价低廉，一些

① 山田聡『電力自由化の金融工学』東洋経済新報社、2001 年 6 月、第 234 頁。

大的电力供应商为了保住自己的既得利益,采取不正当做法阻止新来者进入电力市场。大电力公司采取的做法是根据送电距离和区域收费,这对新入市场者和开展电价竞争都不利。此外,还不允许企业把多余电力转卖给其他企业。为维护公平的市场秩序,日本修订了1999年版本的"电力市场交易导则",这样某些电力公司的上述做法被视为非法。

日本《电气事业法》第2次修改后,电力市场演变为图2-1所示的结构。

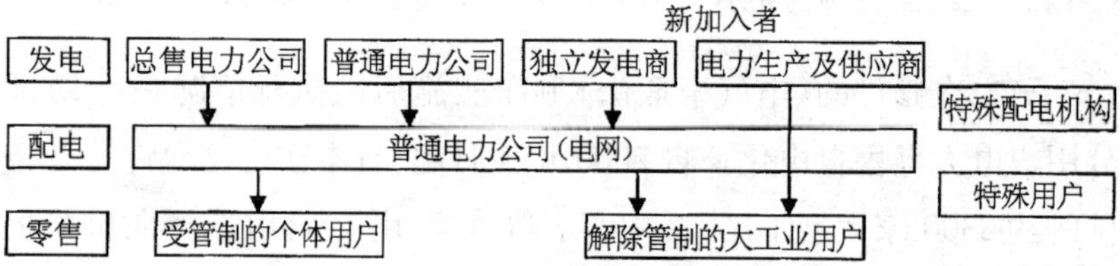

图2-1 1999—2003年日本电力市场结构

资料来源:王翀中:《日本的电力市场自由化》,载《中国电业》2003年第12期,第66页。

3. 2003年4月,日本政府出台了第3次修订的《电气事业法》。

第三次修订的《电气事业法》实际执行情况是:

(1)2003年11月,日本电力批发交易所(JEPX)成立,并于2005年4月开始运行,其组织结构如图2-2所示。JEPX成立的目的主要是形成并公布电力批发交易价格信号,建立有助于电力企业进行电源投资判断的机制以及为各电力企业调剂余缺提供交易平台。JEPX的最高权力机构为社员大会,执行机构为理事会,监督机构为监事会。下设3个常设委员会、2个特别委员会以及负责日常行政的事务局。常设委员会包括:市场交易监督委员会:须由持中立立场的5人组成,监督所内交易情况,保证电力交易公平进行,以及防止价格操纵。市场纠纷处理委员会:由5人组成(中立者须过半数),制定解决交易会员之间纠纷的相关条款,调停交易纠纷。运营委员会:由21名成员组成,负责交易所的运营、章程的改订、制度的执行及修改等相关问题的研讨和对应。特别委员会包括:市场交易检证特别委员会:须由中立者5人组成,在交易所运营初期,为保证市场的流动性对"一般电力事业"的交易量进行检查。课题处理特别委员会:由16人组成,研究处理交易所运营初期产生的各种课题。

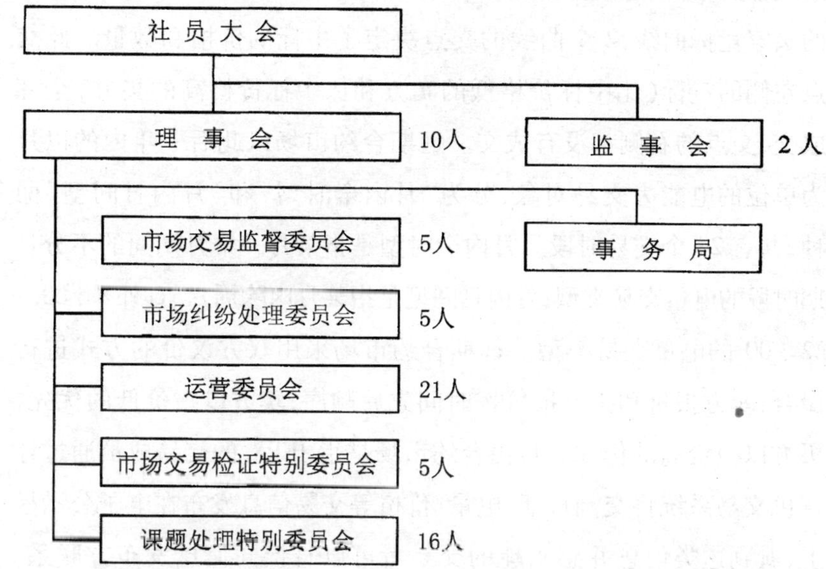

图2-2　电力交易所组织结构

资料来源:矢島正之『電力自由化に勝ち抜く経営戦略—電気事業の近未来』エネルギーフォーラム、2005年12月、第234頁。

JEPX实行会员制,入市交易必须具有交易会员资格。资本金在1000万日元以上的发电厂、向用户进行零售的批发商或者受这些厂商委托的代理人,须申请并经交易所批准可以成为会员。除交易会员外，还有不进行交易只收集相关信息的信息会员。截至2006年5月，JEPX共有交易会员29家。

交易会员通过计算机系统进行交易，分为日前现货市场、远期合约市场和自由合约市场。① 日前现货市场对第2天要交割的电量以每30分钟为一个单位进行交易，全天可划分为48个交易时段，采用单一价格竞价的方式（single-price auction），即将每一个卖家的竞标曲线汇总，合成总的卖家竞标曲线；将每一个买家的招标曲线合成总的买家竞标曲线，2个曲线的交点决定了中标的价格和数量。此交点左侧的竞标（比中标价格低的卖方和比中标价格高的买方）全部成交，交点的右侧都没有成交。远期合约市场以此后一年内的以月为单位的电能为交易对象，分为"月内全时型"和"月内日间型"两种，共有24个交易时段。月内全时型是指某月一个月期间的不分日期时段的电量交易类型；月内日间型是指某月内除周六、日外8：00－22：00的电量交易类型。远期合约市场采用双方议价的方式进行撮合：卖方报价和买方报价按时间先后顺序，卖方以报价低的优先，买方以报价高的优先。自由合约市场是指JEPX的交易成员通过计算机交易系统将交割日期、电量、价格等交易信息发布在电子公示板上，看到这类信息并感兴趣的交易者可以直接同信息发布方联系。JEPX不对买卖方的谈判进行干涉，只对公告牌上发布的信息进行管理。自由合约市场是对未来不确定类型的交易提供一个尝试的市场，如果经常频繁出现某种类型的交易，在以后可以专门开设一个此

---

① 矢島正之『電力自由化に勝ち抜く経営戦略—電気事業の近未来』エネルギーフォーラム、2005年12月、第233—238頁。

种的交易市场。①

截至2006年3月,市场交易电量合计为10.88亿千瓦时,占日本同期总售电量的0.13%。其中,现货交易为9.38亿千瓦时,占86%;长期合同交易1.5亿千瓦时,占14%。从电力批发价格的走势上,可以明显看出其随季节的变化(电力需求量不同)和石油价格的涨跌而起伏。

(2)2004年2月,日本电力系统利用协会(ESCJ)成立,2005年4月正式开展业务。该机构被经济产业大臣指定为日本唯一的"输配电等业务支援机关"(即中立监管机构)。ESCJ由学术界中立人士(如大学资深教授等)、各大电力公司、PPS、电力批发公司、自备发电企业代表组成,经费来源为按照电力企业营业规模征收会费,日常管理工作由9大电力公司派人轮流担当。② ESCJ主要开展5个方面的工作:负责制定电网扩建计划、电网运营及阻塞管理等方面的指导性规则;负责处理输配电业务方面的纠纷和投诉;负责跨区联络线的剩余容量管理、阻塞管理;负责公布联络线剩余容量、潮流、故障等信息;负责制定并发布日本全国的电力供求状况和电力可靠性评价报告书。

(3)从2004年4月起,合同容量500千瓦以上、供电电压6千伏以上的用户可自由选择供电商,这部分用户的用电量占总用电量的比例约为40%;从2005年4月起,合同容量50千瓦以上、供电电压6千伏以上的用户可自由选择供电商,至此,可自由选择供电商的用

① 井上雅晴『電力自由化2007年の扉』エネルギーフォーラム、2004年11月、第46—48頁。

② エネルギー政策研究会『電力ビジネス事典』エネルギーフォーラム、2004年9月、第41—42頁。

户的用电量占总用电量的比例达到63%;2007年4月日本政府对是否开放50千瓦以下的用户和居民用户进行了讨论。[①] 随着售电侧逐级自由化,脱离原供电公司的用户逐步增加,PPS售电量也逐步增大,10大区域电力公司的市场份额逐年下降。以东京电力公司为例,截至2005年12月,在其经营区域内,PPS市场份额已达4.11%,8.27%的高压用户由PPS供电。截至2006年9月1日,共有1500家用户、240万千瓦负荷脱离东京电力公司。目前,东京电力公司30%的商业用户改由PPS供电。面对竞争态势,10大区域电力公司一方面努力挽留电力客户,另一方面积极拓展燃气批发等其他业务。东京电力公司就利用自己电厂的大型储气罐向燃气公司批发燃气,此外,还增加营销投入,仅2004年用于销售的费用就高达1935亿日元,占当年总运营费用的4.5%。根据日本PPS公布的电源建设计划,预计在2009年之前新建装机容量398万千瓦。其中,东京电力公司供电区域新建221万千瓦,关西电力公司供电区域内新建111万千瓦,东北电力公司供电区域内新建61万千瓦,九州电力公司供电区域内新建5万千瓦,其他电力公司经营区域内PPS没有新建电厂计划。随着PPS新建电厂的投产,日本电力公司与PPS的竞争将更加激烈。

(4)2005年4月,日本政府为了促进跨区交易的发展,实现用户可以不受供电服务区域的约束选择供电公司,作为政策性措施,废除了"调拨供电费制度"。

二、日本电力自由化改革成效

总的说来,日本电力自由化改革成效显著:(1)日本自1995年

---

① 植草益『エネルギー産業の変革』NTT出版株式会社、2004年1月、第73—78頁。

实施电力市场化改革,在燃料价格普遍上涨的大环境下,10 年内全国电价平均下降了 27%(剔除燃料价格变动因素,电价下降了 23%),2005 年 10 月日本经济产业省综合资源能源调查会电力事业分会编写的"日本电力自由化改革评价报告"认为,电价下降的 40% 源自电力市场化改革。尽管如此,应当指出的是,从国际比较来看,日本的电价仍然是较高的(见图 2－3、2－4)。(2)电力自由化,规制缓和,使日本电力企业实施品牌战略,努力增强核心竞争力。[①] 虽然日本 9 大电力公司的电力建设投资自 1995 年以来持续下滑,但在日本电力供需基本平稳的情况下,电能质量并没有受到影响;同时,供电可靠性继续保持较高水平。以东京电力公司为例,2005 年户均平均停电时间为 7 分钟/年,停电次数为 0.1 次/年。(3)据九州电力公司调查,2005 年自由化电力用户的满意度为 52.2%,受管制电力用户的满意度为 47.7%,全体用户的满意度为 50.6%,这说明售电侧放开提高了用户满意度。(4)电力市场化改革后,二氧化碳、氧化硫、氧化氮等排放量并没有大量增加,相反电力公司环保对策的内部收益却有所增加。如,东京电力公司 2003 年度环保对策的内部收益较 2002 年度的 658 亿日元增加 23.7%,达到了 814 亿日元(见表 2－5)。另外,为了削减电力行业的二氧化碳、氧化硫、氧化氮等排放量,9 大电力公司、日本电源开发公司(EPDC)、日本核能开发公司(JAPS)等还制定并公布了"电力事业的环保行动计划"。[②] 但电力产业要想完成根据《京都议定书》规定而应承担的减排指标,必须增

① 青木幸弘・西村陽『電力のマーケティングとブランド戦略』日本電気協会新聞部、2004 年 2 月、第 198—199 頁。

② 阙光辉:《日本电力市场化改革最新进展及启示》,载《电力技术经济》2007 年第 3 期,第 7—8 页。

加购买二氧化碳排放权，自 2008 年至 2012 年须提高 1.2 亿吨左右。

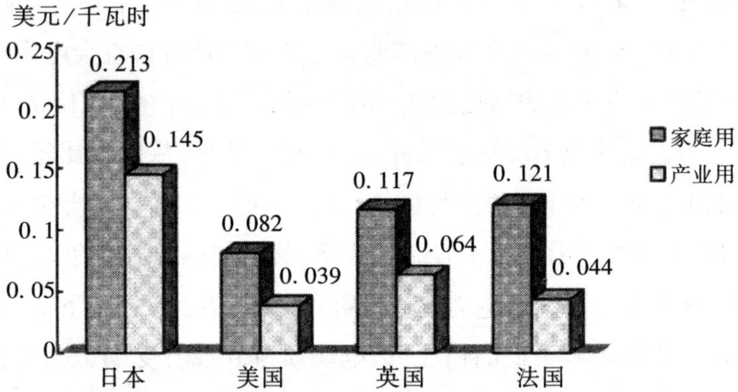

图 2－3　1999 年电价的国际比较（单位：美元/千瓦时）

资料来源：経済産業省『エネルギー白書 2006』ぎょうせい、2006 年 7 月、第 48 頁。

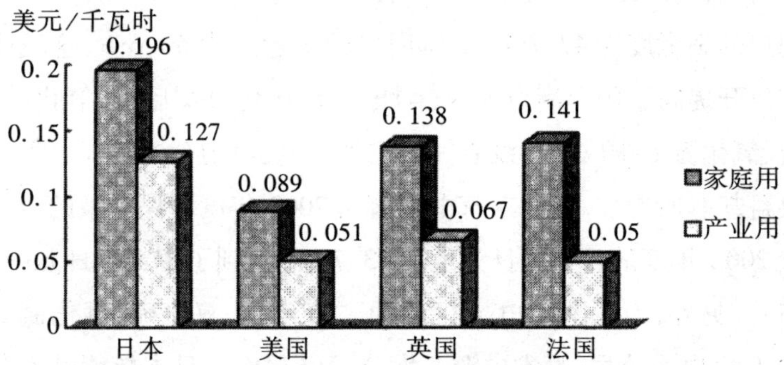

图 2－4　2004 年电价的国际比较（单位：美元/千瓦时）

资料来源：経済産業省『エネルギー白書 2006』ぎょうせい、2006 年 7 月、第 48 頁。

表 2－5　2003 年度东京电力公司环境对策的内部收益（单位：亿日元）

收益项目	主要内容	金额
发电费用的节约	火力发电热效率的提高、送配电损失率的降低、自然能源的购买	688

公司自用能源、资源成本的削减	公司所有单位的水、电、纸张、车辆燃料等成本的削减	4
材料采购成本的节约	测量仪器类修理品的购买、循环利用电线的购买等绿色采购	119
循环利用销售收入	循环利用副产品的销售收入	3
合计		814

资料来源：http ：//www. tepco. co. jp.

第三节　日本电力自由化改革的特色

日本的电力工业在第二次世界大战后已经基本私有化,但私有化和竞争是两个问题,私有化不会自然而然地产生竞争。开展竞争需要有明确的法律和强有力的监管机构;要有足够多的市场竞争主体,并保证它们及时获取可靠的信息。日本电力市场的竞争,随着《电气事业法》的3次修改,逐渐放开;随着监管机构的调整、独立发电厂(IPP)和"特定规模电力企业"(PPS)数量的增加,逐渐深化。

放松政府的电力管制是电力行业作为自然垄断行业实行市场化改革的重要组成部分。日本是在电力私有化和放松电力管制的同时开始建立市场化条件下的电力监管体系的。由于日本电力工业实行分地区垄断经营,从而决定了日本电力监管采取多部门、分散、严格的方式。

在放松政府管制的前提下,日本核电站安全监管尚有待加强。据日本通产省的调查报告,东京电力公司下属的核电厂,从1987年到1995年间,篡改伪造安全检查记录29份,隐瞒机器设备零部件开裂情况。2002年8月丑闻被曝光后,东京电力遭到社会各界的强烈抨击,公司高层因此也全部引咎辞职。但东京电力公司的核电安全状况似乎并没有得到根本性改善。2007 年 7 月 17 日,东京电力公司所属的世界发电能力最大的柏崎刈羽核电站的管理方宣布,2007 年 7 月 16 日地震过后,核电站共检出 50 处故障,涉及排气管、变压器、水泵、消防设施等多处重要部位。其中,7 号机组的主排气管中测出钴-60、铬-51、铀等少量放射性物质,这些放射性物质已散入空气中,但称含量只有法律规定排放上限的千分之一。2007 年 7 月 18 日,东京电力公司承认瞒报了柏崎刈羽核电站震后泄漏废水的辐射物含量,称地震后泄漏入海的废水中含有 9 万贝克(放射性活动单位)辐射物,比此前公布的数据高出 50%;此外,还披露在存放有 2.2 万罐固体核废料的第二储藏库中,约 400 罐在震后翻到,其中 40 个罐子的封盖已经脱落,这一数字比 17 日公布的数字增多约 300 罐。东京电力公司发表声明,为此道歉,并且称正在改正。这次核泄漏和起火事件在日本引发了关于核电安全的新一轮争论,也引起了国际原子能机构的关注,总干事巴拉迪要求日本政府进行透明、彻底的调查。放松政府管制,引入竞争,为日本电力工业的发展无疑带来了新的机遇,但同时也向电力安全提出了新的挑战。地震固然是造成核事故的根本原因,瞒报亦表明东京电力公司管理层缺乏社会责任感,但不可否认,由于竞争产生的压力使柏崎刈羽核电站设备可靠性、备用容量等重要安全因素受到削弱,也是导致这次核事故的祸因之一。

日本各大电力公司实行发电、输电、配电、售电垂直垄断分地区经营,在此基础上,近年来进行有限制的自由化。各大电力公司实行发电、售电业务允许其他电力企业加入。日本电力市场化改革的途径是在保证有稳定的投资、有可靠的电力供应前提下,逐步引入竞争机制,稳步推进市场自由化,从而实现提高效率,降低成本,改善服务,增强电力可靠性和加强环境保护的电力体制改革目标。[①]

日本电力市场化改革措施非常保守和谨慎,许多方针政策仍处于研究探讨阶段,政府亦无全面解除管制的打算,这显然是由日本能源资源贫乏,发电能源主要依赖进口这一基本国情决定的。目前,新加入者也不会成为原有日本电力企业的重大威胁,电力市场的变化也很小。虽然如此,日本电力改革还是非常成功的,取得了政府、电力用户、电力行业内的企业、新进入电力行业的企业均比较满意的效果,促进了企业成本的降低和日本经济的振兴。

日本未来电力市场的发展好坏将取决于:如何处理发电、输电等分支业务的分离,核电站如何在发电市场框架中定位,是否所有的用户都可以竞价购电,如何处理第三方准入权等等。但是,日本电力市场的未来发展走向很难预测,日本电力市场将如何从目前一个相对封闭、垄断的体制,转变成为一个完全竞争、供电可靠、用户支付较低电费的市场,其答案仍不明朗。

第四节　日本新能源产业现状

众所周知,日本是能源极度匮乏的国家,所需石油的99.7%、煤炭的97.7%以及天然气的96.6%都依赖进口。[②] 为了保障能源供应,日本制定和实施了一系列能源战略,除实施电力自由化以外,大力发展新能源产业便是其中的重要一环。

---

① 西村陽『電力自由化完全ガイド』エネルギーフォーラム、2004年、第135—142頁。

② 井熊均『電力取引ビジネス』東洋経済新報社、2001年5月、第20頁。

1997 年，日本颁布了《关于促进新能源利用的特别措施法》，该法定义的新能源包括供给方新能源：太阳能发电与热利用、风力发电、废弃物发电与热利用、生物质能发电与热利用、温度差能，以及需求方新能源：清洁能源车、天然气热电联产、燃料电池。此外，一般也将地热、雪冰热、输出功率在 1000 千瓦以下的小水电、波浪能和潮汐能等列为新能源。

一、太阳能发电与热利用

日本从 1999 年起太阳能发电量超过美国，至今一直居世界首位。2003 年日本太阳能发电量为 85.96 万千瓦时（见表 2－6），占世界太阳能发电总量 175.06 万千瓦时的 49.1%（见表 2－7）。2004 年 5 月，在日本经济产业省（METI）制定的新能源发展计划中，太阳能发电的目标是装机容量 2010 年达到 482 万千瓦（见表 2－8），这对太阳能发电技术的开发是一个很大的挑战。

表 2－6 日本太阳能、风力、废弃物发电量统计表（单位：万千瓦时）

年份		1995	1996	1997	1998	1999	2000	2001	2002	2003
发电量	太阳能	4.3	6.0	9.1	13.3	20.9	33.0	45.2	63.7	85.96
	风力	0.9	1.2	1.6	3.1	7.0	13.7	30.2	46.4	67.8
	废弃物	64.9	76.0	81.5	93.3	98.1	110.7	123.3	148.2	155.4

资料来源：http://www.nedo.go.jp.；経済産業省『エネルギー白書 2004』ぎょうせい、2004 年 6 月。作者整理而成。

日本太阳能的热利用，从 1979 年第二次石油危机后开始，1990 年形成普及高峰。由于高效太阳能取暖设备技术不断提高，使太阳能的热利用不但能量转换率高，而且成本是新能源中最低的，主要用在热水、空调、暖气等方面。

位于茨城县筑波市的日本产业技术综合研究所于 2004 年建成

了日本最大的太阳能发电系统。太阳能电池板达 5600 块,面积共有 6500 平方米,采用了单晶硅等 4 种材料。有直流电变交流电装置 21 台,总费用为 8 亿日元。其发电功率最高可达 869 千瓦,和已有的设备一起,发电功率超过 1000 千瓦,发电量可供 300 户家庭使用。①

日本的太阳能电池已向手机等移动装置进军。2004 年,日本夏普公司开发出像纸一样薄,可弯曲成筒状的太阳能电池,把太阳光转化为电的变换效率高达 28.5%。将纸型太阳能电池用于手机、汽车等产品,便可实现在移动中供电。2004 年,夏普的太阳能电池产量位居世界第一;京瓷、三菱电机、三洋电机等的太阳能电池产量也排在全球前几位。

当前日本太阳能研究开发的重点是,太阳光发电与天气的关系、太阳光的弥补技术和太阳能电池等。太阳能电池的研究重点集中在非晶硅薄膜光电池、非晶硅和多晶硅混合薄膜光电池、CIS 光电池、CdTe 高效光电池、硅熔融精炼技术,并将突破点放在低成本大规模生产技术的开发方面。

二、风力发电

日本从 20 世纪 90 年代后期开始,积极发展风力发电。2003 年,日本共有 735 座风车,风力发电量为 67.8 万千瓦时,占世界风力发电总量 3929.4 万千瓦时的 1.72%(见表 2-7),2004 年发电量接近 100 万千瓦时。从地域分布来看,日本的风力发电主要集中在北海道(约占 24%)、东北地区(约占 41%)、九州(约占 16%),而四国只占 2.4%。风力发电的投资主体有基层地方自治体、民间独立风力发电企业。此外,电力公司亦自办风电或公开招标风电上网。如

① 何德功:《日本的新能源计划》,载《环境经济》2005 年第 6 期,第 54 页。

负责送电工程的企业西太克公司在三重县的美里村投资 50 亿日元开发2×1000千瓦风电，于2003 年 10 月开工，2005 年 3 月竣工，年发电 5000 万千瓦时，供应中部电力，年销售额达 5 亿日元。日本 2004 年制定的风力发电目标是到 2010 年风力发电装机容量达到 300 万千瓦，而 2003 年只达到该目标的 22.6%（见表 2－8）。

表2－7　2003 年世界主要国家太阳能、风力发电量统计表（单位：万千瓦时）

国别	太阳能发电量及所占比重（%）		风力发电量及所占比重（%）	
日本	85.96	49.1	67.8	1.72
德国	41.03	23.44	1460.9	37.18
美国	27.52	15.72	637.4	16.22
荷兰	4.59	2.62	91.2	2.32
澳大利亚	4.56	2.62		
西班牙	2.8	1.6	620.2	15.78
意大利	2.6	1.49	90.4	2.30
法国	2.11	1.21		
丹麦			311	7.91
印度			211	5.37
其他国家	3.89	2.22	439.5	11.19
合计	175.06	100	3929.40	100

资料来源：IEA“Trends in photovoltaic Applications（2003）”；http://www.enecho.meti.go.jp.作者整理而成。

日本成功的风力发电项目很多。如岩手县东北部的葛卷町海拔1000 多米，风力资源丰富，人口 8700 人，共有 15 台风力发电机，发电能力达 2.22 万千瓦，是町内消费电力的一倍，还能向外输送相当多的电力；山形县立川町有 11 台风力发电机，发电量占町内消费电力的60%。①

日本的风力发电技术目前在世界上处于领先地位。三菱重工业公司通过对叶片结构和形状的不断改进,使风力发电机低风速也能有效发电。富士重工业公司利用先进的螺旋桨技术,制成新型风力发电系统。2004年东丽公司开发出世界最轻量级风力发电机"风豚",它的发电功率为1000瓦,重量仅15公斤,价格在30万日元左右,特别适合普通家庭使用。日本发展风力发电目前主要工作是:促进风力发电系统的稳定化;通过电力系统以适当的补助制度促进应用等。

三、废弃物发电与热利用

废弃物作为新能源一般采取将其直接燃烧发电和将其处理成衍生燃料两种方法。废弃物发电所用的废弃物主要是城市垃圾等一般废弃物和民间产业排放出来的产业废弃物。日本废弃物发电主要是以各个地方自治体为中心进行。

早在1965年,位于大阪市的西淀工厂便开始利用废弃物发电。1999年末,日本全国大约有1900多处垃圾焚烧炉,但同时拥有发电设备的只有约10%,不过这10%的燃烧处理设备所发电的份额却占日本废弃物发电总量的大约80%。2003年末,日本废弃物发电的设备总容量大约为155.4万千瓦,其中一般废弃物发电设备容量约为134.9万千瓦,产业废弃物发电设备容量约为20.5万千瓦,②计划到2010年达到417万千瓦(见表2-8)。日本政府要求:具有300吨以上垃圾处理能力的工厂尽可能安装发电设备,而且要以大规模连续

① 《日本:风力发电风行全国》,载《电力需求侧管理》2004年第5期,第5页。

② 吕春生:《日本的新能源开发及对我国的启示》,载《现代日本经济》2006年第6期,第40页。

运转的发电设备为主,今后至少要有88%的垃圾处理厂能发电。

应当说日本的废弃物发电有了一定的发展,但依然受到需要妥善解决地点和技术上的一些问题的制约。到目前为止,废弃物发电效率只达到10%。与一般火力发电的40%相比,提高废弃物发电技术的任务还很艰巨。

在废弃物利用方面,另一个方法就是将可燃废弃物,如生活垃圾、废塑料、废纸等,经过粉碎、干燥后,和生石灰混合,然后压缩制成碳状固体燃料。这也是衍生燃料的一种,但其规模化利用尚处于探索中。

四、生物质能发电与热利用

日本学者按照生物质的来源不同,将生物质分为废弃物类生物质、未利用生物质、资源作物和新作物4类。据估计,日本森林、农业用地年产生物质能资源量约1.3亿吨,废弃物中所含的生物质能2.4亿吨,则年产生物质能可达3.7亿吨,其中可利用的约占20%,即7700万吨。这部分可利用的生物质能如果得到充分利用,可以占日本一次能源供给的约4%。

2002年12月,METI、农林水产省、文部科学省、国土交通省、环境省等联合提出了“生物质能源综合战略”。2006年3月,日本对其进行了修改,主要是加速运输部门生物质燃料利用,通过政策强化各个领域的具体落实,并明确了下一步的具体目标。即,全部废弃物的生物质利用在2010年达到80%,未利用生物质的利用率达到25%。

日本生物质能的开发利用着重从以下三个方面推进,并不断完善:

(1)废弃物生物质发电。2003年4月,日本岩手县葛卷町第一座牛粪便发电厂开始运作。该町有300家奶牛专业户,散居在435平方公里内,饲养奶牛1万头。牛粪便发电厂就利用200头牛的粪便发电。发电厂建在畜产基地内,建设费用约为2.2亿日元。葛卷町还计划利用牛粪便发酵后产生的沼气制造燃料电池。牛粪便处理是日本牧场的大问题,不仅污染空气,而且要占据大片土地,用牛粪便发电既提供了新的能源,又保护了环境,可谓一举两得。

(2)未利用生物质的利用。新泻县鱼川市用废木屑为燃料的生物质发电,于2004年10月投入运行。关于废木屑的供应则在明星水泥公司(东京)的协作下,利用该公司水泥回转窑烧废木屑的回收网点负责收集供应。中部电力亦在日本新能源产业技术综合开发机构的委托下,进行大型烧煤电厂掺烧木屑的试验。

(3)生物质能市镇构想。自2004年8月开始,生物质能日本综合战略推进会议在日本全国范围内征集"生物质能市镇构想"。2005年初公布的结果是:熊本县的白水村,北海道的留萌市,福冈县的大木町,北海道的濑棚町、青森县的市浦村。在这些市镇提出的生物质能应用构想中,都是充分利用当地的农业废弃物、生活垃圾、废食用油、间伐材等,进行堆肥化、燃料化,供应当地。

虽然日本在生物质能利用上取得了一定成效,但与欧美各国相比目前还有一定差距。

五、氢能和燃料电池

氢能的制取主要包括烃类水蒸气法、重油(或渣油)部分氧化重整制氢法和电解水法。氢的储存可以用压缩、低温液化和贮氢金属吸存。氢能的转化应用主要有两种方式,既可以以燃烧的形式在发动机中使用,也可以以化学作用的形式在燃料电池中使用。

日本氢能的主要研究方向是燃料电池。日本于1981年对磷酸

表2－8 日本到2010年新能源产业发展目标

项目		1999 年的业绩		2002 年的业绩		2010 年度目标		2010/1999 增加比例(%)
		相当于原油的利用量(兆升)	装机容量(兆瓦)	相当于原油的利用量(兆升)	装机容量(兆瓦)	相当于原油的利用量(兆升)	装机容量(兆瓦)	
发电	太阳能	53	209	156	637	1180	4820	23
	风力	35	83	189	463	1340	3000	38
	废弃物	1150	900	1520	1400	5520	4170	5
	生物质能	54	80	223	218	340	330	6
供热	太阳能	980	–	740	–	4390	–	4
	未利用能源	41	–	60	–	580	–	14
	废弃物	44	–	36	–	140	–	3
	生物质能	–	–	–	–	670	–	–
	黑液、废材等生物能	4570	–	4710	–	4940	–	1.1
总计		6927	–	7634	–	19100	–	3
占一次能源总供应比例		1.17%		1.21%		3.18%		
总的一次能源供应量		590000		630000		600000		

资料来源：西村隆夫『日本のエネルギー産業—政治経済学の視点から見た規制緩和と環境への影響』同友館、2002 年 8 月、第 165 頁；魏全平、童适平等：《日本的循环经济》，上海人民出版社 2006 年版，第 168—169 页；《日本电力工业概况》，载《国际电力》2003 年第 5 期，第 9 页。作者整理而成。

注：(1)2002 年一次能源总供给量是估算值。(2)未利用能源包括雪冰热利用。(3)黑液、废材是生物质能之一，生物质能发电中也包括。(4)2010 年目标值包括政府和私人投资的总和。

燃料电池(PAFC)进行基础研究，PAFC 在燃料电池领域内始终处于领先地位，先发展成大型电池堆，继而发展成电站，并实现商业化。另外，熔融碳酸盐燃料电池(MCFC)的开发目前正处于"堆电站"阶段；而固体氧化物燃料电池（SOFC）和聚合物电解质燃料电池（PEFC）均处于“部件堆”的阶段。①

2002年12月，受时任内阁总理大臣小泉的指示，日本总理府开始使用燃料电池汽车，到2003年12月，购入了8台燃料电池车。2003年，东芝公司推出了手掌般大的、用于手机的外接型直接甲醇燃料电池，其内盒中25毫升的甲醇可以提供的电能，相当于6块一般便携型内存锂电池。2003年，日本政府和民间企业合作，进行了燃料电池车的试行试验和氢气供给站的运行试验。此后，在全国各地建设了不少“加氢站”，近百辆燃料电池车取得了牌照上路。其战略目标是：到2010年，日本使用的燃料电池车要达到5万辆；2020年达到500万辆；2030年，发展到1500万辆。

目前，日本氢的制造、运输、储藏技术和燃料电池技术已基本成熟，重点是进行更高性能的氢技术开发和低成本的燃料电池技术的开发。

六、其他新能源的开发利用

日本在清洁能源车、天然气热电联产、雪冰热、小水电、波浪能和潮汐能等新能源开发利用方面也取得了一定的实效。

仅以清洁能源车开发利用为例：2000年底，日本总计有62032辆清洁能源车。燃料供应设备中包括54处充电站，556处天然气加气站，38处甲醇添加站。2010年清洁能源车数量有望能达到348万辆。②

---

① エネルギー政策研究会『電力ビジネス事典』エネルギーフォーラム、2004年9月、第59頁。

② 杜盛梅：《日本新能源政策及发展趋势》，载《中国电力报》2005年9月27日。

第五节　日本新能源产业政策

日本政府2002年制定的《能源政策基本法》,揭示了日本能源政策的基本理念:"供给安定"、"适合环境"及"市场原理"。就新能源产业而言,日本政府通过制定计划与法律、投入大量资金、强制电力公司购买、税收优惠、培育人才等政策措施,多渠道地力促其持续发展。

一、计划引导、法律规范新能源产业发展

日本新能源产业的发展始终是通过计划与法律手段推进的。

1974年,日本制定并实施了"新能源开发计划"(即"阳光计划"),把发展太阳能和燃料电池技术定为国家战略。1978年,日本又实施了"节能技术开发计划"(即"月光计划")。1980年,建立了管理新能源事业的专门机构——财团法人"新能源开发机构"(NEDO)。1993年,日本把"阳光计划"与"月光计划"合并后推出"能源和环境领域综合技术开发推进计划"(也称"新阳光计划"),目的是促进新能源的开发和商业化。1994年12月,通过了"新能源推广大纲",该大纲成为日本新能源发展的政策基础。1997年,日本颁布了《关于促进新能源利用的特别措施法》,和"关于促进新能源利用的基本方针",对新能源利用提出了明确的要求。1998年,METI公布了"不同系统间电力连接指导方针"。2002年,日本政府制定了《能源政策基本法》。2003年4月,全面实施了要求电力公司利用一定数量新能源电力的《关于电力公司利用新能源的特别处置法》,简称RPS法。2004年6月,日本出台了"基本能源政策",该政策强调,为了更大程度地保障能源供应安全,日本将积极发展新能源产业。

2006 年 5 月,METI 编制了《新国家能源战略》,阐述了八大战略及措施,其中第三条是新能源创新计划;第五条是能源资源综合确保战略。①

二、政府投入大量资金,支持新能源产业发展

1996 年,日本政府投入新能源产业的资金是 479 亿日元,此后逐年增加,至 2004 年已达到 1613 亿日元,增加了 236.74%(见表 2－9)。投入的资金主要用于新能源的技术开发、实证实验和资助推广。2004 年,这三方面的投入分别为 424 亿日元、265 亿日元和 924 亿日元(见表 2－10)。

表 2－9　日本政府扶持新能源产业资金投入表(单位:亿日元)

年份	1996	1997	1998	1999	2000	2001	2002	2003	2004
资金	479	560	748	875	925	1105	1449	1568	1613

资料来源:http://www.cnooho.meti.go.jp.

表 2－10　2004 年日本政府发展新能源产业资金投入明细表(单位:亿日元)

<table>
<tr><th>方向</th><th>内容</th><th>事业领域</th><th>预算额</th><th>投入额</th></tr>
<tr><td rowspan="4">技术开发</td><td rowspan="4">为了促进新能源的低成本化,并改善性能,实施重要技术的开发研究。</td><td>太阳能发电</td><td>66</td><td rowspan="4">424</td></tr>
<tr><td>风力发电</td><td>10</td></tr>
<tr><td>燃料电池</td><td>235</td></tr>
<tr><td>生物能</td><td>60</td></tr>
<tr><td rowspan="4">实证实验</td><td rowspan="4">以技术开发成果为基础,为解决实用化、市场投入等方面的技术问题、难题,进行实证试验。</td><td>太阳能发电技术</td><td>50</td><td rowspan="4">265</td></tr>
<tr><td>集中太阳能发电系统</td><td>59</td></tr>
<tr><td>生物能等未实用能源</td><td>29</td></tr>
<tr><td>固体高分子燃料电池</td><td>30</td></tr>
</table>

① 経済産業省『エネルギー白書 2006』ぎょうせい、2006 年 7 月。

<table>
<tr><td rowspan="4">资助推广</td><td rowspan="4">对于实用阶段的新能源，为了引导早期市场的发展，为批量生产打基础，支援企业或自治体推广新能源。</td><td>住宅用太阳能发电系统</td><td>53</td><td rowspan="4">924</td></tr>
<tr><td>清洁能源车</td><td>109</td></tr>
<tr><td>新能源企业</td><td>483</td></tr>
<tr><td>地方新能源</td><td>110</td></tr>
</table>

资料来源：魏全平、童适平等：《日本的循环经济》，上海人民出版社 2006 年版，第 165 页。

三、政府要求电力公司积极开发和采购新能源电力

2002 年 5 月，METI 发出通知，要求各电力公司积极开发和采购太阳能等新能源电力。2003 年 4 月，进一步通过《关于电力公司利用新能源的特别处置法》，规定了新能源电力的义务购买量：2003 年电力公司购入新能源的义务为 73.2 亿千瓦时，到 2010 年将扩大到 122 亿千瓦时（见表 2－11），[①]把新能源电力在电力销售中所占的比重从 2002 年的 0.2% 提高到 2010 年的 1.35%。目前，日本国内的专家正在探讨是否把实施期限延长并提高相应的比率。[②]

表 2－11 日本 2003－2010 年新能源利用目标（单位：亿千瓦时）

年度	2003	2004	2005	2006	2007	2008	2009	2010
利用目标量	73.2	76.6	80.0	83.4	86.7	92.7	103.3	122.0

资料来源：飯田哲也『自然エネルギー市場—新しいエネルギー社会のすがた』築地書館、2005 年 2 月、第 106 頁。

日本政府规定须完成采购新能源电力任务的电力公司是以东京电力公司为首的日本 10 大电力公司、新成立的电力公司及在规定区域内供电的“特定电气事业者”（PPS）。关于新能源电力的价格，改

① 飯田哲也『自然エネルギー市場—新しいエネルギー社会のすがた』築地書館、2005 年 2 月、第 106 頁。

② 土方薫『電力デリバティブ』シグマベイスキャピタル、2004 年 9 月、第 193—195 頁。

由电力公司间的相对交易来决定;若超过上述价格时,电力公司应进行对象劝导,只有在劝导无效之下,才使用规定的上限价格11日元/千瓦时。电力零售商有义务在下一年的6月1日前,向METI汇报新能源利用情况。如有未完成定额者,且无正当理由而又不服从改进指令,将会被罚款,金额最高可达100万日元。①

四、政府通过税收优惠、培育人才等形式,提高新能源产业竞争力

另外,日本政府还积极采取其他扶持政策,主要有:(1)推进政府、社会团体带头利用新能源。为此,制定了《关于推进采购环保产品法》,该法从2001年4月开始执行。国家机关、公共设施建设必须依法采购太阳光发电系统和利用太阳能的热水器系统,采购低能耗、低公害汽车等。(2)METI积极改善市场环境,提高新能源产业竞争力。(3)对新型清洁能源发放"清洁证书",提高品牌形象。(4)给予新能源企业税收优惠,例如,自2006年至2009年,日本政府对从事燃料电池汽车、燃料电池车用燃料供给设备、燃料电池设备开发的企业,给予税收方面的支持。(5)大力开展新能源教育,加强新能源人才培养,调动民众开发利用新能源的积极性。(6)鼓励新能源企业通过出口相关技术及设备等,占领世界市场。

第六节 日本新能源产业战略目标

日本能源政策的基本目标是:能源安全(Energy Security)、经济

---

① [日]大森惠子:《日本新能源发电两翼齐飞》,载《中国电业》2003年第11期,第75页。、

增长(Economic Growth)、环境保护(Environment),简称能源“3E”目标。在这一目标指导下逐步形成的日本新能源产业发展子目标包括:减排温室气体,提高能源效率,能源多样化,培育新产业。

一、完成《京都议定书》规定的减排温室气体目标

在1997年京都召开的世界环境会议上,日本政府签署了《京都议定书》,承诺在2008—2012年期间,温室气体(GHG)排放量比1990年减少6%。①

为此,日本政府分别从供应侧和需求侧采取措施。从供应侧控制GHG排放的具体措施包括:推行最佳的能源构成,以无二氧化碳排放的核电为主;火力发电适当使用低碳矿物燃料如液化天然气;增加新能源发电如太阳能和风能;引进生产效率更高的设施,如联合循环电厂、高效燃煤电厂及低线损的输配电系统。而需求侧则推行以下措施:在用户中鼓励节能;开发节能或高效的家用电器如热泵,并鼓励用户使用;发掘新能源;为平衡负荷广泛使用储热系统。

但是,日本环境省预计,除非国家提出新的解决办法,否则,到2010年,日本的二氧化碳排放量将比1990年增加10%。为此,环境省于2004年11月提出了日本第一份环境税征收计划草案,拟从2005财政年度开始,对几乎所有的化石燃料(石油、煤炭、天然气)和电力的使用,按照碳含量以每吨2400日元的比率征税。对环境无害的能源,例如风力和太阳能,将大大放宽税收政策。然而,此计划遭到METI、日本经济组织联盟、日本石油联盟、日本电力公司联盟及其他主要工业协会的强烈抗议,他们认为能源税已经过高,再加税不起

① 中村政雄『電力自由化をめぐるQ&A—どうなる? 日本のエネルギー』日本リーダーズ協会、2001年11月、第70頁。

作用，而且加税会放慢经济复苏。这迫使日本政府必须大力发展新能源产业，虽然现有的新能源设施已经发挥作用，如茨城县筑波市的太阳能发电系统，每年可减少300吨二氧化碳排放量。

二、提高能源使用效率

日本是较早重视提高能源效率的国家之一，自20世纪70年代以来，日本的能源效率已经提高了30%。日本节能型家电产品的耗电量，从20世纪70年代开始下降，到90年代末，已降至1973年的一半。但是，2006年5月，METI编制了《新国家能源战略》，提出要大力发展节能技术和新能源产业，争取到2030年前将全国的整体能源使用效率提高30%以上。目前，日本的清洁能源车已经成了节能汽车的代名词，不需要汽油的环保型燃料电池汽车也已经进入实用阶段。今后，加强对新能源特性的研究，实现新能源最佳综合利用，无疑是提高能源使用效率的重要途径之一。

三、实施能源多样化，规避能源风险

1950—1973年，石油在日本一次能源消费结构中的比重从4.2%上升到77.4%，比同期世界平均水平高30.1个百分点，石油成为日本的主导能源。1973年第一次石油危机后，日本开始推行摆脱依赖石油的政策，增加液化天然气的使用，发展核能和水力发电。作为能源多样化战略的重要一环，更是加强了对风力、太阳能、燃料电池以及其他新能源的开发利用。通过上述种种努力，日本的能源多样化战略取得了显著成果，对石油的依赖程度明显减小。1999年石油在日本一次能源消费结构中的比重为52.0%[①]，此后进一步降

① 中村政雄『電力自由化をめぐるQ&A —どうなる？日本のエネルギー』日本リーダーズ協会、2001年11月、第95頁。

至50%左右。

但日本政府认为,到2030年,应该将能源消费中的石油依存度进一步降低到40%。现在石油发电在日本发电总量中的比例已经降低到了5%,核电占到了25%。而日本政府的目标是,到2030年,将核电在发电量构成中的比例进一步提高到30%至40%。此外,将要面对的是更加严峻的挑战,那就是如何强化在交通运输领域的石油替代和节约。日本政府计划通过大力发展清洁能源车、生物燃料等措施,到2030年,将运输部门的石油依存度降低到80%。①

四、培育新产业竞争力和创造新的劳动就业机会

日本的泡沫经济在20世纪80年代末90年代初走到了它的尽头,股价和地价接连下跌,泡沫崩破了,日本经济自此也陷入了长期的衰退和萧条之中。

为了使日本经济走出衰退的阴影,1996年日本经济结构改革审议会提出了14个未来有望成长的领域,新能源产业就是其中之一(见表2-12)。桥本内阁于1997年初推出了包括经济结构改革在内的六大改革,内容之一就是大力发展包括新能源产业在内的15个新兴产业,用这些产业弥补产业转移后的空缺,带动产业结构升级,适应未来社会的需要。此后,小渊内阁和森内阁也都制定了发展新能源产业的政策措施。于2001年4月登上自民党总裁和政府首相宝座的小泉纯一郎,在其推行的结构改革中更是大力发展新能源产业。

表2-12 日本成长领域市场规模展望(单位:万亿日元)

领域	现在	2010年	领域	现在	2010年
住宅	1	4	流通	36	132

① 経済産業省『エネルギー白書2006』ぎょうせい、2006年7月。

医疗养老	38	91	人才培训派遣	2	8
生活文化	8	19	与国际化相关服务	1	2
都市建设	5	16	与企业经营相关服务	17	29
环境	15	37	新创造技术	14	41
新能源、节省能源	2	7	生物技术	1	10
信息、通信	38	126	航空航天	4	9

资料来源:魏全平、童适平等:《日本的循环经济》,上海人民出版社 2006 年版,第 136 页。

表 2－13　日本节能和再生能源市场规模

年份	再生节能能源设施		节能及能源管理	
	市场规模(亿日元)	就业规模(人)	市场规模(亿日元)	就业规模(人)
1997	1690	6302	7560	12619
2000	1634	5799	7274	13061
2010	9293	30449	48829	160806
2020	9293	28581	78684	231701

资料来源:魏全平、童适平等:《日本的循环经济》,第 139 页。作者整理而成。

新能源产业不仅是日本注目的成长领域,而且能维持甚至创造就业机会,给日本经济的调整带来活力。据日本环境省 2003 年 5 月发表的统计结果,与新能源有关的再生节能能源设施、节能及能源管理 2000 年的市场规模分别为 1634 亿日元和 7274 亿日元,就业规模分别为 5799 人和 13061 人;预计到 2010 年市场规模分别为 9293 亿日元和 48829 亿日元,就业规模分别为 30449 人和 160806 人(见表 2－13)。2003 年,日本太阳能、风力、生物质三种新能源的市场规模为 4500 亿日元,据推算,2030 年将扩大到 6 倍以上,达 3 万亿日元;燃料电池的市场规模到 2010 年也将达到 1 万亿日元,到 2020 年达到8万亿日元,成为日本的支柱产业。

总之,1973年和1978年的两次石油危机,给日本经济以严重冲击,也迫使日本政府从此大力发展新能源产业。从能源安全、经济发展和生态环境考虑,日本制定了详细而切实可行的新能源产业扶持政策,在官、产、学一体化积极推动下新能源产业取得了巨大发展。新能源在一次能源供给中所占的比例逐年增加,并使日本石油消费量逐步降低,大气污染也相应减少。1999年、2002年日本新能源利用分别达到了相当于6927兆升石油和7634兆升石油,分别占一次能源供给总量的1.17%和1.21%(见表2-8)。近年来,日本在新能源开发领域的技术遥遥领先,特别是在太阳能发电技术、环境与节能技术等方面,更是"独树一帜",成为日本经济复苏的推动力之一,也为日本经济的可持续发展奠定了坚实的基础。展望未来,METI制定的新能源发展计划中,提出了到2010年,新能源在一次能源供给中所占比例将达到3.18%(见表2-8),到2030年日本使用新能源的比重将上升到20%的目标。这将使日本对石油的依赖程度大大降低,由现在的50%左右降到40%左右。但是,日本目前仍有一些技术和经济问题,阻碍新能源产业的发展:用新能源发电仍然比用现有能源发电贵;由于自然条件的变化,新能源供应不稳定。

第三章　美国：以州为主，多种模式

第一节　美国电力市场概况

一、电力市场化改革历程

美国是最早进行电力市场化改革的国家之一。美国的电力市场化改革是以一系列法案的颁布和实施为标志进行的。

1978 年，美国《公共事业管制政策法案》(Public Utility Regulatory Policy Act, PURPA)出台。该法案允许企业建立热电联产电厂及利用可再生能源电厂，并出售电力给地方公用电力公司，电力公司应当收购。

1992 年，美国通过了《能源政策法案》(Energy Policy Act, EPAct)。该法案原则上同意开放电力输送领域，但仅限于数量大的买方和卖方，而且不允许个人消费者进入，并要求在电力批发市场引入竞争。至此，发电技术不再被规模经济所垄断。①

1996 年，美国联邦能源管制委员会(Federal Energy Regulatory Commission, FERC)的第 888 号、889 号法令出台。要求开放电力批

---

① 国家电力调度通信中心：《美国电力市场与调度运行》，中国电力出版社 2002 年版，第 9 页。

发市场,明确厂与网必须进行分离。既可以采用公司内部功能性分离,分开核算;也可以成立独立公司进行经营管理。但分离方式不搞一刀切。输配电网要允许发电商和用户公平进入,引入竞争机制。要建立公开的电网市场信息系统,允许回收由于改革造成的搁置成本,电网调度应独立于发电及批发交易,不硬性规定但鼓励成立独立系统运行机构(Independent System Operator,ISO)等。

具体改革方案及进度由各州根据电网实际情况自行确定。一般由州公用事业管理委员会向州议会提出改革方案,通过后再分步实施,改革方案大多以原有大公司为基础,厂网分开,电力交易也因地制宜地采用了不同方式,故各州采用的电力改革模式是不同的。

第 888 号和 889 号法令的颁布产生了显著的效果:批发市场的交易量显著增加,电价制定的透明度提高,电力交易安排得到很大的改善,增大了期货市场的交易量。①

1999 年 11 月 20 日,FERC 颁布了第 2000 号法令。该法令提出了建立区域输电组织(Regional Transmission Organization,RTO)的设想,要求每家拥有或运行管理跨州输电设施的电力公司必须提出申报组建或参加 RTO。

RTO 的基本功能有:电价管理与设计;管理拥堵和平行线潮流;市场监督;计划与发展;辅助服务管理;可转让容量管理;区域间协调等。

RTO 的目标是:提高输电网络管理效率;提高运行可靠性;建立公平的服务;改善电力市场性能;简化管理。

---

① 国家电监会市场部:《美国电力工业改革概况》,载《中国电力报》2006 年 2 月 21 日。

RTO只有输电系统的经营管理权，没有所有权。FERC鼓励RTO进一步发展成输电公司（TRANSCO），独立经营管理输电系统及资产。FERC认为，经过重组，RTO数量会减少，范围将扩大。解决电网问题时，不能把眼光局限于美国国内，要从北美整体来考虑，要和加拿大、墨西哥两个邻国共同努力来解决输电系统存在的问题。

2002年7月，FERC推出标准电力市场设计方案（Standard Market Design，SMD）。试图在总结经验、教训的基础上，为美国各州的电力市场建设提供相对标准化的设计方案。

2004年，FERC又颁布了独立RTO法案，对第2000号法令中的一些原则和条款进行了扩展和补充，进一步明确将RTO和ISO建设作为今后改革的重点。

2004年3月8日，控制着美国15个州和加拿大1个省电网的中西部独立系统运营者（MISO）试运行新电力市场，并于2004年12月1日正式运营。该市场采用日前交易和实时交易两种方式。

2005年7月29日，美国国会通过了2005年《能源法》（EPAct 2005），并于2005年8月8日生效。该法主要涉及：能源效率、可再生能源、石油与天然气、洁净煤技术、核能、交通与燃料、汽车效率、制氢、能源效率研究与项目支持、供电及乙醇与发动机燃料11个方面。①

2007年，FERC发布了第890号法令，决定改革其持续十多年的电力开放上网管理框架，以保证提供无歧视、更公正及更合理的输电服务，并更有效、透明地管理输电网络的运行。主要内容包括：（1）加强预计（估价）开放上网输电费率制（Proforma open-access trans-

① 《美国国会通过2005年能源法》，载《国际电力》2005年第5期，第20页。

mission tariff or OATT),以保证达到消除歧视的初始目的。(2)最大限度地减少产生歧视的机会,便于委员会的管理。(3)增加输电系统规划和运营的透明度。此外,为增加输电可用率和规划改革的透明度,还要求输电设施提供者在其开放的同时,在信息系统(Open Access Same-Time Information System,OASIS)上公布与输电有关的企业规章、重大举措及标准。该法规适用于所有公共输电设施提供者,包括区域输电组织(RTO)和独立系统运行者(ISO)。

二、电力市场主体

美国没有其他国家将私有化的电力公司收归国有的电力工业管理体制的变革,电力市场的主体一直是以私有制为主的多种模式的垄断电力公司。这可以从美国电力企业按所有权分类的相关数据和美国电网以私营为主两个方面得到证明。

据统计,1998 年末全美共有 3169 家电力公司、1930 家非电力公司以及 400 家电力营销商参与发电、输电、配电和营销业务,①公用电力净发电容量(不包括厂用电及自备电厂)77900 万千瓦,售电量 32400 亿千瓦时。②

美国电力工业企业按所有权分为 4 类:

第 1 类,投资者所有(investor owned)的电力企业 1998 年末为 239 家,发电能力占全国的 66.1%,净发电量占全国的 68.1%,向最终用户售电量占全国的 75%,绝大多数为发电、输电、配电垂直垄断管理,也有的只管发电、输电,将电力趸售给配电公司或大用户。

第 2 类,联邦所有(federal)的电力企业 1998 年末为 9 家。其中

---

① 杨家义:《美国电力重组及对中国的启示》,载《中国电力企业管理》2001 年第 8 期,第 54 页。

② 吴敬儒:《透视美国电力改革》,载《中国电力企业管理》2002 年第 1 期,第 58 页。

两家最大的分别是田纳西流域管理局(TVA)和布拉维尔电管局(Bonneville Power Administration,BPA)。TVA 的董事会成员由总统提名,参议院认可,董事会任命总裁。TVA 的电价方案由其自己制定。由于联邦政府对 TVA 给予若干优惠政策(如免除联邦税、所得税,只缴纳根据州法律规定的财产税等),故其电价水平略低于相邻地区的电力企业。

第 3 类,州、市及其他非联邦所有(publicly owned)的电力企业 1998 年末为 2009 家。如洛杉矶水电局,其董事会成员 5 人,由市政委员会任命。董事会工作对 15 个区各派一名委员组成的市政委员会负责。其电价出台方案、发行债券方案等要经过市政委员会审批。这类企业一般是供电企业,也有少量发电、输电企业。

第 4 类,合作社集体所有的电力企业 1998 年末 912 家。这类企业一般只是从大电网购电,然后向用户零售电力。在其供电区域内的输电系统一般也由其自行建设。合作社领导机构也是董事会,董事会成员由所在供电区域内用户提出候选人,并在该地区每 3 年投票选举一次。

美国各类电力企业都拥有法人地位,私营电力公司和独立发电厂(IPP)以营利为目的;联邦所有、市政公共所有的电力企业和合作社不以营利为主要目的,但美国政府给予一定的优惠政策。从治理结构的角度来看,美国电力公司具有如下特征:第一,投资者持股占主体,股权分散化。投资者主要为社会事业投资单位,如养老基金、慈善团体、互助基金等。第二,电力企业外部治理机制发达,占主要地位的机构投资者追求低风险投资战略;同时,为了分散风险,这些机构持股者会持有多家公司的股票,但他们一般不直接参与电力公司的管理。第三,在电力公司董事会中有半数以上的独立董事,以确保股东、社会公众以及其他利益相关者的权益。第四,员工通过持股和集体谈判制度参与电力公司治理。①

另外,美国的电网也是以私营为主:

美国主要有3大电网,即东部电网、西部电网和德州电网。东、西部电网之间通过4个直流的背靠背工程互联。美国电网以私营为主,形成了各自为政的局面,因此电压等级较多,从110千伏到765千伏就有8个电压等级。美国第1条765千伏交流输电线路于1969年5月投入运行,目前已达到3900公里。② 直流输电线路大部分采用±400千伏和±450千伏电压等级,个别采用±500千伏电压等级。美国电网的运行主要由电力可靠性组织(Electric Reliability Organization,ERO)协调,ERO是在政府支持下依法成立的自律机构,受FERC委托实施大电网监管职能,保证电网的可靠性、充裕度和安全性。

三、电力监管

由于美国采取以私有制为主的多种模式垄断电力公司,为了监督和管理电力企业,除政府负责立法和宏观管理之外,还成立了联邦和州两级电力监管机构,两级监管机构没有隶属关系,对电力企业的监管业务大部分由州一级负责。

联邦电力监管机构为联邦能源管制委员会(FERC),它有5个委员,由总统提名,参议院认可,任期5年,主要管理电力批发市场和跨州事务。

---

① 戚聿东、柳学信:《自然垄断产业治理模式改革:国际经验及启示》,载《改革》2007年第1期,第27页。

② 郭日彩、许子智等:《美国输电线路典型设计概况及对我国电网工程设计建设的启示》,载《电网技术》2007年第12期,第12页。

州级电力监管机构通常是公共服务委员会(PSC)或公共事业委员会(the Public Utility Commission of Texas,PUCT),其主要职责是:核发电力营业许可证,审批电力公司改组,审查公司经营活动,审查重要固定资产买卖,审查零售电价,审批新建电厂、审查输变电设施的路径及所址,处理用户投诉等。

美国电力监管规则制定的过程大致如下:首先,向社会各界发出规则制定的咨询通知,询求意见和建议。其次,对征求的意见进行整理研究,形成初步规则,并发布《规则制定通告》。最后,监管机构形成正式的规则草案,并在联邦通报中摘要刊出。在规则草案刊出的30 天内,任何个人和团体都可以提出异议。如果没有个人或团体提出复议要求,则规则草案成为法定的文件。如果有不同意见,则需要对规则草案进行复议和听证裁决。

美国电力监管机构在发放许可证的过程中,按规定收取 50% 的成本费用,标准为每千千瓦 1 万美元。发电许可证审批的时间一般在 2 年左右。[①]

美国农村地区的电力普遍服务主要由非赢利性质的实行自有、自管、自建的自治供电机构——农村电力合作社负责实施。[②] 联邦政府主要采取为其提供 30 年长期优惠贷款、联邦政府拥有的水电站优先向其供应质优价廉的电力等措施扶持农电合作社的发展。

美国政府还制定了专门的低收入者用电补贴计划。以加州为例,3 口之家年收入低于 3.25 万美元即定义为低收入家庭(每增加 1 人标准相应提高 6700 美元)。满足低收入家庭标准的家庭,可以提

① 俞燕山:《美国是怎样管电价的》,载《中国电力报》2006 年 12 月 8 日。

② 俞燕山:《 美国电力普遍服务与批发市场的监管》,载《中国电力报》2006 年 12 月 11 日。

交申请,享受电费20%的折扣,并且享受基本不变的固定费率,不随电价的调整而调整。低收入人群的补贴费用通过用户间的交叉补贴实现。

四、标准电力市场设计(SMD)

2002年7月,FERC发布了"标准电力市场设计"(Standard Market Design,SMD)法案。2003年3月1日,美国新英格兰电力市场率先正式采用SMD标准运行。

(一)提出SMD的动因与背景

首先,美国电力市场化改革在取得一定成果的同时,也暴露出许多问题。2000—2001年加州电力危机表明:美国电力市场的稳定运行需要完善的市场规则和充足的基础设施(电源、电网)建设。

其次,美国绝大多数电网公司是私营的,收费标准不一,如果一个独立发电厂经过几个电网向用户送电,就不得不多次交费,输电成本高昂。而且这些电网公司往往对本公司的电厂少收费,而对本公司以外的发电厂有某种歧视。

第三,美国各州独立进行各自电力市场设计和建设的做法,造成其市场模式各不相同,市场之间无法有效配合,而且各电力市场的重复建设也造成资源浪费。

总之,SMD是根据美国近10年的批发电力市场经验而建立的,它吸取了加州电力市场改革失败的教训及美国和国外(如英国)其他许多批发电力市场的成功经验。

(二)SMD的目标

SMD以提供公平、开放的输电服务为基础,以消除输电服务中的歧视行为和维持电力系统稳定运行为主要目标,提供了一整套输电服务及电力市场设计标准,通过设计灵活、公平、开放的输电服务和批发电力市场,为市场参与者提供平等的竞争环境,并为发输电设备的投资提供相对准确的价格信号。

(三)SMD 的基本原则

主要设计原则为:电网或输电公司必须把调度权移交给独立输电提供者(Independent Transmission Provider,ITP),但所有权不变;ITP 负责现货批发市场、平衡市场的运行及辅助服务和阻塞管理,并确定价格上限;大部分交易通过买卖双方的长期和短期合同来实现。

(四)SMD 的主要内容

1. 标准输电容量市场。

电网准入服务:FERC 提出了在新的价格下的单一输电服务,叫"电网准入服务"。电网准入服务将允许用户在输电系统的任何点之间传输电力。电网准入服务将向用户收取三项费用:接入费用、线损成本和阻塞成本。

输电权(Congestion Revenue Right,CRR):输电提供商提供等同于输电系统容量的输电权。目前输电权主要可分为 3 种:物理输电权、金融输电权和关口权利。[①] 输电权将授予持有者避免阻塞成本(如果这个权利与输电交易相联系)或者获得阻塞收入(如果放弃输电权)的权利。输电提供商为输电权的交易建立二级市场,用户可以在二级市场购买输电权以避免成本的不确定性,或者出售过剩的输电权。

输电市场运行:输电提供商同时运行日前输电市场和实时输电市场。输电提供商提前几小时在日前市场安排输电交易。输电用户

---

① 王斌、江键键、康重庆、夏清:《美国标准电力市场的主要设计思想及其对我国电力市场设计的启迪》,载《电网技术》2004 年第 16 期,第 23 页。

可在日前市场通过提交第二天要使用的输电容量和对应的时间来要求提供服务,那些拥有输电权的用户还应提交不需要输电服务所应获得的最小阻塞收益,那些没有交易权的用户为输送电力而需要对最大阻塞成本进行竞标。在日前市场任何没有用完的输电容量将转入实时市场。

2. 标准电能市场

日前电能市场:由 ITP 组织,市场参与者可以自由选择是否参与日前电能市场的竞价。在参与市场交易时,市场参与者需要申报相关经济数据和技术数据,并可多次报价。基于机组报价,ITP 确定系统中每个节点的节点边际电价,该节点上的电能买卖都以此价格结算。在充分考虑系统和机组安全约束的基础上,以追求社会效益最大化为目标,计算日前交易计划以及相应的输电计划。

实时电能市场:主要用来解决电力的实时平衡和负荷预测偏差问题。参与实时电能市场的市场成员需要在日前计划基础上,申报购买(出售)电能的数量(兆瓦时)、所在节点以及交易时段等相关经济数据和技术数据。ITP 每 5 分钟利用最优潮流程序,计算一次各节点上的实时电价。在实时电能市场中,SMD 建议采用按事后(Ex-post)方式计算的市场出清价格定价。

3. 标准辅助服务市场

SMD 建议由 ITP 设立日前和实时两级辅助服务市场,组织调频和备用辅助服务的市场交易。

日前辅助服务市场中的交易标的为次日每个时段的辅助服务。机组通过申报其辅助服务的可用容量和价格,参与市场交易。ITP 考虑机组和网络安全约束,以总购买费用最低为原则,确定日前辅助服务市场的交易计划。辅助服务的结算价格应该等于每种服务的边际成本,也就是所接受的最高的发电商申报成本。

实时辅助服务市场是对日前调频辅助服务计划进行必要的调整。ITP 可以在实时服务市场中,按照实时价格买回(Buy Back)日前市场计划中高成本机组提供的辅助服务,同时向低成本机组重新购买这部分辅助服务。此外,因为日前计划中的辅助服务可能与实际需求量不同,或者提供辅助服务的机组可能有意外故障发生,所以 ITP 还需要在实时市场中对辅助服务的偏差部分进行交易。

4. 市场监控和市场势力平抑机制

电力市场势力在美国主要有以下几种表现形式:(1)在日计划的负荷低平段故意不发电,以便抬高高峰时段电价,牟取超额利润。(2)几个发电公司合并成为一个超过系统容量 20% 的大发电公司,以便合谋操纵现货市场和长期合同的电价。(3)为了低谷时段不停机,宁可报零电价,照样可以按市场边际电价售电。(4)人为造成线路阻塞,并故意通过已阻塞的线路多送电,以抬高部分区域的分区边际电价(Locational Marginal Price,LMP)。

平抑市场势力的措施包括:(1)在无法获得足够需求侧响应的情况下,设定报价上限。例如,NYISO、PJM、ISONY 和 ERCOT 是 1000 美元/兆瓦时,CAISO 的最高限值为 250 美元/兆瓦时。[①] (2)市场运营者应确认各发电机组的运行可靠性,以有效监控发电商是否使用市场势力。(3)限制发电商报价变动的灵活性,主要用在启动和空载报价上。

每个 RTO 必须出资建立专门的市场监控机构(Market Monito-

① 傅书逷:《IEEE PES2005 年会电力市场部分综述》,载《电网技术》2006 年第 17 期,第 4 页。

ring Unit, MMU),该机构负责对区域内所有市场主体,包括发电商、输电商和购电商进行监控,主要通过经济和物理手段。MMU 直接对 FERC 和 RTO 董事会负责。MMU 将会定期审查和分析市场成员的行为、市场规则的实施效果、市场运行效率等,并提出对市场规则的改进意见,适当的时候将提交给 FERC。

FERC 推出的标准电力市场设计方案尽管有许多先进之处,而且 FERC 根据各方面的意见在 2003 年对 SMD 进行了修改并发表了白皮书,但实际执行情况是:一部分已成立的区域输电组织(Regional Transmission Organization, RTO)或独立系统操作组织(Independent System Operator, ISO)赞成 SMD,而未建立 RTO/ISO 的电力公司则反对 SMD。由于各方利益难以协调等原因,目前已经停止执行 SMD,但一些自愿成立的 RTO/ISO 仍在继续运作。[①] 从 SMD 自身的角度看,停止执行 SMD 的原因主要有:(1)输电管辖权及 SMD 的其他功能违反了各州的管辖权。(2)SMD 带有过多的命令色彩,没有充分考虑地区差别。没有建立 RTO/ISO 的地区往往是经济相对落后而电价较低的地区,如果参加 RTO 则电价将被拉平。(3)SMD 未明确规定如何回收输电线路的建设成本。

五、电力需求侧管理(DSM)

电力需求侧管理(Demand Side Management, DSM)是在政府法规和政策支持下,采取有效的激励和诱导措施,通过电力公司、能源服务公司、社会中介、电力用户等的共同协力,提高终端用电效率和改善用电方式,在满足同样用电功能的同时减少电量消耗和电力需求,达到节约资源和保护环境,实现最佳社会效益所进行的用电管理

---

① 国家电监会市场部:《美国电力工业改革概况》,载《中国电力报》2006 年 2 月 21 日。

活动。DSM 最早起源于美国,综观美国的 DSM 进展,大体上可划分为三个阶段:

(一)探索和构建 DSM 运作机制的起步阶段(20 世纪 70 年代中末期至 80 年代中期)

1975 年,美国加州和威斯康星州授权电力公司实施 DSM 活动,这也是美国最早的 DSM 活动。

1978 年,美国联邦政府出台了《全国节能法》(NECPA),明确指出节电比发电更经济,要求电力公司为用户提供能源审计服务,推动终端的节电活动。

1984 年,美国公用事业联合会(NAPUC)组建了一个能效委员会,并依据能源部(DOE)提出的综合资源规划(IRP)要求,出版了 IRP 原则和技术试行本。作为 IRP 主要内容的 DSM 也得到了更多的应用,为形成以电力公司作为 DSM 实施主体的运作机制奠定了基础。

(二)完善激励机制和推动 DSM 应用的成长阶段(20 世纪 80 年代中期至 90 年代中期)

1. 完善激励机制。

1989 年,美国联邦政府制定的"美国国家能源战略"中确定了"国家能源战略以节约能源和提高效率为前提","在发电与降低需求方面推动竞争"。

1989—1991 年,已经实施 DSM 的州政府陆续出台了推动电力公司实施 DSM 计划的激励政策,到 1991 年底已有约 30 个州的电力管制法规中包含 DSM 激励政策。[①] 电力公司也对参与 DSM 计划的终端用户采取了多种激励措施,逐渐形成了比较完整的激励机制。

---

① 曾鸣:《电力需求侧管理的激励机制及其应用》,中国电力出版社 2002 年版,第 155 页。

对电力公司的激励政策主要集中在3个方面：

一是实施DSM计划的成本回收，主要有两种措施。首先，是将DSM计划的支出作为费用，类似燃料成本进行年度费用调整，计入电价；其次，是将DSM计划的支出作为投资，如同发、输、配电的固定资产投资一样纳入电价基数，计入电价。

二是实施DSM计划的收入损失补偿，主要是采用售电收入调节机制(ERAM)，将售电收入与售电量解耦分离，把售电收入调整到一个允许的目标上，各年的收入差额由次年的收入目标来调整。

三是实施DSM计划的效果奖励，主要有3种方式。首先，是电力公司投入DSM计划的资金可获得一个百分数的增值回报。如，比电价基数回报率高1%—3%等。其次，是对实施DSM计划节省的电量和容量超基数部分的DSM计划投资，给予一个百分数的增值回报。如，1%—2%。第三，是给予DSM计划对应的净资源价值一个百分数的回报。如，10%—25%。净资源价值是一个差值，它等于可避免成本与DSM计划成本之差。

此外，电力公司还采用更灵活的运营策略和市场手段，诱导和激励电力用户参与DSM计划，主要措施有：通过广播、电视、报纸，或直接随电费账单向用户传递节能广告信息，提高用户节能意识；提供技术咨询和技术服务；推广蓄冷(热)设备，或免费为用户安装高效节能用电设备，以控制和转移用电负荷；实行灵活的价格政策，设置可中断电价，引导用户优化用电方式。例如，为鼓励用户节约用电，加州规定对在2001年夏季用电高峰期减少用电20%以上的用户给予20%的电费减免。[①]

---

① 胡江溢、王鹤、周昭茂：《电力需求侧管理的国际经验及对我国的启示》，载《电网技术》2007年第18期，第12页。

2. DSM 的应用。

20 世纪 90 年代初,美国已有 31 个州应用 IRP 方法规划电力系统,运用 DSM 技术推动用户节能节电。在 1985—1995 年的 10 年间,美国有 500 多个电力公司实施了 DSM 计划,削减电网峰荷达 29 吉瓦,但平均单位节电成本却只有 2—3 美分,比平均供电电价低得多。

根据美国能源情报署(EIA)的调查,美国电力企业用于 DSM 计划的费用逐年增加,1989 年是 9 亿美元,1990 年是 12 亿美元,1991 年是 18 亿美元,1992 年是 23 亿美元,1993 年是 27 亿美元,1994 年是 27 亿美元,1995 年是 24 亿美元。[①] 1990 年通过对 45 个电力公司实施 DSM 计划的调查,发现各公司在此方面的平均花费占售电收入的 0.7%,超过 5% 的电力公司的花费占售电收入的 5% 以上。实施项目中的大多数单位节电成本只相当于可避免成本的 1/10—1/2。[②]

(二)DSM 融资体制改革和运作模式多元化的调整阶段(20 世纪 90 年代中期至今)

DSM 是在电力垂直一体化垄断经营体制下产生和发展起来的,电力市场化改革必将影响实施 DSM 的制度基础。在重组正式启动前,美国电力公司就开始放松了实施 DSM 计划的努力,削减了 DSM 计划的花费,从 1994 年的 27 亿美元下降到 1995 年的 24 亿美元,1996 年进一步跌至 10.5 亿美元。如何继续发挥 DSM 的作用,引起了政府和社会各界的特别关注。

1. 征集系统效益费(SBC)

---

① Joseph Eto 著,王之伟译:《美国电力公司 DSM 的过去、现在和未来》,载《电力需求侧管理》1999 年第 2 期,第 44 页。

② 杨志荣:《DSM 演进历史的评析》,载《中国能源》2003 年第 4 期,第 24 页。

电力行业重组后,原来由电力公司出资的DSM计划的融资和成本回收发生了困难,于是由电力公司出资的DSM计划转向以消费者出资的DSM计划,以便在新的环境下继续发挥DSM的节能、环保作用。

以加州为例:1996年,加州政府决定设立"公益计划基金",实行征集系统效益费(System Benefits Charges ,SBC)制度,从而确立了DSM新的融资体制。按加州AB1890法的相关规定,1998—2001年的4年间共征集SBC19.86亿美元,年平均将近5亿美元。其中,用于DSM能效计划为8.72亿美元,可再生能源计划为5.4亿美元,研究与开发计划为2.5亿美元,低收入居民资助计划为3.24亿美元。DSM能效计划基金占SBC的43.9%,是占用SBC份额最大的一项。2002年加州投入DSM能效计划基金为2.75亿美元,占当年SBC的55%。

SBC是指通过电力附加费的形式,向使用电力传输系统的所有电力用户,也包括那些有自发电能力的电力用户征集公益计划基金,用于DSM能效计划、可再生能源发展计划、研究与开发计划、低收入居民资助计划等方面。SBC以千瓦时计算,按用户购电量的多少征集电力附加费。

2003年,美国有近20个州在实行SBC,征收额度大都占电费的2%—3%。例如,加州是2.5%,俄勒冈州是3%,蒙大拿州是2.4%,马萨诸塞州是2.5%,佛蒙特州是2%,纽约州是1.5%,新泽西州是4%。

美国SBC融资制度的确立,为电力行业重组后可持续的DSM活动创造了条件。

2. 运作模式多元化

目前,美国形成了三种比较典型的DSM运作模式:

一是中介机构主导的运作模式。它是一个由非政府、非营利的节能投资中介服务机构来直接管理SBC并负责项目管理。通常它与州政府电力监管部门签订协议,接受政府监管和定期审计检查。电力公司把征集的SBC直接转到中介服务机构账户上,与电力用户、产品生产销售商、承包商等一样,处于平等地位参与DSM项目的公开竞标。目前俄勒冈州、佛蒙特州和马萨诸塞州采用了该模式。

以俄勒冈州为例:俄勒冈州组建了一个SBC基金会进行节能中介服务,基金会是不代表任何商业利益的中性组织,由理事会领导并设置了顾问委员会。1999年SBC通过立法,2002年3月开始运作。项目内容包括DSM能效计划和可再生能源计划的管理,SBC的80%由SBC基金会直接管理,20% SBC支持西北太平洋地区的西北能效联盟和全美的东北能效联盟的活动。2002年共征集4500万美元,其中DSM能效计划投资占57%,可再生能源计划投资占17%。立法规定:对200个大用户不征收SBC,但必须自行开发节能项目并还可以获得SBC的资助。

二是政府主导的运作模式。它是由州政府设置一个没有政府拨款的非营利的准政府机构来负责项目管理,电力监管部门负责审批DSM项目计划和SBC的支出。最典型的是加州和纽约州。

加州在CPUC下设立了一个能效委员会(CBEE),这是一个准政府性质的政策顾问机构,由它来负责项目的管理,包括项目设计、资金分配、项目跟踪、项目评估等等,由CPUC审批DSM计划和SBC支出,它也要与政府其他部门如能源委员会(CEC)和立法委员会等协调一致。在电力行业重组前,加州与其他州一样实行以电力公司出资和以电力公司为DSM实施主体的运作模式。重组后,CPUC加强了对电力公司(配电和售电)实施 DSM 的监管力度,项目管理的重点转移到 CBEE,SBC 中能效基金的 80% 仍由重组后的电力公司进行能效项目的运作,20% SBC 能效基金由 CPUC 运作。

纽约州政府 1975 年设立了能源研究及发展局(New York State Research and Development Authority)。1998 年下半年,纽约州能源研究及发展局与州公用事业委员会合作,共同开发管理“纽约聪慧能源”项目。2003 年夏季,纽约州能源研究及发展局为 1400 家以上的商业、工业和居民用户支付了 720 万美元的费用,以对这些顾客减少自己在用电高峰时的电力消耗做出奖励或补偿。[①] 纽约州有 3 项负荷管理项目:紧急需求响应项目(EDRP),指用电客户只要电网需要,就可以随喊随停;提前降低需求项目(DADRP),指用电客户提前一天同意第 2 天可以降低用电负荷;固定容量项目(ICAPSCR),指通过合同的方式,在特定的时期内符合纽约 ISO 的供应需求。

三是电力公司主导的运作模式。美国大多数州目前仍采用以电力公司作为 DSM 实施主体的运作模式,并且从法律上加以明确,同时通过 SBC 等方式为开展 DSM 筹集资金和消除 DSM 实施障碍。如西北太平洋地区的蒙大拿州,虽已完成重组并实行消费者出资的 DSM 计划,但仍然在州政府的监管下由电力公司直接管理和运作。

无论是采用哪一种 DSM 运作模式都强调由消费者出资的 DSM 要立足于公众利益和环境保护,SBC 能效基金要用到终端能效项目上,通过提高需求方的用电效率,达到“资源获取”和污染减排的目的,以支持社会可持续地发展。

美国采取的 DSM 终端能效项目主要有:工业电机驱动系统项

① 何学民:《美国的夏季电力需求侧管理》,载《中国电力报》2004 年 7 月 13 日。

目、工业非电机能效项目、变压器项目、丧失机会的制冷制热项目、丧失机会的商业照明项目、新商业建筑项目、制冷制热和照明设备改造项目、居民照明和电器项目等。[①]

总体而言,美国 DSM 取得了巨大的经济效益和社会效益。这可分别以 2000 年度全美国的情况和 2000—2001 年度加州的情况为例,加以说明。2000 年美国共有 962 个电力公司参与 DSM 项目实施,涉及 1300 多项需求侧管理计划,参与用户达 2000 万以上,削减高峰用电负荷 0.4%—1.4%,相当于负荷增长率的 20%—40%。[②] 2000 年 6 月至 2001 年 6 月加州发生了电力危机,加州政府把实施 DSM 作为解决电力危机的重要措施之一,取得了明显成效:2001 年,加州取得了 5700 兆瓦的削峰效益,其中超过 1100 兆瓦的电力需求是长久性地减少——相当于建造 2 座大型发电厂;因节电减少了 800 万吨二氧化碳和 2700 吨雾状氮氧化物的排放,减少碳污染物的排放量相当于 150 万辆汽车全年在公路上的排放;避免了因停电可能造成的 160 亿美元的直接经济损失。[③]

但是,对于实施 DSM 项目是否应该由消费者出资、电力公司作为 DSM 实施主体是否存在非效率,以及 SBC 制度是否具有普遍意义等问题,美国目前还存在争议。[④]

---

① 孙小菲:《美国实施 DSM 能效项目及政策介绍》,载《电力需求侧管理》2005 年第 2 期,第 63—64 页。

② 国家经贸委考察团:《美国、加拿大电力需求侧管理考察报告》,载《电力需求侧管理》2002 年第 3 期,第 58 页。

③ 宋宏坤:《美国加州如何通过 DSM 解决能源危机》,载《电力需求侧管理》2004 年第 3 期,第 62 页。

④ Joseph Eto 著,王之伟译:《美国电力公司 DSM 的过去、现在和未来(续)》,载《电力需求侧管理》2000 年第 1 期,第 43—45 页。

六、美加“8·14”大停电事故

美国东部时间2003年8月14日16时10分40秒(北京时间2003年8月15日4时10分40秒)开始,美国东北部和加拿大联合电网发生了电网停电事故(以下简称“8·14”大停电)。大停电涉及美国的密歇根、俄亥俄、纽约、新泽西、马萨诸塞、康涅狄格、宾夕法尼亚和佛蒙特共8个州和加拿大的安大略、魁北克省,受影响的居民约5000万人,地域约24000平方公里,①到8月15日晚9时30分,纽约城在停电29小时后全面恢复供电。

(一)“8·14”大停电事故的发展过程

据北美电力可靠性协会(NERC)提供的信息,事故发展过程主要如下:

大停电开始的区域是俄亥俄州北部,从特里堡和克利夫兰开始。

15:06,俄亥俄州北部两台大的发电机组停运,由于这两台机组停运,使得该系统处于俄亥俄州钱伯林至哈定的一条345千伏线路跳闸。

15:32,由于第一条线路发生故障,引起汉纳至尤尼坡一条345千伏的线路超载,发生垂弧,同时击中了一棵树,放电跳闸。

15:41,斯塔至South Canton的又一条345千伏的线路跳闸。

15:46,蒂德至坎顿的一条345千伏的线路跳闸。

16:06,萨米斯至斯塔的一条345千伏的线路跳闸并重合成功。

以上线路位于俄亥俄州克利夫兰市附近。

16:08,美国东部电网和加拿大电网发生振荡。

---

① 《“美、加两国8.14大面积停电事件”的基本情况》,载《现代电力》2003年第5期,第43页。

16：10，坎贝尔3号机跳闸。

16：10，汉普顿至田福德的一条345千伏线路跳闸。

16：10，欧内达至马杰斯提克的一条345千伏线路跳闸。

16：11，埃文9号机组跳闸。

16：11，贝福至戴维斯贝丝的一条345千伏线路跳闸。

16：11，米德威至勒莫尼/弗斯特的一条138千伏线路跳闸。

16：11，佩尔1号核动力机组跳闸。

16：11，美国东北部电网与加拿大电网解列。

16：15，萨米斯至斯塔的一条345千伏线路跳闸并重合成功。

16：17，弗米核电站停机。

16：17—16：21，密歇根州数条线路跳闸。

概括地说，从14日下午15：06，俄亥俄州北部两大发电机组停止运转；到16：06，5条345千伏输电线在俄亥俄州的克利夫兰附近发生故障。16：10，密歇根州坎贝尔3号机组跳闸，有两条345千伏的输电线中断；16：11俄亥俄州的埃文9号机组跳闸，两条输电线发生故障，佩尔1号核动力机组跳闸。

从上述的时间顺序来看，第1条线路发生故障到系统开始振荡有62分钟的发展过程，由于5条线路均集中在俄亥俄州克利夫兰市附近，按美国电网的管理分工，对这5条线路的调度和处理应由美国东北部的电网公司进行。但在此区域内有3个紧密联系的联合电力系统，并在北面与加拿大的魁北克水电系统相连，而NERC在东北电力系统的机构——东北区电力协调委员会（NPCC）和大西洋中区委员会（MAAC）中只负责协调跨区供电范围内的问题，当问题由局部变为区域时，NERC的干预为时已晚。

（二）“8·14”大停电事故造成的损失

2003 年 8 月 15 日，美国和加拿大政府成立了停电事件联合特别调查组，对这次停电事故进行调查。特别调查组中美国方面的负责人是美国能源部长亚伯拉罕（Spencer Abraham），加拿大方面则是自然资源部长达利瓦尔（Herb Dhaliwal）。特别调查组下设电力系统工作组、核工作组和安全工作组 3 个特别小组。特别调查组于 2003 年 11 月 19 日提交的中期调查报告认为：2003 年 8 月 14 日的“大停电本应可以避免”，但“当问题发展到一定程度后就无法控制了”。①

从发电厂的角度来看，发电厂为了避免可能殃及自身的损失，却造成了更大的损失，而这些损失是由社会来承担的。计算停电损失有各种方法，有的按企业分类，根据其产值进行估算；有的按企业的营业收入估算，有的则按行业为国民生产总值所作贡献来判断。对于局部、分散、短时间的停电，其造成的损失是可以直接计算的。而对于那种突然性、大范围、长时间的停电事故，由于情况复杂，实际发生次数不多，对其研究得还很不够。在“8.14”大停电事故中，至少有包括 508 台发电机组的 265 个发电厂关闭。这些美国和加拿大的发电厂按可靠性协调区可分为：魁北克水电，5 个发电厂（完全与安大略系统隔离）；安大略，92 个发电厂；新英格兰 ISO，31 个发电厂；中西部独立系统运行者（MISO），32 个发电厂；纽约 ISO，70 个发电厂；PJM，36 个发电厂。按类型可分为：常规蒸汽机组，67 个发电厂（37 个燃煤发电厂）；燃气涡轮机组，70 个发电厂（37 个联合循环发电厂）；核电，10 个发电厂，其中美国 7 个，加拿大 3 个，总共 19 台机组；水电，101 个发电厂；其他，18 个发电厂。这次大停电事故负荷损

① 《美加联合调查组公布 8.14 大停电中期调查报告》，载《国际电力》2003 年第 6 期，第 36 页。

失总计6180万千瓦,有专家估计,给美国国内生产总值带来的损失估计每天在250亿—300亿美元之间。[①] 在加拿大,8月份的国内生产总值下降了0.7%,损失了1890万个净工作小时,在安大略,制造业运输量下降了23亿加元。[②]

(三)“8·14”大停电事故暴露的主要问题及教训

这次发生大停电的区域,在20世纪60年代和70年代也发生过停电的情况。但是,这次停电的发展速度非常快,持续的时间也很长,反映了北美在电网规划、建设、调度和管理等方面存在一些突出问题。

1.电网缺乏统一调度,技术、管理标准没有统一和落实,事故应急处理机制不健全

美国、加拿人从地理上可以分为17个物理电网,但没有统一的管理机构,采取分散管理模式,每个电网管理上相对独立。虽然在吸取了1965年大停电教训的基础上,于1968年成立了NERC,并下属11个管理委员会,154个控制区,但NERC仅仅是一个行业组织,始终缺乏强制性的管理手段。美国虽然设有能源部,但只负责出台能源政策,不负责能源领域的具体事务。在“8.14”大停电区域内,负责电力传输的输电商有100多个,市场主体众多。每个主体为了局部经济利益,容易忽视电网安全,忽视电力生产的客观规律。这次事故从局部发生,一个多小时没能及时处理,而扩展成电网瓦解,又经过长达29小时后才得以恢复,表明美国电网事故的应急处理机制不

① 徐永禧编译:《美国、加拿大8·14大停电》,载《国际电力》2003年第5期,第19页。

② 韩水、苑舜、张近珠:《国外典型电网事故分析》,中国电力出版社2005年版,第87页。

健全。这也清楚地表明，相邻系统间的紧密电气耦合对于重负荷互联系统而言，可能存在无法控制的级联事故风险。[①]

另外，电网缺乏统一的技术、管理标准。NERC 主要在并网运行的技术原则上进行规定，但受各利益主体的影响，在执行和落实上存在非常大的差异。密歇根州公用事业委员会（MPSC）2003 年 11 月 5 日发布的调查报告也认为输电网的分块和交叉及不能切实执行 NERC 制定的可靠性准则是导致事故的重要原因之一。“8.14”大停电也使关于美国电力系统可靠性准则是仍维持“自愿执行”，还是改为“强制性法规”的争论白热化。

2. 电网管理缺乏有效协调机制，实时信息得不到对称的交换

从事故的发展来看，最先发生问题的两台机组属于美国第一能源公司（First Energy，FE），当它发生故障的时候，没有通知到相邻的电力系统。接下来的发展都与保护的不正确、线路的过载跳闸有密切的关系。FE 的电脑预警系统失灵，数据失真；电网调度信息交流不畅通，使得这次停电的面积如此之大。

从事故的处理来看，事故发生在 FE 电网的联络线上，此时的调度处理由负责这一区域运行的 FE 的运行人员进行，但他们对所运行的系统没有一个清晰的了解；相邻电网调度机构也不清楚其他电网的运行状态；作为 FE 区域可靠性协调员的 MISO 也没有将 FE 系统的异常情况通告给有关输电系统的运行人员，这些因素对事故的处理极为不利。

3. 电网的二次保护系统和安全措施不完整

---

① ［德］Günther Beck，Dusan Povh，Dietmar Retzmann，Erwin Teltsch：《全球大停电的经验教训》，载《中国电力》2007 年第 10 期，第 75 页。

从保护的动作行为来看，由于各企业首先从保护自身利益出发，对继电保护的灵敏度要求较高，而对继电保护的选择性要求一般，继电保护和安全自动装置的协调性差，造成南部电网和北部电网没有进行自动的隔离。

由于电网不能统一调度和管理，各电网的管理标准和技术标准又有差异，各发电商、电网经营商都从保护自己的利益出发考虑二次系统和安全自动系统的整定问题，从而使二次系统无法统一配置和整定。在这次事故中，没能根据事故状况，及时、有效地消除故障影响，导致一系列连锁反应，发展为大面积停电事故。这表明二次系统的配置及其协调存在明显缺陷，功能不完善。

4. 电网缺乏科学统一的规划，电网网架存在结构性问题

北美电网由多个电网逐步联合而成，由于没有实行统一规划，造成电网电压等级多，电磁环网交错，一旦有问题就像“多米诺”骨牌一样坍塌。而且，网络结构复杂、不合理，网中有网，管理交错，发生事故时很难实施有效的控制和解列措施。

5. 投资者过分追求经济效益，导致电网建设滞后、网络输送能力和系统备用容量不足

据美国电力研究协会分析，过去十年美国电力需求增长了35%，而电力输送能力仅增长了18%。[①] 美国消费者能源委员会高级副总裁派格·威尔士（Peggy Welsh）称，美国的电力系统仍是50年前为模拟信息社会建造的，它已无法满足数字信息社会的需求。美国总统布什也表示，这次大停电是一记警钟，它提醒人们——美国的电力系统需要升级了。“电网需要更新，输电系统需要更新。我

---

① 李正信：《美国电力系统乱如麻》，载《经济日报》2003年8月28日。

们的电力系统过于陈旧。”①据美国电力研究院估计，更新美国电网需 500 亿—1000 亿美元的投资。这次事故也说明，为保证电网建设的资金来源，应保证电网企业的合理利润空间。

6. 各电网公司为了降低成本，对高压输电线路未进行正常的维护

FE 所拥有的电厂以及输电线路所覆盖的区域，没有及时修剪树木，成为事故的导火索。因电力设施缺乏必要的维护而引发的运行事故占有一定的比例，需要引起高度重视，必须加强电力设施的保护与维护。

7. 电力市场化改革后，经过足够训练、有经验的运行人员缺乏

运行人员培训不充分，尤其是在系统安全稳定运行了很多年之后，自认为所有的安全系数已经足够了。在电力重组的过程中，没有保证有更多的经过足够训练、有经验的运行人员来处理紧急情况。

8. 联邦政府与州政府就电力监管方面的职责划分不是很清晰

电价由联邦能源管制委员会来制定，而输电线路在哪里建设则是由各个州政府来执行。要解决美国电力行业的问题，最大的障碍与其说是所需资金无人愿意承担，倒不如说是利益集团、地方政府、联邦政府等多方的利益和矛盾盘根错节形成的混乱局面。

总体而言，这次大停电是诸多因素所致，包括通信设施差、人为错误、机械故障、运行人员培训不够及软件误差、未能保持足够的无功功率支持、未能确认紧急情况条件并向相邻系统通报系统情况、对

---

① Amy lee:《大停电警示美国电力行业》，载《中国科技财富》2003 年第 9 期，第 52 页。

大容量电力系统在地区范围上的了解不够等。[①] 这次大停电事故的部分原因与以前发生的停电事故原因惊人地相似。很明显,早期建议的落实努力并不充分。在美国和加拿大"8 · 14"特别调查组于2004年4月5日提交的最终报告中,认为从以下4个方面来考虑所提出的建议将是有用的:提高可靠性标准;保持可靠性需要由各方进行投资和支付运行费用;北美各国政府和电力行业联合起来共同努力制定并落实改进方案;大容量电力系统是经济和社会基础设施中最重要的部分。[②] 此外,特别调查组还就"与可靠性有关的制度"、"加强可靠性的运行管理措施"、"保证北美电力系统安全及其信息技术(IT)安全"及"加拿大核电"4个方面提出了46条建议,其中的主要内容有:为NERC及地区可靠性委员会建立由管理者批准的基金机制,以保证这些组织独立于其要监察的机构;加强可靠性管理的制度框架;鼓励投资输电系统(包括投资新技术开发);跟踪"提高可靠性建议"的实施情况;明确定义系统的正常、报警及紧急状态,明确在各种状态下可靠性协调员和控制区的角色、责任和权利;加强仿真研究、保护措施完善及通信保障;注重IT应用改进等。[③]

针对"8 · 14"大停电事故暴露出来的美国输电网建设不足问题,2005年以来美国连续出台了多项政策鼓励输电网建设。[④] 2005

---

① 《美加联合调查组公布8 · 14大停电中期调查报告》,载《国际电力》2003年第6期,第36页。

② 韩水,苑舜,张近珠:《国外典型电网事故分析》,中国电力出版社2005年版,第113—114页。

③ 《美加"8 · 14"大停电事故调查组完成最终报告》,载《国际电力》2004年第2期,第15页。

④ 李敬如、左晓文:《美国输电网建设的启示》,载《中国电力企业管理》2008年第5期,第58页。

年8月8日生效的新《能源法》(EPAct 2005)及随后的一些政策主要从3个方面鼓励向输电网投资:(1)简化路径问题。新《能源法》中有两条是有利于输电线路选址建设的条款，其中一条规定能源部每3年要进行一次深入研究，确定需要改善可靠性或保证经济运行的“符合国家利益的”输电走廊；与此条款有关的另一条款授予政府“支撑权”(Backstop)，允许对“符合国家利益”的线路走廊经过的路径采用土地征用与通行权，而在输电项目未获州政府通过时，该法授予联邦当局在输电线路选址方面的最终审批权。该法案还意在将输电项目批准程序的时间缩减为不超过1年，如牵涉法律纠纷，各利益集团可提请美国总统仲裁等。这些条款确实改善了电网建设的环境，但很多业内人士对能否落实仍持怀疑态度。(2)强制执行可靠性标准。例如，2007年1月18日，NERC被授权对违反第83号可靠性标准要求的电力企业采取强制措施，这些标准以前是自愿执行的，但此后将强制执行。(3)出台有吸引力的投资政策。2006年12月，经过一年的酝酿，FERC发布了第679—A号命令,废除了过时的、不利于基础设施投资的规定,提供税收优惠鼓励对能源基础设施的投资；通过建立有吸引力的投资回报率，鼓励在全国各地区吸引大量的输电投资。FERC将针对这些监管资产特别批准一个高投资回报率和返还所累积的缓征所得税；同时也允许收回输电相关建设成本，包括所有建设成本、前期准备工作成本以及报废设施成本等，并加快折旧时间。

(四)电力市场化改革是否是造成“8·14”大停电事故的重要原因

“8·14”大停电事故引发了人们对电力市场化改革与电网安全问题的深入思考。如果说美、加8·14大停电事故与电力市场化改革中的问题还有一定关系的话，那么，2005 年的洛杉矶“9 · 12”和 2006 年的纽约“7 · 17”大停电事故就很难都去做出类似的文章了。[①] 从表 3 – 1 所示的北美主要电力事故以及日本 1986 年 3 月 23 日关东电力事故、1987 年 7 月 23 日关东中西部电力事故等来看，[②] 每一次事故都会有其特殊的直接与间接原因。认为电力市场化改革和安全有矛盾，电力改革一定会影响电力安全，这种观点是不正确的。当然，电力市场化改革在为电力工业发展带来新机遇的同时，也向电力安全提出了新的挑战。

1. 不同市场主体之间在利益上的矛盾会直接影响电力安全

在传统体制下，发、输、配、售电集于一体，多数电厂与电网属于利益共同体，电力系统安全主要靠行政命令。垂直一体化的电力管理体制被打破后，电厂和电网的物理连接并没有任何变化，电能的生产流程并没有变化，电力生产运行的客观规律也不会改变。但几乎所有的发电厂和电网经营企业都变成了平等的市场主体，有着不同的甚至是截然相反的利益追求，这使得协调解决问题的难度加大。在传统体制下，电力系统一贯强调的是优先保证电网安全的原则，有时需要以拼设备为代价。比如在高峰负荷时段，火电厂锅炉过热器泄漏需要停炉处理时，由于电网负荷高，一时难以马上安排停炉，往往使 1 根管子的泄漏发展为几十根管子被蒸汽和灰的混合物冲刷磨损而需要大面积更换。而厂网分开后，发电企业将“保设备”放在

---

① 分别参见王熙亮、张晓东、宋卫东：《美国洛杉矶“9 · 12”大面积停电事故过程》，载《国际电力》2005 年第 5 期，第 8—9 页；李莉华、高凯、迟峰：《美国纽约 7 · 17 停电事故调查与分析》，载《中国电力》2007 年第 5 期，第 78—81 页。

② 飯島昭彦『分散型電源はパラサイト一電力系統からの警告』エネルギーフォーラム、2003 年 10 月、第 279 頁。

“保电网”之前是很自然的事情。

电力经济技术的特性决定了电网经营企业没有能力单独承担保证电力系统安全稳定运行和满足用电需求的责任，这个责任只有在政府相关部门的监管和协调下，靠电网经营企业、广大并网电厂和电力用户共同来承担。但电力市场化改革后，电力市场主体不同的利益追求，会直接影响电力安全。

2. 电力安全管理责任主体发生了变化

厂网分开前，电网经营企业既管电网安全，又管电厂安全，实际是管电力系统的安全。厂网分开以后，安全责任的主体及安全管理体系都发生了变化，电厂安全责任的主体是各电厂自身。

3. 电力调度责任彰显

电力市场化改革后，电力调度机构与电力调度人员面临着新要求、新形势。首先，在传统体制下，调度的行为是以安全法规为准则，主要强调安全性，电力市场化改革后则要在保障电网安全的前提下，兼顾调度的经济合理性，平衡各方面的经济利益。其次，在传统体制下，电网运行的管理主要依靠行政命令，市场化改革后则要依靠法律法规和经济等综合手段，强调合同的履行。第三，在传统体制下，调度管理体系的建设主要以安全为主，市场化改革后则要求安全体系与市场体系同步建设，相互协调。这些变化要求电力调度机构和电力调度人员必须兼顾安全性、公平性和经济性，也给电力系统造成了更为复杂的情况。由此引出了是否拥有足够的、有着良好培训的调度运行工作人员的问题。

4. 需求侧的重组和竞争增加了电力系统风险

在发电市场中，允许 ISO 与那些拥有输电线路的发电公司一起竞争，是造成大停电的祸因之一。而需求侧的重组和竞争，也增加了电力系统的风险。当然,这并不意味着不能开展需求侧的竞争与交易;但是,在实施的过程中,必须对整个电网系统的可靠性有一个充分的认识。

总之,在建立市场机制时,必须要符合一贯的长期公众利益。放松管制会使电力系统的运行变得更复杂,输电阻塞发生得更频繁;竞争会促使电力公司对利润更加关注,也容易使电力企业弱化对可靠性的关注与投入,对电力安全稳定产生一定的影响,如由于竞争产生的成本压力会使设备可靠性、备用容量等重要安全因素受到削弱,为电力事故种下祸因。[①] “8·14”大停电事件充分暴露了过度市场化的弊端和加强电网安全管理的重要性,也充分说明了在改革的进程中必须高度重视安全问题,必须强化厂网协调发展和电网安全稳定的运行机制。但是,以加州电力危机和美、加“8·14”大停电为由质疑电力改革方向是站不住脚的,不能一有风吹草动就去怀疑电力市场化改革方向。市场经济绝不是十全十美的体制,而是相对于其他体制具有较大和难以替代优势的体制。第十八届世界能源大会总结报告明确指出:近年来一些地区,如加州的经验告诉我们,市场机制解决不了发电容量短缺问题[②]。完全靠看不见的手去配置资源与完全靠政府这只看得见的手去配置资源同样存在弊端,过度市场化与过度垄断都会扼杀电力产业的正常发展。世界电力市场化改革尚无十分成熟的经验,电力安全确实是对电力改革与发展的严峻考验。

---

① 矢島正之『電力改革再考—自由化モデルの評価と選択』東洋経済新報社、2004年2月、第124—130頁。

② 朱成章:《美国加州电力危机和美加大停电对世界电力的影响》,载《中国电力》2003年第11期,第4页。

表3－1 北美主要电力事故简况

发生时间	事故地点及停电情况	负荷损失	受影响人数	事故持续时间	补充说明
1965－11－09	美国东北部、加拿大安大略停电	20000兆瓦	300万人	13小时	230千伏线路过载跳闸
1977－07－13	纽约市停电	6000兆瓦	900万人	26小时	雷电先后击中2处共4回345千伏线路
1982－12－22	美国西海岸停电	12350兆瓦	500万人	—	大风吹倒500千伏线路杆塔并引起其他4座500千伏杆塔倒伏及230千伏线路短路
1996－07－02 1996－07－03	美国西海岸及加拿大西部地区停电;3日美国西部及墨西哥博伊西地区停电	11850兆瓦	200万人	几分钟到几小时,各地区不等	1条345千伏线路导线下垂,碰到树枝引起跳闸;3日事故起因及停电情况与2日相似,但调度员手动切负荷,控制住电网中的扰动
1996－08－10	美国西海岸及加拿大西部地区及墨西哥部分地区停电	28000兆瓦	750万人	几分钟到9小时,各地区不等	输电线负载过重发热下垂,碰到未剪树枝而短路跳闸,天气过热加重了导线发热
1998－06－25	安大略及美国中北部地区停电	950兆瓦	15.2万人	有的地区最长达19小时	345千伏线路遭遇雷击
1999－07－06 1999－07－19	美国东北部地区;19日未停电	按紧急工作程序卸除部分负荷	按紧急工作程序向部分用户停止供电	从中午12:00时到傍晚执行紧急工作程序	7月6日最大负荷51600兆瓦,超过预计值5000兆瓦;7月19日最大负荷50500兆瓦,在用电高峰期输电系统电压逐渐下降。PJM公司启动紧急工作程序,避免全网电压崩溃

2003－08－14	美国8个州及加拿大1个省	62000兆瓦	5000万人	一些地区最长停电时间:美国2天,加拿大1周	345千伏线路跳闸
2005－09－12	洛杉矶市停电	按紧急工作程序卸除部分负荷	按紧急工作程序向部分用户停止供电	94分钟	RS-E变电站错切控制电缆,两条230千伏母线跳闸停电
2006－07－17	纽约市阿斯托利亚、长岛城、阳边、木边4个地区停电	降低电网负荷,在修复馈线的同时保持电网的运营	2.5万户,约10万人	7月23日80%的受影响用户恢复供电;7月25日午夜受影响用户全部恢复供电	7月17日,长岛城电网一条低压电缆线路短路,引起地下管道着火,破坏了主馈线中的两条相邻馈线,并停用

资料来源:徐永禧:《北美历次大停电比较及影响可靠性因素的变化》,载《国际电力》2004年第1期,第19页;王熙亮、张晓东、宋卫东:《美国洛杉矶"9·12"大面积停电事故过程》,载《国际电力》2005年第5期,第8—9页;李莉华、高凯、迟峰:《美国纽约7·17停电事故调查与分析》,载《中国电力》2007年第5期,第78—81页。作者整理而成。

第二节 PJM电力市场

PJM电力市场指宾夕法尼亚(Pennsylvania)－新泽西(New Jersey)－马里兰(Maryland)联合电力市场。PJM为美国东岸和中部5个州(上述3州加上特拉华、弗吉尼亚和首都华盛顿)供应电力。它是全球第三大、北美第一大的统调电网,也是全球目前规模最大的竞争性电力批发市场。2000年PJM电力市场为960万客户供电

2620亿千瓦时，约占全美供电量的7%。2004年初拥有59000兆瓦装机容量，其构成为煤电31%、燃油27%、核电22%、天然气6%及水电5%。①

一、PJM电力市场的发展历程

1927年，宾夕法尼亚州、新泽西州和马里兰州的3个公用事业单位组成了世界上第一个电力联营公司。

1981年，成员发展为8个拥有公用事业单位的投资者。

1993年，PJM形成了一个独立的统一体。

1997年3月21日，PJM变成一个非股份制有限责任公司（PJM INT.,L.L.C.），4月1日该区域输电网正式开放，PJM开始运营美国第一个基于投标方式的区域电力市场。

1998年，PJM变成ISO，节点边际电价（Locational Marginal Price,LMP）成为电价模式，创建了容量市场，在宾州首先开始实行零售选择权。

1999年，PJM建立全时段的运行记录，在宾州完全拥有零售权，在输电服务中引入金融输电权（Financial Transmission Right,FTR），成熟电力市场所具备的其他辅助服务初见端倪，200多个参与者和100多个输电服务商成为市场的重要成员。②

2000年，开始运营日前和实时两个市场，开放了调频市场。

2001年，PJM部分地区有条件地被接受为RTO。

---

① 程迈越：《美国PJM电力市场对中国电荒的启示》，载《21世纪经济报道》2004年1月22日。

② 国家电监会市场部：《美国PJM电力市场（上）》，载《中国电力报》2006年2月28日。

2002 年,PJM 实行全天候运行记录,PJM West① 于 4 月 1 日正式开始运行,PJM 完全被接受为 RTO。

2003 年 12 月 31 日,PJM 与中西部系统独立运营组织(MISO)在 FERC 见证下签订了联合运营协议(JOA)。PJM 和 MISO 这两大系统的服务范围遍及美国 22 个州、华盛顿特区及加拿大部分地区。

2004 年,Northern Illinois(ComEd)并入 PJM West。

目前,PJM 已发展为一个成熟的电力市场。它拥有一个独立的系统运营机构,管理着整个区域内的电力批发市场,并且控制着一个可靠的输电系统,保证输电及各种辅助服务的顺利实现。

二、PJM 的组织结构

用户组织:由市场成员代表委员会成立。代表环保组织和公众的利益,参与 PJM 的各方面工作,使 PJM 制定的规则、处理程序更趋合理、完善,平衡各方面的观点,最后达到统一。

市场成员代表委员会:代表来自各个市场成员,负责监管计划委员会、运营委员会和能量市场委员会的各项工作,将有价值的意见或建议通报给董事会。该委员会有权终止或修改联网运营协议(Operating Agreement),有权改选董事会。市场成员代表委员会按成员类别分设 5 个分会,即发电公司分会、输电公司分会、配电公司分会、大用户分会和其他成员分会。②

输电网所有者协议管理委员会:负责向 PJM 联络办公室提出区域输电网的扩建计划及其他与输电网络有关的各项事宜,有权修改

---

① 位于 PJM 西南的 Allegheny 电力公司控制区域曾经是一个独立控制区域,2002 年 1 月 1 日该控制区域并入 PJM 控制区域,成为 PJM West 控制区域。合并后的电力市场称为 PJM RTO。

② 黄继明:《美国 PJM 电力市场探析》,载《国际电力》2002 年第 1 期,第 25 页。

或终止输电网所有者协议。

可靠性委员会:负责可靠性协议(Reliability Assurance Agreement,RAA)的准确实施,负责控制区内的负荷预测,并制定合理的备用容量标准。

计划委员会:负责电力联营计划的有关政策制定。该委员会的各项政策要与大西洋沿岸中部地区协会(MAAC)的有关协议条款相一致。

运营委员会:向市场成员代表委员会和 PJM 联络办公室汇报 PJM 系统的运营情况,并提出有关建议。

能量市场委员会:为运营协议服务,负责监督电力市场和辅助服务市场的运营,并提供有关意见和建议。

财经委员会:监管 PJM 年度运营情况和资金预算完成情况,并形成有关报告上交给董事会。

电价顾问委员会:定期对现行电价体系进行评价,决定是否有必要对有关电价条款进行修改,并形成有关建议上报给 PJM 联络办公室。

结算审计咨询委员会:由市场成员代表委员会成立,向董事会报告年度结算情况及对有关成员单位的特殊审计要求进行协调。

董事会:由 1 名董事会主席和 7 名董事组成,分别由市场成员代表委员会选举产生,每 3 年改选 1 次。董事会监督 PJM 联络办公室的各项事务。并任命 1 名执行总裁(CEO)直接负责管理 PJM 联络办公室。

PJM 的职能由市场成员签订的 4 个协议规定和管理,这 4 个协议分别为:联网运营协议(Operating Agreement,OA)、可靠性协议(Reliability Assurance Agreement,RAA)、输电所有者协议(Transmission Owners Agreement,TOA)和输电服务开放价格协议(Open Access Transmission Tariff,OATT)。①

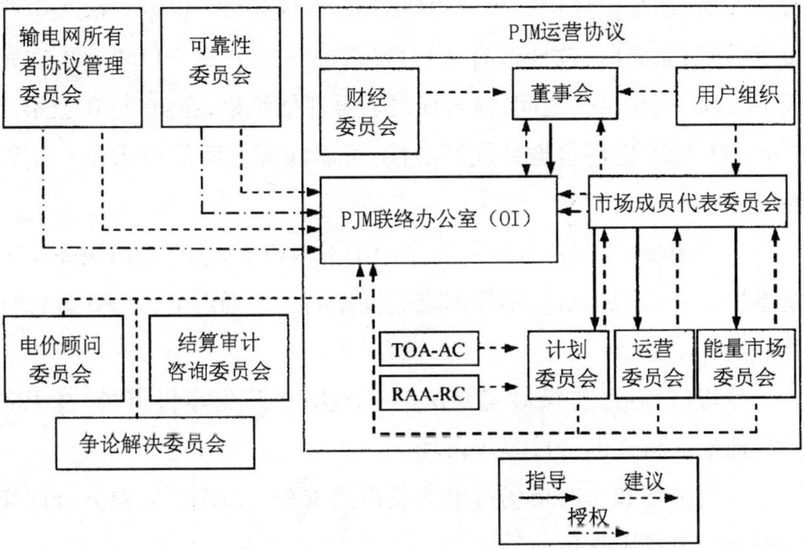

图 3－1　PJM 有限责任公司组织结构

资料来源:国家电力监管委员会:《美国电力市场》,中国电力出版社 2005 年版,第 111 页。

三、PJM 电力市场的划分

期货市场:期货市场分长、中、短期。1 年或 1 年以上为长期,1 个月至 1 年之内为中期,1 天至 1 个月以内为短期。中长期期货市场以合同来规范市场成员的交易行为。期货交易是按实时节点边际电价结算,中长期期权可转让。

日前电力市场:市场成员在每天 8 : 00—12 : 00 向 PJM—OI(市

① 魏玢:《美国 PJM 电力市场及其对我国电力市场化改革的启示》,载《电力系统自动化》2003 年第 8 期,第 32—33 页。

场运行部 Office of Interconnection）提交第2天的投标计划。PJM—OI 在每天 12 : 00—14 : 00 结合系统有关信息对各成员的投标计划进行评估，系统信息包括预期用户需求、气候条件、输电线路、发电机组等，评估完成后，选择最有效、最经济的运行方式。PJM—OI 在每天 14 : 00—16 : 00 之间，向各成员通报评估结果，在 16 : 00 至第二天8 : 00，PJM 还可根据系统经济性、可靠性等方面的要求做一定调整。

实时市场：实时市场实际上是一个平衡市场，它是为解决系统突发事故、网络阻塞、市场结算困难而设立的。市场出清价每5分钟计算一次。

零售市场：目前只对宾夕法尼亚的用户开放零售市场，在 PJM 的其他地区将逐渐开放零售市场。

日前市场和实时市场占电力负荷的36%，而由买卖双方合同交投的期货市场则占负荷的64%。

四、输电服务

在 PJM 市场中，输电网络所有权没有变更，仍属于地区性输电业主（RTO），只是将输电经营权移交给 PJM 联络办公室，地区性输电业主（RTO）作为市场成员参与到 PJM 市场中。

PJM 市场输电服务类型有点对点传输服务（Point to Point Transmission Service）和网络综合传输服务（Network Integration Transmission Service）两大类。PJM 市场主要是采取协议的形式管理输电服务。输电价格采用一部制容量电价。

点对点传输服务分为固定点对点传输服务和非固定点对点传输服务2种类型。固定点对点传输服务又有长期和短期之分。固定点对点传输服务的预定遵循“先来先服务”的原则，将每个传输用户的预定请求按申请时间先后排序。固定点对点传输服务比非固定点对点输电服务有更高的预定优先级别。点对点传输服务采用固定费率制,其计费单位为美元/千瓦。传输用户根据预定的传输容量按月交纳输电服务收费。

网络综合传输用户(简称网络用户)可以在系统中指定多个发电资源和多个负荷为该用户的网络资源和网络负荷,这些网络资源的处理通过 PJM 的输电系统来满足网络负荷的需要。在输电系统可能的情况下,网络用户还可以把购自非指定资源的电能传送到网络负荷节点,不需要另外付费。这样的传输服务比任何非固定点对点传输服务的优先级别都要高。

五、输电阻塞管理与输电权拍卖

PJM 利用每隔 5 分钟计算 1 次的节点边际价格 LMP 对输电阻塞进行管理,管理措施为:(1)发电机以其节点处的 LMP 结算;(2)负荷方以其负荷节点处的 LMP 支付;(3)负荷需求方要支付阻塞成本,阻塞成本等于负荷需求方与发电供给方两地的 LMP 差值。

为避免阻塞成本费用导致市场价格不稳定,PJM 采用固定输电权的管理方法,平抑价格的波动。FTR 的价格一般是基于日前市场的 LMP 计算而来,当 FTR 指定的阻塞送电方向与实际阻塞方向一致时,FTR 的持有者将得到利益;方向相反时,FTR 的持有者将受到损失。

FTR 可以通过 3 种市场机制得到:每年的 FTR 拍卖,每月的 FTR 拍卖,FTR 二级市场。[①] 每年的 FTR 拍卖市场是一个 4 轮的过程,每轮拍卖 25% 的系统传输能力。在某轮中获得的 FTR 可以在随

---

① 矢島正之『電力改革再考—自由化モデルの評価と選択』東洋経済新報社、2004年2月、第36—39頁。

后的各轮出售。每月的 FTR 拍卖提供了通过市场来拍卖每年 FTR 拍卖市场结束后剩余的系统传输能力。每月的 FTR 拍卖是一个单轮的过程。每月的 FTR 拍卖也允许 FTR 持有者拍卖他们拥有的 FTR。二级市场是一个双边交易市场,可以方便已经存在的 FTR 在 PJM 成员之间交易。非成员也可以参加交易,但 PJM 不会改变输电权的持有者记录。

FTR 拍卖市场的目标是基于市场成员的报价来确定输电权的最大价值组合。提交的报价包括 FTR 的类型、申报的兆瓦量、对应的注入节点和流出节点。PJM 输电权市场引入了拍卖收益权(Auction Revenue Rights,ARR),其价值由 FTR 拍卖中的清算价格决定,ARR 的拥有者在每轮的拍卖中可以获得的信用量等于 ARR 的量(除以拍卖的轮数)乘以 ARR 流出节点和注入节点的价格差。[①]

PJM 阻塞管理方法的优点是:物理意义明显,FTR 持有者不受线路阻塞导致的电价波动的影响,并给出投资的经济信号。缺点是:一方面 FTR 可以产生经济效益,但同时也存在一定的风险;产生的阻塞节余,需要 1 次或多次阻塞收益分配。[②]

六、PJM 有功市场

PJM 有功市场 1997 年 4 月 1 日开始运行。PJM 每年总供电量为 2500 多亿千瓦时,其中 1000 亿千瓦时的电量通过有功市场进行交易。[③]

---

① 李才华、杜松怀等:《PJM 输电权运行机制及其在我国区域电力市场阻塞管理中的应用》,载《现代电力》2007 年第 3 期,第 82—87 页。

② 高彦辉:《PJM5 节点电力系统阻塞管理实例》,载《电网技术》2007 年增刊 2,第 226 页。

③ 国家电监会市场部:《美国 PJM 电力市场(下)》,载《中国电力报》2006 年 3 月 7 日。

（一）节点电价

节点电价是在考虑输电阻塞、网损、固定双边交易、电网预想事故、机组报价和负荷报价等因素基础上，以最低成本满足系统电量、调频容量和备用容量要求，并采用线性优化程序计算得出的。该工作完全由PJM的实时LMP市场以决定的透明实时市场清算价格自动完成。[①] 节点边际价格（LMP）= 发电边际成本 + 输电阻塞成本 + 边际网损成本。

（二）有功市场运营

PJM各个部门的运营活动大致可以分为3个互相重叠的时间框架：

1. 预计划运行

预计划运行主要是为计划和调度阶段进行准备工作，时间发生在运营日的前一天早上8：00之前。在这个阶段，PJM要保存PJM RTO内外部发电机组和输电设备对有功市场计划和调度不可缺少的数据；对容量资源中断供应进行处理；保存和更新PJM运行备用的有关数据；评估预测发电备用和输电系统的充足性等。

2. 计划运行和日前市场

PJM的计划运行包括日前市场计划、控制地区可靠性计划和每小时计划，开始时间为运营日的前一天。早上8：00，日前市场开放。中午12：00，日前市场关闭。在提交数据的基础上，PJM将以最小费用安全经济调度的方法，安排运营日每小时的发电计划，同时计算得到日前的LMP。下午16：00，PJM把第一次机组安排的结果

---

① ［美］杰里米·D. 兰伯特著，胡江艳、盛艳、姜新凡、潘力强译：《美国PJM电力市场》，中国水利水电出版社2007年版，第87页。

在网上公布出来。16：00—18：00，开放实时平衡市场。18：00，平衡市场关闭，PJM 实施第二次机组安排。18:00 以后，如果有必要，PJM 在更新的 PJM 负荷和更新的机组可用性信息的基础上，执行另外的机组安排计划。从 22：00 到运营日某个小时的前一小时，由于情况不断发生变化，之前的两次机组安排计划可能会被改变以适应新的情况，即为每小时计划。

3. 调度运行和实时市场，事后电价

调度包括了系统控制、辅助服务监测、输电系统的监控等等。PJM 在实时市场采用与日前市场一样的模型，PJM 在实时调度中采用的是事后电价方法，事后电价的基本思想就是根据系统实际运行情况计算 LMP。LMP 为发电边际成本、输电阻塞费用、边际网损费用之和。

由上面的描述，可以将 PJM 的有功市场运营过程归纳为：采用节点电价模式进行有功结算，通过若干次机组计划安排，不断逼近实际需求，在实时调度中采用事后电价方法，以平衡实时需求和出力。

七、PJM 两部结算系统

PJM 结算系统按日前市场和实时平衡市场两部分分开结算。利用 K 检验法对 PJM 日前市场电价的统计研究表明：PJM 日前市场电价的年分布规律服从对数正态分布；PJM 日前市场在不同的负荷水平上的电价分布规律为：低负荷时段电价服从正态分布，而中高负荷时段电价服从对数正态分布；PJM 日前市场负荷与其对应电价的均值、标准差之间存在线性关系。① 下面举例说明两结算系统的结算

---

① 朱兆霞、邹斌：《PJM 日前市场电价的统计分析》，载《电力系统自动化》2006 年第 23 期，第 56 页。

过程:某发电机在日前市场上竞标得到20万千瓦的发电功率,该发电机所在节点LMP为每1000千瓦20美元,那么在日前市场,该发电机可以获得4000美元的收入。在实时市场,如果该发电机通过竞价,获取发出30万千瓦电能的机会,所在节点LMP为每1000千瓦22美元,多发的10万千瓦电能应按照实时电价结算,此时,发电机可以获取PJM100×22=2200美元的收入,总的收入为6200美元。但是如果由于发电机故障,发电机只能发出10万千瓦的电能,它必须退还在日前市场多得到的10万千瓦功率的收益,这部分收益用实时市场的LMP结算,因此它在实时市场应该支付给PJM100×22=2200美元的费用。最后,该发电机实际发电为10万千瓦,得到4000-2200=1800美元的收入。

八、PJM AGC 市场

为了保持发电和负荷的持续平衡,需要通过使用自动发电控制(Automatic Generating Control,AGC)设备来提供调节和频率响应服务。PJM调节和频率响应服务的最大特点是不单独设立调频电厂,而将调频义务分配到每个负荷服务企业(Load Serving Entity,LSE)。LSE可以利用自己的发电资源或通过与第三方签订合同来满足自己的调频义务,也可以从PJM购买这个服务。

PJM调频市场给市场参与者提供了基于市场买卖调频辅助服务的机会。PJM使用UDS(Unit Dispatch System)计算出来的预测LMP和机组计划来估计每台机组如果在运营日提供调频将导致的机会成本。发电机为提供调频服务提交报价,每台机组的机会成本加上机组报价将得到它的最优排序价格(merit order price)。将所有的提供调频服务的机组按照最优排序价格进行排序,从而可以得到最优的(总成本最小)的提供AGC服务的机组组合。其中中标机组中最高的价格即为调频出清价格 RMCP(Regulation Market Clearing Price)。发电机也可以自调度机组,这时的机组最优顺序价格设为0。

在事后结算时,任何自调度提供调频的机组以 RMCP 得到补偿,被 PJM 选中提供调频的机组用 RMCP 或报价加上实时机会成本结算。需要购买调频服务的 LSE 的收费为:RMCP + 应该承担的机会成本(RMCP 没包括的) + 由于开动新机组提供调频所带来的未收回成本。

九、容量市场

为了配合宾夕法尼亚州电力零售市场的开放,PJM 在1998年设立了容量市场,主要从事容量信用的交易。容量信用是指完全可用的发电能力。

容量信用市场分为日市场和月市场。每天上午7点到10点,PJM 的容量市场开放交易,各市场成员可以根据自己第二天容量义务的大小进行容量信用的买卖。在市场成员分别投出买标和卖标后,市场根据投标价格,从价格最低的卖标开始进行交易匹配。最后匹配成功的卖标价格确定为市场出清价,所有交易成功的容量信用都按这个价格支付费用。容量市场最终的交易结果在中午公布。①

没有在容量市场达成交易的市场成员可以在中午到午夜这段时间继续通过电子容量市场(eCapacity)进行双边交易。但是在午夜前,所有负荷服务企业都必须获得足够的容量信用来满足第二天自身的容量义务。

① 胡朝阳、韩祯祥、童建中:《美国东部 PJM 电力市场运营方式论述》,载《国际电力》2002年第4期,第19页。

十、负荷响应计划

PJM 的负荷响应计划分为紧急负荷响应计划和经济负荷响应计划。紧急负荷响应计划是指参与者通过参与该计划,可以在紧急时间中自愿减少负荷,并得到补偿。经济负荷响应计划是用来刺激终端用户或缩减负荷提供者(Curtailment Service Provider,CSP),减少在 LMP 很高时的电能消费而设计的。分为日前经济负荷响应计划和实时经济负荷响应计划两种。通过实时经济负荷响应计划,有资格的 LSE 或 CSP 可以为终端用户提供机会,或者本身就是 PJM 成员的终端用户也可以选择通过在实时能量市场减少负荷,以实时的 LMP 得到回报;日前经济负荷响应计划是指参与者通过在实时的运行之前减少负荷,同时以日前的 LMP 得到回报的计划。

概而言之,PJM 已经成为电力市场的领导者,它是管理和发展竞争性电力市场的一个成功典范。

第三节　纽约电力市场

纽约电力系统由多个公共事业组织和输电系统拥有者所有,它们包括:纽约联合爱迪生公司(Consolidated Edison Company of New York, Inc.)、纽约电力公司(Power Authority of the State of New York)、美国国家电网(National Grid, USA)、长岛电力公司(Long Island Power Authority)、纽约州立电力—燃气公司(New York State Electric & Gas Corporation)、休斯敦中部燃气—电力公司(Central Huston Gas-Electric Corporation)和 Rochester 燃气电力公司(Rochester Gas-Electric Corporation)等。负荷总量为 30.983 吉瓦,年供电量达 160 太瓦时,输电网电压等级有 765 千伏、345 千伏、230 千伏、138

千伏和115千伏，供电可靠性执行N—2标准。[①] 超过355台发电机组发出的电力通过17305公里的高压输电线路供给纽约州约1890万人口。[②]

一、纽约电力市场发展历程

1965年，美国东北部大停电之后，纽约州8个最大的电力公司联合组建了纽约电力联营体(New York Power Pool, NYPP)。

1999年12月1日，纽约独立系统运行员(New York Independent System Operator, NYISO)正式运行，标志着纽约电力市场开始运作。支撑NYISO运行的三大规约是："NYISO规约"、"NYISO输电网开放收费标准"、"NYISO管理机构及控制区服务收费标准"。

2001年10月，NYISO成为北美第一个采用基于地理位置的备用价格的调度公司。

2001年11月，虚拟交易被引入纽约电力市场，目的有二：一是改进日前和实时市场之间的套利；二是允许市场参与者具有风险管理的灵活性。

2002年，NYISO改进了市场规则和软件，从而显著改善了小时前电价和实时电价之间的一致性。

2003年12月15日，FERC批准了NYISO提出的一项议案，这项议案运用成本因果原理解决阻塞合同拥有者的收益短缺问题。

2003年5月21日，经FERC批准，NYISO正式实行了一种新的容量市场管理方式，装机容量需求不再被限定在118%峰值负荷，而

① N—1(2)标准：考虑电网中任何1(2)个重要元素(如1条高压线，1个变压器，1座电站，1个电容器组等)组合发生故障，电网仍然能够正常运行。

② 袁懋振、陈允鹏等：《纽约电网及其对中国南方电网的启示》，载《南方电网技术研究》2006年第3期，第1—6页。

是与容量市场的价格相关。

2003 年 12 月,在纽约城区域的某些负荷区域,基于行为—影响方法的市场势力检测与控制在实时市场投入使用。

2004 年 2 月,NYISO 通过允许电网公司在阻塞合同拍卖中保留一定数量的输电容量,以降低阻塞的两个机制施行。

二、有功市场

纽约电力市场的有功市场主要由日前市场(day-ahead market)、小时前市场(hour-ahead market)、实时市场(real-time market)组成。日前市场用的是带安全约束的机组组合(Security Constrained Unit Commitment,SCUC),小时前市场用的是平衡市场计算(Balancing Market Evaluation,BME),实时市场用的是安全约束经济调度(Security Constrained Dispatch,SCD)。

(一)安全约束机组组合(SCUC)

SCUC 的基本任务为:(1)满足有功购买投标;(2)制定足够的容量来满足负荷预测;(3)将双边合约付诸实施;(4)提供足够的辅助服务(备用和 AGC)。主要特点为:有功、备用和 AGC 联合优化,节点电价体系。

SCUC 的运算流程可分为 5 步,包含 3 次机组组合和 2 次经济调度:(1)在安全约束下指定发电机组平衡中标负荷、虚拟负荷和虚拟电量。(2)在不考虑区域可靠性约束的条件下平衡预测负荷。除了在步骤(1)中被指定出力的所有发电机组,额外的发电机组也可能被调度选中来平衡预测负荷值。(3)在考虑区域可靠性约束的条件下平衡预测负荷。步骤(2)中被指定出力的部分机组可能会被其他机组取代从而保证区域可靠性约束的满足。(4)调度步骤(3)中的被指定出力的机组,即分配每台机组出力的大小。(5)步骤(4)中被调度的机组加上步骤(1)中的燃气轮机组,两者共同被分配出力的大小,并决定日前市场的出清价格。

(二)平衡市场计算(BME)

BME 重新考虑了日前市场中没有被满足的和新的网际交易,其原理与 SCUC 相近,但 SCUC 规划未来 24 小时,而 BME 只规划未来 3 小时。[①] 此外,网络模型、报价和负荷预测等 BME 的输入数据,也都按交易日当天系统运行情况进行更新。BME 在每个运行小时前 75 分钟运行,结果在每个运行小时前 45 分钟贴出。与日前市场不同,小时前市场的交易结果主要用于指导系统的调度运行,并不形成远期合同。

(三)安全约束经济调度(SCD)

并不是所有当前的运行机组都参与 SCD,是否参与 SCD 由发电商自己决定,所有参与 SCD 的机组称为"受调度"机组,受调度机组必须满足一定的技术、通讯要求,并且申报机组可参加调度的出力范围。SCD 算法以最小化运行成本为目标函数,以满足负荷平衡约束、输电安全约束、备用容量约束和调节容量约束等。SCD 程序每 5 分钟运行一次,每 5 分钟设定一次每台发电机的运行基点和每个节点的实时电价,日前计划和实时运行的偏差就由这些电价来结算,对发电机来说,结算用的是节点电价;对负荷来说,结算用的是区域电价,区域电价简单地说就是区域内所有节点电价对节点负荷大小的加权平均值。

三、市场势力监控

---

① 鲁顺、李灿、魏庆海等:《纽约电力市场探析》,载《电网技术》2004 年第 17 期,第 65 页。

NYISO 采用一套市场行为检测办法来检测市场势力,具体做法是:首先设置有功报价、机组启停费用、空载费用等机组报价参数的上下限,然后在报价的时候检测是否有机组的报价向量超出前面设定的上下限,如果有至少一个报价参数越限,并且最终会对价格产生较大的影响,那么就把这个报价参数减小(或者加大),以减小该机组对市场的冲击力。

在日前市场,当检测到阻塞超过给定的门槛值,机组报价就被限制到一个基于可变生产成本的水平(即参考价格水平)。门槛值的设定基于阻塞小时数和总小时数的比例,计算公式如下:门槛值 = 2% ×平均电价 ×8760 ÷之前 12 个月内受到约束的小时数。

参考价格水平也是监控和限制市场势力的重要数据。参考价格水平的计算基础是之前 90 天相应的可比较时间段该机组中标的报价,并根据燃料价格作进一步的调整。由于当电力市场处于有效竞争状态时,机组在市场中的报价通常会是它的边际成本,所以参考价格模拟机组的边际生产成本,可以作为监控和限制市场势力的一个基准值。

四、辅助服务

纽约电力市场总共提供 6 种辅助服务,分别是系统计划、控制和调度(Scheduling, System Control & Dispatch),电压支持(Voltage Support),自动发电控制(AGC)及频率响应(Regulation & Frequency Response),电量不平衡(Energy Imbalance),运行备用(Operating Reserve),黑启动(Black Start)。[①] 其中,运行备用和频率响应这两种服

① 国家电监会市场部:《美国纽约电力市场(上)》,载《中国电力报》2006 年 3 月 14 日。

务是基于市场的。

（一）备用市场

运行备用分为三类：10 分钟旋转备用，10 分钟总备用（包括旋转和非同步的备用）和 30 分钟备用。上述 3 类备用都是在日前进行的，付给备用服务的费用包括可用支付（根据备用市场的出清价格制定）和机会成本两部分，这两类费用是同时被优化的。10 分钟旋转备用的机会成本在实时市场支付，10 分钟非旋转备用的机会成本在日前市场支付。

纽约电力市场对所需的运行备用容量大小有一定的要求。另外，由于存在输电界面约束，各地区对备用容量的需求也有所不同。由此产生了基于地理位置的备用价格，备用价格可以在西纽约州、东纽约州和长岛有所不同。这项改进不仅反映了输电约束对备用的影响，而且给予了备用提供者有效的激励。它与节点电价体系一样，符合谁用高价电或备用，谁付高价的逻辑。

（二）AGC 市场

在纽约控制区域的任何节点购买 AGC 服务都是一样的，所以 AGC 市场并不需要采用基于地理位置的定价体系。一台发电机所能卖出的 AGC 容量是由它能在 5 分钟之内变化的出力决定的，也可以理解为爬坡速率（兆瓦/分钟）×5（分钟）。

（三）计划中的备用市场和 AGC 市场

新技术系统的使用将会使备用和 AGC 市场发生巨大的变化，成为日前市场和实时市场共同构成的多结算系统。AGC 服务提供者既可以在日前市场，也可以在实时市场递交可用 AGC 容量，备用服务提供者则只能在日前市场递交可用备用容量。

日前备用市场和实时备用市场都会采用基于地理位置的市场出

清价格，并且用的是所谓的影子价格（shadow prices），即包含了机会成本的备用服务价格。机会成本的补偿是根据边际机组的能量报价和备用报价计算的，公式如下：机会成本的补偿＝边际中标机组的中标备用容量×（能量市场出清价格－该机组在能量市场的报价）。

五、容量市场

容量市场的设立是为了保证电力在今后一段时间的充裕性。NPCC 要求：由于电力资源不足所引起的平均停电概率小于或等于10 年 1 次。因此在纽约控制区，容量市场也被称为可靠性市场，而市场中参与竞价的容量也被称为可靠性产品。

在纽约控制区域（NYCA），用总装机备用裕度（Installed Reserve Margin，IRM）反映总体的电源充裕程度。IRM 指标每个容量年进行更新，由纽约州可靠性委员会（NYSRC）根据 NPCC 的电力资源充裕性标准制定。在 2004—2005 容量年，纽约控制区域的 IRM 为18%。[①] 容量年是指从本年 5 月 1 日起至下一年 4 月 30 日止，一个容量年包括两个容量期。夏季容量期从 5 月 1 日至 10 月 31 日，冬季容量期从 11 月 1 日至次年 4 月 30 日。

根据 IRM 指标可以得出所需的总装机容量指标，NYISO 每年都会计算最小装机容量要求（NYCA Min. ICR）。NYCA Min. ICR＝预测（年度）峰值负荷×（1＋IRM）。

从 2001 年底开始，更为合理的自然容量要求（Unforced Capacity Requirement，UCR）指标取代了 NYCA Min. ICR 指标，纽约控制区域的最小自然容量要求可用以下公式计算：NYCA Minimum UCR＝NYCA Min. ICR×（1－EFORd）＝预测（年度）峰值负荷×（1＋

① 国家电监会市场部：《美国纽约电力市场（下）》，载《中国电力报》2006 年 3 月 21 日。

IRM)×(1 - EFORd)。其中 EFORd 表示负荷侧平均有效损耗率;NYCA Minimum UCR 指标每个容量期更新。

机组容量不能直接等同于自然容量,在纽约控制区,电源提供的自然容量 = 机组净容量 ×(1 - 该电源有效损耗率)。

在纽约电力市场中,利用竞价拍卖的方法来满足容量指标的需求。纽约控制区设立了三期竞价拍卖市场:容量期市场:在容量期开始 30 天之前进行,报一个持续 6 个月的价格和一个持续 6 个月的容量值。月度市场:每月前 15 天之前进行,可报容量期剩余月份的容量和价格。现货市场:每月前 2 天之前进行,只可以报下个月的容量和价格。

六、输电服务市场

NYISO 对所有市场成员提供公平使用输电网的权利,NYISO 提供 3 种输电服务:确定点对点输电服务(Firm Point-to-Point Transmission Services)、非确定点对点输电服务(No-Firm Point-to-Point Transmission Services)及集成网络输电服务(Network Integration Transmission Services)。市场成员在接受 NYISO 提供的输电服务时,需向其支付输电费。输电费包含 3 个部分:输电使用费,输电服务费,输电调节费。输电使用费等于电能注入点与吸取点的区域边际电价之差,包含输电阻塞分量和输电网损分量两个部分,反映了输电的短期边际成本。输电服务费用于回收输电网的投资成本,“NYISO 输电网开放收费标准”对输电服务费的确定方法作了详细规定。在输电使用和服务费不足以保证输电网的投资回收时,NYISO 通过输电调节费来调节输电费收入。

此外,在纽约电力市场,参与者可以通过签订输电阻塞合同(Transmission Congestion Contracts,TCCs)获取输电权,从而对冲阻塞收费的风险，这是一种类似于套期保值的方法。结算节余也通过这种方式重新分摊给负荷。

一个输电阻塞合同由一对有向节点和容量值组成。举例来说，如果一个市场参与者拥有150兆瓦从节点A到节点B的输电权，它就有权获得15×（B节点日前电价－A节点日前电价）的输电阻塞受益。可以看到，获得输电阻塞合同，市场参与者可以完全对冲阻塞带来的风险。

NYISO按季度举行输电阻塞合同拍卖。在2001年春季的拍卖中，35%的系统输电容量以2年期成交，65%的系统输电容量以为期6个月成交。在2001年秋季拍卖中，23%的系统输电容量以5年期成交，23%的系统输电容量以2年期成交，54%的系统输电容量以为期6个月成交。①

七、短缺情况下采取的措施

当出现供需不平衡时，ISO一般会尽可能地调节发电侧出力，但在极其紧急的特殊情况下，比如短缺情况（可用容量不足以满足能量和备用的要求）下，为保证系统稳定运行，ISO将会采取以下特殊措施：

第一类措施是削减负荷。纽约的减负荷并不是按根据用户重要性编排的拉电顺序表进行拉电，而是按用户和ISO事前达成的协议进行。减负荷主要有两种方式：紧急负荷响应程序（the Emergency Demand Response Program，EDRP）和特殊资源程序（the Special Case Resource Program，SCR）。EDRP负荷自愿承诺在两小时之内减载，

---

① 鲁顺、李灿、魏庆海等：《纽约电力市场探析》，载《电网技术》2004年第17期，第65页。

可以得到500 美元/兆瓦时或实时出清电价(取两者中之最大)的补偿。SCR 负荷必须在日前被通知后两小时之内切除。SCR 负荷在容量市场卖出容量,交换条件是承诺减负荷。当这些职责真正需要被履行时,价格基本上在500 美元/兆瓦时。

第二类措施是减少(从相邻控制区域)出口电量或进口应急电量。与第一类措施不同,第二类措施并不影响电价。

第三类措施是放松备用要求。这时,备用容量被释放出来,并被调度转化为电量。10 分钟备用价格,也就是短缺时的电价,自动转换为1000 美元/兆瓦时(价格上限)。

八、需求侧响应

在纽约电力市场中,有 3 个需求侧响应程序:EDRP、SCR、日前负荷响应程序(the Day-Ahead Demand Response Program,DADRP)。DADRP 允许需求侧在日前市场提供可中断负荷。进行可中断负荷报价,如果它们在出清中中标,那么中标者必须在接到调度指令后中断相应的负荷量,并得到日前出清价格 × 中断负荷量的收益。实际上,EDRP 和 SCR 提供了更多的负荷侧资源,而 DADRP 只提供了相当有限的可中断负荷。

总之,纽约电力市场并没有采取激进的自由化道路,而是逐渐演化、稳中求进,并在此过程中形成了显著的特点:多结算体系和节点电价体系。多结算体系应用于独特的有功市场中。节点电价应用于发电侧上网电价中,负荷侧实行分区电价。

第四节　德州电力市场

德州电力系统是北美三大独立电力系统之一,共有 700 多万电力用户,总发电装机容量达 7900 万千瓦,最高负荷达 6000 万千瓦,拥有总长 60338 公里的输电线路。①

一、发展历程

1995 年,德州立法机构修订了公共事业管理法案(Public Utility Regulation Act,PURA),要求德州境内各电力公司开放电网,对电力批发市场解除了管制。

1996 年 8 月 21 日,德州公共事业管理委员会(Public Utility Commission of Texas,PUCT)正式指令德州电力管理委员会(Electric Reliability Council of Texas,ERCOT) 组建独立系统运行者。1996 年 9 月 11 日,ERCOT 董事会对 ERCOT 进行重组,正式作为非营利性 ISO 启动运行,成为美国第一个系统独立调度及控制中心,但 ERCOTR 的 ISO 仍受 PUCT 监督。

1999 年 5 月 21 日,德州立法机构通过了参议院第 7 号法案(Senate Bill7)。这一法案要求德州建立一个富有竞争性的电力零售市场,并必须在 2002 年 1 月 1 日投入运行,使德州所有的电力用户都能享受到选择其发电商的权力。第 7 号法案同时还要求在 2002 年 1 月 1 日之前,所有上市电力公司都要分拆为三个独立的公司,即发电公司、输配电公司和电力零售公司,而且任何一个发电公司不允许拥有超过 ERCOT 控制区域或其他控制区内 20% 的装机容量。

2001 年 6 月 4 日,PUCT 批准了作为 ERCOT 电力批发市场规则的《ERCOT 草案》。2001 年 7 月 31 日,德州的 10 个单独的电力调度中心合并为 1 个,即现在的 ERCOT 电力调度中心。同日,德州电

---

① 国家电监会市场部:《美国德州电力市场(上)》,载《中国电力报》2006 年 4 月 11 日。

力批发市场正式投入运行。

2002 年 1 月 1 日，ERCOT 电力零售市场投入运行。

德州决定，从 2004 年 2 月 29 日开始，凡参加德州电力趸售市场的各方都必须遵守由 PUCT 通过的强制性导则。导则要求，有关方面必须改善经营效率，确保电力可靠性，在趸售市场上维持合理的价格，而 PUCT 将严肃处理每一件以任何形式出现的市场不良行为。

二、市场主体与输配电价

德州电力市场包含双边交易市场、辅助服务市场、机组组合服务市场和实时能量市场，但没有日前的集中能量市场。德州电力市场采用的信息技术（IT）工具主要包括三类：技术运行系统、商业运行系统和数据库。[①] 技术运行系统包括与电力系统运行管理系统（POS）相连接的市场运作系统（MOS）。商业运行系统负责客户注册、负荷曲线记录、数据获取、数据汇集、结算、计量和交易清算中心。由于德州电力市场是一个逐渐进化的市场，随着新的市场规则和可靠性标准的出台，其采用的 IT 工具不断被更新换代，以反映这些变化。

德州电力市场主要的市场主体有："合格计划体"（Qualified Scheduling Entity，QSE）、电力市场商人（Power Marketer）、负荷服务实体（Load Servicing Entity，LSE）、用户集结者（Aggregator）、输配电服务提供者（Transmission and Distribution Service Provider，TDSP）。其中，QSE 是在美国其他电力市场中未出现的独特机构。其职责主要是匹配及促成发电公司和零售商间的电力交易。QSE 可不拥有发

① 魏玢：《美国德克萨斯州电力市场模式及其信息技术（IT）应用》，载《国际电力》2004 年第 1 期，第 11 页。

电公司和零售商,而仅作为两者的代理机构,也可同时或单独拥有发电公司或零售商。不论哪种形式的 QSE 都要负责汇总并向 ISO 提交由它管理或代理的发电公司和零售商的电力电量平衡计划;并且还要负责发电公司和零售商参与辅助服务市场交易等的报价集成与申报。目前,市场中已有 40 余个 QSE,其中一些是由电力改革前的分区调度控制中心发展起来的。①

德州输配电价形成机制采用准许收入法,即以核定的准许收入为基础制定各类用户的输配电价,包括被管制公司的成本以及允许的投资回报。列入准许成本的费用,必须是输配电公司为用户提供输配电服务而发生的必要且合理并得到政府监管部门认可的费用,一般包括设备运行维护费用、折旧费用、联邦收入税和其他税款。输配电公司准许资产回报,是有效资产(又称核价基础)和加权平均资金成本率的乘积。计算公式为:有效资产 = 固定资产 - 累计折旧 + 运营资产 + 管制资产 - 累计递延联邦收入税。加权平均资金成本率,是有效资产占用的资金来源所要求的回报比率。计算公式为:加权平均资金成本率 = 债务资金比例 × 债务资金成本率 + 权益资金比例 × 权益资金成本率。②德州输电费用采用“邮票法”计算并分摊。

三、电力批发市场

(一)电力批发市场的特点

德州电力批发市场的特点是:采用分区电价机制,报价单元可由多个机组或负荷组合而成。目前,整个系统中有 5 个阻塞区域:南

① 葛炬、张粒子:《美国德州 ERCOT 电力市场及其对我国电力改革的启示》,载《中国电力》2004 年第 12 期,第 14 页。

② 邓雪:《美国德州输配电价机制政策与实践》,载《电力技术经济》2007年第1期,第38—39页。

区、北区、休斯敦区、西区和东北区。区与区之间设有传输界面约束，市场参与者可通过购买金融输电权来降低阻塞费用。

德州电力批发市场的运行分 4 个阶段：日前阶段（辅助服务市场）、调整阶段（辅助服务市场和机组组合服务市场）、实时前阶段（实时能量市场）及实时运行阶段。日前阶段指运行前一日的零点到下午 6 点；调整阶段指运行前一日的下午 6 点到运行日某个运行时段的前 1 个小时；实时运行时段按 15 分钟计，每 15 分钟为一个运行时段；实时前阶段即实时能量市场，每 15 分钟运行一次，在实时运行时段 14 分钟前开放，为该时段购买平衡能量。

（二）电力批发市场的运行时序

日前上午 6 点之前，ERCOT 公布最新的输电系统情况、负荷预测、辅助服务计划、辅助服务摊派计划、强制要求提交的平衡能量减服务的百分比、输电损耗因子和配电损耗因子。在每日上午 6 点之前，ERCOT 还需公布以下信息：对 ERCOT 次日运行情况的预测，包括传输线路和设备故障或离线检修；区域间主要传输线路的总传输能力；ERCOT 预测次日运行情况使用的天气预报等等。

日前上午 11 点之前，各市场主体必须提交平衡的能量计划（发电量和用电量必须相等）和自我安排提供的辅助服务计划，其中负荷计划包括了输电和配电损耗。上午 11 点，ERCOT 检查各市场主体提交的计划是否有效，如发现无效计划则立即通知。

日前上午 11 点 15 分之前，市场主体提交调整后的计划，ERCOT 也再次检验新提交的计划。同时，ERCOT 使用市场模型检查各市场主体的计划，并将下列信息通知给各市场主体：可能会发生的区域间传输阻塞、各市场主体的计划对于区域间传输潮流的贡献、ERCOT 的区域负荷预测和各市场主体的计划总和之间的差别。

日前下午1点之前，市场主体更新其平衡的能量计划和自我安排提供的辅助服务计划，并向ERCOT的辅助服务市场提交报价。ERCOT检验再次更新后的计划，如发现无效计划则立即通知。

日前下午1点30分，ERCOT运行辅助服务市场，购买辅助服务以满足所制定的辅助服务计划。辅助服务市场运行完毕之后，ERCOT会审阅各辅助服务的价格并公布，同时通知各市场主体被购买的辅助服务量。

日前下午3点之前，各市场主体提交更新后的辅助服务计划，包括自我安排提供的和ERCOT购买的辅助服务。ERCOT则检查各市场主体更新后的计划。

日前下午4点之前，各市场主体提交包含单机信息的机组计划（Resource Plan），同时也向机组组合服务市场提交报价。ERCOT检查各市场主体提交的机组计划，如果某市场主体的机组计划无法满足它自己的能量计划和辅助服务计划，就会被发出通知。

日前下午6点左右，ERCOT运行机组组合服务市场，评估各市场主体的机组计划，购买解决区域间阻塞、局部阻塞及系统容量不足所需要的机组组合服务，并计算出各阻塞区域的机组组合服务市价，然后关闭日前机组组合服务市场。同时，ERCOT也会根据具体情况，对某些没有机组组合报价的机组发出强制性调度指令，令其提供机组组合服务，以保证系统的安全可靠运行。

日前下午6点之后，各市场主体可以为进入日前调整阶段的机组组合服务市场而更改其机组组合服务报价。

运行时段的前1小时，是日前调整时段，市场主体可以对该运行时段或者之后的任何运行时段更新其能量计划，提交能量报价，包括必须提交的能量减报价。也可以对该运行时段或者之后的任何小时更新其自我安排提供的辅助服务，但只能对提供服务的资源做改动，不能改动其日前自我安排提供的辅助服务的量。如果 ERCOT 在调整阶段需要再购买一些辅助服务，则 QSE 可以根据其新的摊派份额增加其自我安排提供的辅助服务。在调整阶段，市场主体还可以更新其机组计划，向调整阶段的机组组合服务市场以及辅助服务市场提交报价，向实时能量市场提交单机能量增和能量减报价。在调整阶段，ERCOT 会审查所有更新了的能量计划、机组计划、自我安排提供的辅助服务计划，并且将无效的或者彼此不吻合的计划通知给相应的市场主体，而这些市场主体可以在运行时段 45 分钟之前更正其计划。

运行时段 14 分钟前，ERCOT 实时能量市场开放。在运行时段 10 分钟前市场主体会收到有关实时能量市场价格以及能量调度指令的通知。

在运行时段 5 分钟前，市场主体会根据调度指令，安排机组开始爬坡。

四、电力零售市场

为了使德州电力零售改革高效有序进行，PUCT 专门对此进行了规定：一是要成为电力零售供应商，必须取得电力监管部门的许可证。二是农村电力合作社也可以从事电力零售竞争。三是未得到用户同意，电力零售供应商不得私自将自己的用户转换给其他电力零售供应商。四是电力合作社和市立电力供应企业应当做出决定并通知本地居民是否进行电力竞争。

在德州电力零售市场中，电力公司或电力零售商可以向不属于自己领域的电力用户售电，电力用户也可以随时选择更换自己的零售商。零售商提供的电力可能来自自己的发电机组，也可能是向其他发电商购买的。电力传输服务则由管制下的输配电公司提供。

(一)电价管制

ERCOT 电力零售市场要求每个用户都必须有指定的“最后供应商”,该最后供应商有责任向其服务区域内的顾客提供标准的基本电力服务,这些电力服务的价格是固定的。同时,根据德州参议院第7 号法案,从原上市电力公司中分拆出来的零售商必须向其原有的电力用户提供所谓的“挑战电价”。挑战电价必须比该公司在 1999 年 1 月 1 日向顾客收取的电价至少低 6%。同时零售电力供应商在 2005 年 1 月 1 日之前,或在它的 40% 的顾客还没有转换零售商之前,不能随便调整其“挑战电价”。

(二)电力用户转换零售供应商的程序

每一个零售电力供应点(或电力用户)都有一个电力服务登记号(ESI – ID)。电力用户在确定要转换其零售商时,可以通过打电话或上网等方式通知其选定的新零售商。新零售商在接到转换请求后,就会代表该电力用户,向 ERCOT 发出转换零售商的请求,并附上新电力用户的 ESI – ID 和邮编以及相关信息。同时新零售商还需要向 ERCOT 提供新用户的其他一些信息,以便 ERCOT 能依据 PUCT 的法令,向新用户发出确认转换的通知。

ERCOT 在确认新零售商的请求后,向电力用户发出确认通知,该电力用户在 10 天内可以撤销转换请求。ERCOT 也会向输配电公司发出转换通知。输配电公司收到通知后会把新测量的电度表数据发给 ERCOT,这些电度表数据包括该 ESI – ID 在前 12 个月中每个月的用电情况,以及根据德州电力交易标准的规定必须提供的数据。然后 ERCOT 把电度表数据转发给新零售商。

截至 2004 年 9 月,德州已经有 100 万用户获得了新产品服务,

150 万用户更换了自己的零售供应商。[①]

（三）电力零售市场的结算

ERCOT 并不与零售商直接结算，而是与代表零售商参与市场的 QSE 进行结算。QSE 与其下属的零售电力供应商结算，零售商再与其用户进行结算。

五、可再生能源电力

德州出台的促进可再生能源电力发展的政策法规主要有：

（一）可再生能源发电配额制（Renewable Portfolio Standards, RPS）

德州政府强制要求电力生产企业提高可再生能源发电比例，规定从 2000 年开始电力生产企业必须向电力用户提供最小比例（1%）或数量的可再生能源电力。完成或未完成义务的公司可通过转让或购买的方式来完成义务。可再生能源电力生产企业在销售可再生能源电力的同时，获得相应的可再生能源证书，并通过在市场上出售证书获得除了销售物理意义上的电力所得之外的另一部分收入。对那些不能满足政策要求又没有购买相应证书的发电公司，则必须受到相应的惩罚。

（二）电力成分标签制度（Electricity Facts Label）

2000 年 12 月 7 日，PUCT 制定了电力成分标签制度，并从 2002 年 1 月 1 日正式执行，该制度规定：（1）公开发电能源组合（fuel mix），并与全州的平均水平做出比较。（2）公开排污比例（二氧化碳、二氧化硫、氮氧化物、微粒及核废料辐射）。（3）德州所有电力零售商要以固定的格式使用电力成分标签。（4）电力成分标签必须包

---

① 何学民：《美国德州的电力零售改革》，载《中国电力报》2005 年 4 月 12 日。

含在吸引新电力顾客的促销材料中。(5)每年3月份要更新电力成分标签。(6)所有电力产品必须提供可再生能源比例。电力成分标签的作用在于消费者可以通过其了解电力零售公司提供的电价、合同条款、能源构成、排污水平等信息,进行货比三家,具有了电力购买的选择权。

(三)发电记分卡(Generator Sorecard)

为更好地监督发电能源组合与环保要素公开的准确性,PUCT在设计发电记分卡数据库的基础上设计了相应的验证系统:发电记分卡追踪系统(Generator Scorecard Tracking System)。该系统是一个与环境组织联合开发的基于网页的工具,消费者可以很容易地比较可再生能源与常规能源对环境影响的不同,也可以详细地了解各电力供应商电力成分标签的真实性。

从2002年至2005年德州可再生能源发电量占总发电量的比重逐年增加,2005年达到了1.60%,可再生能源发电总量为4804.512吉瓦时(见表3-2)。

表3-2　2002—2005年可再生能源发电情况(单位:吉瓦时)

年度	总发电量	可再生能源总发电量	新增可再生能源电量	可再生能源电量比例(%)
2002	280734.238	2793.076	2186.248	0.99
2003	284885.547	2949.087	2383.460	1.00
2004	289073.878	3685.014	3158.237	1.30
2005	299254.815	4804.512	4178.156	1.60

资料来源:刘文军、杨云峰等:《美国德克萨斯州可再生能源市场发展状况》,载《中国电力》2007年第6期,第67页。

六、德州电力市场的特色

在几年的市场运行中，德州电力市场显示了如下优点：(1)能量市场的价格比较稳定。在德州电力系统中，天然气机组的容量占总装机容量的60%多，由2001年8月到2004年8月德州电力能量市场的平均价格变化情况分析，电力市场的价格和天然气价格具有同一性，且价格比较稳定。[①] (2)输电阻塞状况不断改善。2002年2月之后，德州电力市场输电阻塞的状况明显改善，除了新建输电线路外，更重要的原因是，阻塞管理规则的改变。2002年2月15日，阻塞管理规则改变为由造成输电阻塞的市场参与者根据输电阻塞的严重性支付输电阻塞费用。[②] 这样，买卖电双方不仅要考虑电量价格，还要考虑可能的输电阻塞费用。(3)大部分电量交易通过双边合同市场进行，实时能量市场中交易的总电量非常小，小于3%。(4)辅助服务容量市场的价格较为稳定，运作也比较成功。

虽然德州电力市场取得了巨大的成功，但其采用的区域型阻塞管理和结算模式，也引起了社会各方面的积极论证和讨论。

区域型阻塞管理和结算模式的优点是：非常简单，而且在能量计划和投标方面给予市场参与者，尤其是那些拥有大量装机容量的参与者很大的灵活性；缺点在于：系统调度和安全控制变得非常复杂。

德州电力市场会不会由区域型向节点型转变呢？这是关系所有市场参与者切身利益的问题，也是政府管理部门密切关注的问题。从理论上讲，节点型模式似乎更能解决德州市场目前面临的许多问

---

① 国家电监会市场部：《美国德州电力市场(下)》，载《中国电力报》2006年4月18日。

② 矢島正之『電力改革再考—自由化モデルの評価と選択』東洋経済新報社、2004年2月、第49—52頁。

题,比如它能够提供更精确的单机数据,而且其市场模型和系统模型也更加吻合。但是节点型模式也有一些缺点(比如某些情况下容易导致市场参与者拥有操纵市场的能力,以及对于市场参与者来讲,市场模式比较复杂),同时在成功并稳定运行的现有德州电力市场中,推翻现有系统并安装新的系统,所需要耗费的时间和资金也非常大,也存在一定的风险和负面影响。所以是否将德州电力市场的区域性模式转变为节点型,目前 PUCT 尚未明确表态,人们仍在争论不休。

第五节　新英格兰电力市场

美国东北部6个州(缅因州、佛蒙特州、马萨诸塞州、罗得岛州、新罕布什尔州、康涅狄格州)被称作为新英格兰地区。截至2003年9月,新英格兰电力系统供电范围1400万人,拥有350台机组,8000英里高压线路,12条州际联络线(其中包括若干与加拿大的联络线),3200万千瓦装机容量,最高负荷2535万千瓦(2002年8月14日),其电力市场的交易总量为70亿美元。①

1965年,美国东北部大停电事故之前,这6个州的供电是由不同的从发电到输电再到配电一体化的电力公司来独立承担的。1971年,新英格兰电力库(New England Power Pool),即 NEPOOL 成立,其主要职责是负责各个电网之间的可靠性协调和控制性能考核。1997年7月1日,新英格兰独立系统运行者(ISO New England,Inc),即 ISO-NE 成立,这是一个私有、非营利性的公司,它逐步取代了 NEPOOL。此后的新英格兰电力市场的发展经历了两个阶段:

---

① 国家电力监管委员会:《美国电力市场》,中国电力出版社2005年版,第261页。

一、全网统一出清的电价体系阶段(1999 年 7 月—2003 年 3 月)

在这一阶段中,1999 年 5 月 1 日,ISO-NE 过渡性电力批发市场开始运行;7 月 FERC 接受了新的市场规则 CMS/MSS(即节电电价体系和多结算系统)。2000 年 3 月,调度总结交流开始,CMS/MSS 提议被 FERC 备案。[①] 这一阶段市场结构的特点是采用全网统一出清的电价体系,并建设有完整复杂的辅助服务市场,以及容量市场。此外,在这个阶段还完成了“厂网分离”。[②]

(一)新英格兰 ISO 的组织结构及其职能

新英格兰 ISO 的机构是按照 FERC 为 ISO 拟定的 11 条准则来设置的,共包括 10 个部门:董事会、系统运行、系统规划、市场开发、IT、客户服务及培训、财务、人力资源、公共事务和内部审计。其中系统运行部门负责管理电力系统的日常运行,包括短期和长期的负荷预测及系统调度;市场开发部门负责市场势力监测与消除、市场规则及操作程序制定、输电费用分摊研究、下一阶段新英格兰电力市场结构研发等。

(二)市场设计与构成

新英格兰电力市场运营计划的设计、实施基于市场参与方的招投标竞价机制。整个新英格兰电力市场包括如下几部分:能量市场;自动发电控制(Automation Generating Control,AGC);10 分钟旋转备用(TMSR);10 分钟非旋转备用(TMNSR);30 分钟运行备用(TMOR);可用容量市场;装机容量市场。

---

① 国家电力监管委员会:《美国电力市场》,第 262 页。

② 国家电监会市场部:《美国新英格兰电力市场(上)》,载《中国电力报》2006 年 3 月 28 日。

在这7个市场中,除了能量市场以外其他的都属于辅助服务。能量市场是所有市场中最主要的部分,能量报价必须包括申报者的整个容量范围,报价可分为10个时段,零价格则认为是自发电价格。AGC指调频容量,即自动发电控制,这个容量能够使ISO-NE能量供应与每分钟负荷变化之间保持持续的平衡,并使之符合NERC和东北电力协调委员会(Northeast Power Coordinating Council,NPCC)的执行控制标准(CPS)。TMSR、TMNSR、TMOR都属于运行备用市场。

(三)能量市场的统一出清体系

ISO-NE基于统一出清价格的原理来调度电力资源。通过统一出清价格方法可以制定使每日能量、备用和调频能量报价最优化的调度计划。结算用的大部分信息来自市场数据和调度结果。调度和计划子系统和能量管理系统(Energy Management System,EMS)交互,可以实现报价、结算和资源管理申请的功能。统一出清第一步,对有功报价进行排序,价格相对较低者中标;第二步,考虑AGC,根据AGC报价排序选择价格低者;第三步,解出AGC容量,考虑TMSR、TMNSR、TMOR,确定最终的能量出清价格。ISO-NE采用能量市场统一出清电价,显然是受到英国电力市场的影响,一个明显不合理之处是阻塞上抬费用按负荷大小比例分摊。①

(四)AGC市场

AGC辅助服务是从10分钟旋转备用(TMSR)中分离出来的一种辅助服务。辅助服务市场要求AGC能够连续自动地响应ISO的

① 胡朝阳、甘德强、沈沉:《新英格兰电力市场的能量市场和实现技术》,载《电力系统自动化》2003年第3期,第31—35页。

指令,动态地平衡控制区内的电力供应与需求,满足 NERC 和 NPCC 的技术标准。

AGC 投标必须在每日交易的截止期限(14 : 00)之前,提交报价的形式是美元/每小时供应 AGC 服务。调频容量在 AGC 概念下被称之为"Reg",是 10 分钟和 60 分钟的兆瓦反应的加权平均值。

ISO 每 5 分钟按机组提供 AGC 服务的投标价(美元/Reg-h),由低到高排列一次,得到边际价格。本交易时段(1 小时)过后,取上述每 5 分钟边际价格的加权平均值作为 AGC 的市场清算价格。

参与者的 AGC 服务的结算量包括两个部分:参与者每时所分配的结算量;根据合同约定承担另一参与者的全部或部分调整量时,其结算量的分配应做相应的修改。付给 AGC 出售者的费用,按每台机组分别支付,包括 AGC 计时费、服务费和机会费用。向 AGC 购买者收取的费用,为给 AGC 出售者总费用的分摊额和所有附加费的分摊两项之和。从 AGC 购买者收取的总费用必须等于支付给 AGC 出售者的总费用。①

(五)备用市场

TMSR 是指在线运行机组在 10 分钟内能够即刻增加的容量或在 10 分钟内可以被卸载的电力负荷,并且能够持续最少 30 分钟的供应紧急事故保护用电。

TMNSR 是指非在线运行的机组在 10 分钟内能被启动而增加的容量(千瓦)或在 10 分钟内可以被卸载的电力负荷,并且能够持续最少 30 分钟的供应紧急事故保护用电。以及其他有能力提供,但在

① 温步瀛、佘占兴、杜松怀:《新英格兰电力市场 AGC 辅助服务市场分析》,载《华北电力技术》2001 年第 9 期,第 3—5 页。

该时段内没有被 ISO 采用的 TMSR 资源。

TMOR 是指在 30 分钟内能被调度加载的备用容量（千瓦）或在 30 分钟内可以被卸载的电力负荷，并且能够持续最少 60 分钟的供应紧急事故保护用电。以及其他有能力提供，但在该时段内没有被 ISO 采用的 TMSR 或 TMNSR 资源。

备用市场参与者提供的投标内容和基本要求有：投标的信息包括投标容量（兆瓦）和相应的价格（美元/兆瓦）；投标必须在每日交易的最终期限（14：00）之前完成。①

（六）负荷侧响应

负荷侧响应是允许用户在系统可靠性存在风险或者系统电力出清价格过高的时候削减用电量而能够得到补偿的一种机制。参与需求侧响应的用户，在收到 ISO-NE 发送的减负荷请求之后 30 分钟之内，必须能够按照规定的容量削减用电量。参加这个程序的用户，每个月按照 30 分钟运行备用（TMOR）的小时出清价格来结算，为负荷侧响应所支付的费用被视为一种备用费用。并且这种需求侧响应的资产可以作为装机容量市场的保证金。此外，新英格兰还有一种基于爬坡率的“第 2 类负荷中断”程序，参与这种程序的用户在系统的爬坡率不能满足系统要求的时候削减负荷。有功系统调度员在一定的环境下有权削减第 2 类负荷中断的容量。

二、新英格兰 SMD 运行阶段（2003 年 3 月至今）

2003 年 3 月 1 日，新英格兰 SMD 正式投入运行，呈现出的特征为：采用节点边际价格；多结算系统；金融输电权；主辅市场的联合

---

① 温步瀛、杜松怀：《新英格兰电力市场运行备用辅助服务浅析》，载《东北电力技术》2001 年第 11 期，第 8—11 页。

优化。[①] 2004 年 1 月 1 日，ISO-NE 开始期货备用市场。2004 年 3 月 24 日，FERC 有条件地批准了 ISO-NE 成为地区电网操作者的申请。RTO-NE 将变成 ISO-NE 的继承者，作为非营利、有独立董事会的地区电网操纵者（RTO），此外还计划在 2005 年以后实行完全的区域节点定价模式。

（一）新市场的结构及运作过程

新市场包括 6 个部分：有功市场，AGC 市场，10 分钟旋转备用市场，10 分钟非旋转备用市场，30 分钟运行备用市场和 4 小时备用市场。

1. 有功市场

有功市场分为日前市场和实时市场。下面，取任意一天（比如 4 月 19 日）作为运行日为例说明其运作过程。

希望在 19 日参与有功市场交易的市场参与者必须在 4 月 18 日中午 12∶00 之前向 ISO 投标，提交各种信息。ISO 规定，所有的发电商都必须参与投标。

4 月 18 日 12∶00，ISO 停止接受市场参与者投标。12∶00 至 16∶00，ISO 根据发电侧和负荷侧的投标信息进行计算，得到 4 月 19 日这一天每一小时的机组调度计划和每一小时的能量出清价。计算内容包括机组起停组合、电价计算、安全校核。计算结束后，ISO 会向所有的投标方公布计算结果。

16∶00 到 18∶00，ISO 重新开始接受投标。但是，只有在第一次投标中没有中标者才被允许重新投标。

---

① 国家电监会市场部：《美国新英格兰电力市场（下）》，载《中国电力报》2006 年 4 月 4 日。

18 : 00 开始,ISO 用负荷预测的结果重新计算机组起停、安排出力计划和进行安全校核,这个过程称之为可靠性评估。可靠性评估过程中得出的机组起停和出力计划才是次日真正实施的机组起停组合和出力计划。

4 月 19 日 0 : 00,实时市场正式开始。在实时市场,ISO 根据日前的投标信息、系统的实时状态和超短期负荷预测的结果,每隔 5 分钟对系统进行一次调度。比如在 12 : 00,ISO 要对 12 : 05 的负荷进行预测,然后根据预测的结果对 12 : 05 的系统能量出清价进行计算,该价格为事前节点电价(又称调度价格)。在计算事前节点电价的同时还能得到各机组的理想出力点。理想出力点和事前电价都会传递给机组,由机组自行决定是否跟踪市场价格。12 : 05 一到,ISO 除了要计算 12 : 10 的系统调度方案和 12 : 10 的事前节点电价,还要根据 12 : 05 的系统状态、各机组的实际出力情况计算 12 : 05 的事后电价,以此类推。

以 5 分钟为时间间隔的实时市场得出的事后电价一般来讲是会有所波动的。为了减小这种波动,用于结算的实时电价都按小时进行了平均。

ISO-NE 将整个管辖地区划分成 8 个不同的电价区,同一区域内各点的电价经过负荷大小的加权平均得到该区域的区域电价。在结算时,发电机按节点电价进行结算,而负荷则按照区域电价进行结算。整个新英格兰地区的电价水平又通过对事先选定的一些点的节点电价进行简单代数平均来代表。

2. AGC 市场

承担 AGC 服务的机组及价格在日前和实时市场都要确定。同样以 4 月 19 日作为运行日为例,介绍 AGC 市场的运作过程。

4 月 18 日 12 : 00 以前或者 16 : 00 至 18 : 00 之间,愿意提供 AGC 服务的发电商向 ISO 提交有关 AGC 服务的信息,包括 AGC 容量范围、AGC 报价等。18 : 00 过后,ISO 将利用这些信息确定 4 月 19 日的每个小时内由哪些机组提供 AGC 服务以及 AGC 服务在日前市场的出清价,这个价格不具有经济约束力,ISO 只是将此价格作为次日同一时段的 AGC 服务的底价。在完成了这一步骤之后,ISO 必须在 4 月 19 日的第一个报价时段开始之前两小时,即 4 月 18 日的 22 : 00 之前,通过与有功和备用市场联合优化的方法确定该时段提供 AGC 服务的机组及 AGC 服务的价格。其他时段的情况以此类推。

AGC 服务的费用由系统中所有的负荷按照一定的规则来分摊。

3. 备用市场

在 SMD 下的备用服务市场目前还处于开发阶段,现在系统所需多少备用是由 ISO 根据系统运行情况和 NERC 的可靠性要求来确定的。至于由哪些机组承担新英格兰的备用任务,则由 ISO 根据安全分析的结果和运行经验来决定。被指定承担备用的机组可以得到补偿,包括容量补偿和机会成本补偿(如果有的话)。容量补偿指发电机向电力市场提供备用容量而获得的收益;机会成本补偿也就是在能量市场中的损失赢利与备用市场中得到补偿费用的差额。①

4. 金融输电权(FTR)市场

目前,ISO 的 FTR 分为短期市场和长期市场。从短期市场购得的 FTR 有效期为 1 个月;从长期市场购得的 FTR 有效期为 1 年。两

① 甘德强、胡朝阳、沈沉:《美国新英格兰备用电力市场设计和优化新模型》,载《电力系统自动化》2003 年第 2 期,第 19 页。

个市场的 FTR 都分为高峰期输电权和低谷期输电权。高峰期是指每个工作日的早 8 : 00 至晚 23 : 00,其余时间为低谷期。短期市场拍卖的 FTR 占系统容量的 100%,而长期市场只拍卖占系统容量 50% 的 FTR。对于同一时段内的 FTR,无论在哪个市场一经售出,必须从另一市场的可拍卖容量内扣除。

长期 FTR 每半年拍卖一次。假设 6 月是长期 FTR 的起始生效月,ISO 必须提前两个月,即从 4 月份的倒数第 5 个工作日开始接受 FTR 投标,投标的截止日期是 4 月的最后一个工作日,允许投标的时间是 5 个工作日。ISO 必须在 5 月的前 6 个工作日之内结束 FTR 的投标结果计算,并将中标情况公布。

短期 FTR 每月拍卖一次,每次拍卖的是下一个月的短期 FTR。同样以 6 月为例,假设 6 月是短期 FTR 的起始生效月,ISO 必须在前一个月,即从 5 月份的倒数第 15 个工作日开始接受 FTR 投标,投标的截止日期是 5 月份的倒数第 10 工作日,投标时间也是 5 个工作日。ISO 必须在投标结束后 4 个工作日之内结束短期 FTR 的计算,并将中标情况公布。

无论是长期 FTR 还是短期 FTR 都可以在二手市场进行交易。

(二)电子调度

在第一阶段的新英格兰电力市场中,ISO 通常使用电话口头通知机组运行指令。当负荷条件迅速变化时,用这种传统的方式,很容易造成调度指令的滞后。为了解决电话通知可能带来的一些问题,在第二阶段的市场中,采用电子调度的方式发布运行指令。目前,一个新的支持新 ISO-NE 和将近 100 个指定运行区域的硬件和软件系统已安装完毕。这个新的系统将会自动地从 ISO-NE 控制中心发布实时的调度指令到每一个指定运行区域。

这个系统具有诸多优点：自动调度，除非紧急事故其他情况都消除了调度员的干涉；备有调度指令文件，可随时审查；能够利用人工智能和神经网络来预测5分钟以后的运行点。

（三）主辅市场的联合优化

在第一阶段的新英格兰电力市场中，采用的是电能市场、AGC市场和备用市场顺序优化的方式；而在第二阶段，对三者采用联合优化方式。

顺序优化的思想是按照电力市场中商品（能量、AGC、备用等）的优先级（重要性）分配系统的容量资源，首先满足优先级高的商品需求，然后再考虑优先级低的商品需求。顺序优化的方式比较简单，但得到的结果往往并不能保证市场的总成本最低。

联合优化的方式不设定各种电能商品的交易优先顺序，以采购电能、AGC和备用的总成本最小为目标，以满足系统运行约束为条件，根据统一优化结果进行调度。

总体而言，新英格兰电力市场改革是成功的，2003年的电力市场是具有竞争性的。[①] 这可以从以下几个方面得到证明：(1)采用SMD后，市场电价稳步下降。虽然从绝对值来看，2003年的电价高于2002年和2001年，但在扣除燃料价格上涨后，2003年全年电价反而比2002年下降了6%。(2)地区边际定价提供了体现地区电力价值的价格信号。(3)输电阻塞支出很低。(4)2003年3月以后，平均96%的电力消费由日前市场提供，这表明市场参与者通过价格比较稳定的日前市场来管理实时价格波动风险。(5)虚拟投标和金融

① 周定山：《西方国家电力体制改革实践及经验教训》，中国水利水电出版社2005年版，第148—154页。

输电权（FTR）市场很活跃。（6）由于市场容量备用较多，装机容量价格较低。（7）需求方反应增加，价格抑制措施使用有限。（8）发电资源集中进一步下降。另外，Mathew Barmack、Edward Kahn 以及 Susan Tierney 利用反设事实（counter-factual）的研究方法，分析了新英格兰电力产业市场化改革模式的得与失。① 其研究结论是新英格兰电力批发市场的重构与竞争带来了社会净福利水平的提高，提高幅度为2%。这一结果表明，电力产业的市场化改革带来的好处并不像其他学者估计的那么高。而且作者还发现，这种社会净福利水平的提高并不是可持续的。

第六节　加州电力市场

加州是美国电力行业改革重组的先驱。加州电力市场的建立与发展大致可分为以下三个时期：

一、加州电力市场的建立（20 世纪 80 年代—2000 年 6 月）

（一）市场化改革前概况

改革前，加州的电力行业由公众和私人拥有的垂直一体化的 40 多家电力公司对发电、输电及配电系统进行管理和运作。主要包括 3 家私营电力公司和 2 家市政纵向一体化专营机构：3 家私营电力公司是太平洋燃气和电力公司（Pacific Gas and Electric Company，PG&E）、南加州爱迪生公司（Southern California Edison，SCE）、圣迭戈燃气和电力公司（San Diego Gas and Electric Company，SDG&E），这

① Mathew Barmack, Edward Kahn and Susan Tierney, "A Cost-Benefit Assessment of Wholesale Electricity Restructuring and Competition in New England," *IEEE Journal of Regulatory Economics*, 2007, 31(2), pp. 151 – 184.

3 家企业拥有 30 吉瓦的发电设备容量,合计发电量曾一度约占加州负荷的 75%;2 家市政专营机构是洛杉矶水利电业局(LADWP)和萨克拉曼多市公用局(SMUD)。这些公司或机构的服务区域都没有交叉,因此除了新的工业用户,他们历来就没有业务上的竞争。

加州的电力监管机构主要有加州公用事业委员会(California Public Utility Commission,CPUC)和加州能源委员会(California Energy Commission,CEC)。

加州在改革前是全美国电价最高的州之一,平均销售电价为 13—14 美分/千瓦时。①

加州电网属于美国西部联合电力系统(WAPA),通过 500 千伏线路,与太平洋沿岸的西北部和沙漠西南部的电网相联结,加州不足的电力分别从北部和西南部引进,进口的电能占加州电力需求的 25%。如 1999 年,加州电力系统的最高负荷为 45 吉瓦,除本州的 30 吉瓦外,从北部进口 7.5 吉瓦,从西南部进口 8 吉瓦。②

(二)加州电力危机爆发前电力改革的进程

早在 20 世纪 80 年代加州就已经开始酝酿建立电力市场。

1996 年 8 月,加州议会通过关于电力改革的议案(AB1890),9 月经州政府批准。但市政专营机构和农村灌溉地区及其用户不受该法案的约束。AB1890 法案包括总则、监管理事会(EOB)、电力交易中心(PX)、独立系统运行机构(ISO)、区域协定、公用事业委员会的职责、科研环保及低收入保障基金、公用事业公司、州相关机构的职责、非公用事业电力生产商、信息披露、消费者保护、燃料价格波动等

---

① 张卫东、童琪波:《美国加州发生电力危机的情况介绍与分析》,载《电力技术经济》2001 年第 2 期,第 15 页。

② 朱成章:《美国加州电力危机的启示》,载《国际电力》2001 年第 2 期,第 8 页。

内容,并详细规定了实施的时间、条件、方式及一些具体财务指标。要点是:(1)成立 PX 和 ISO 作为独立的、非营利性市场机构,由 5 人组成的监事会进行监督。要求电厂全部竞价上网,用招投标办法确定各厂分时上网电量,并按边际报价确定批发电价。电力公司必须 100% 从批发市场购电,不得与 IPP 签订长期购电合同。(2)要求各电力公司将输电部门交给 ISO 进行职能性管理,产权仍归电力公司所有。(3)鼓励电力公司放弃其发电资产,以减少可能形成市场势力的条件。3 家私营电力公司除核电和水电外, 全部发电设备的 50% 要卖给民营发电公司。(4)允许以缴纳竞争过度费形式回收搁置成本,并建立一项独立收费项目用于研究开发可再生能源利用项目、节能项目及帮助低收入用户。(5)还清搁置成本前冻结销售电价。PG&E 和 SCE 自 1998 年 3 月 31 日至 2002 年 3 月 31 日的 4 年属于冻结销售电价时期;SDG&E 自 1999 年 7 月 31 日解除了电价冻结。(6)要求从 1998 年 1 月 1 日起放开零售竞争,至 2002 年 3 月 21 日全部完成。

1997 年 3 月 31 日,开始解除管制。5 月 5 日,加州 ISO(CAISO)成立,加州电力改革全面展开。

1998 年 3 月 31 日,采用区域阻塞管理方式的加州电力市场开始运作,花费 5 亿美元建立的 PX 和 ISO 也同时开始运作,并成为加州电力市场的核心。

这一时期的加州电力市场模式如图 3 - 2 所示。

二、加州电力危机(2000 年 6 月—2001 年 6 月)

1998 年、1999 年及 2000 年的 1—5 月加州电力市场一直平稳运行。

(一)加州电力危机的爆发

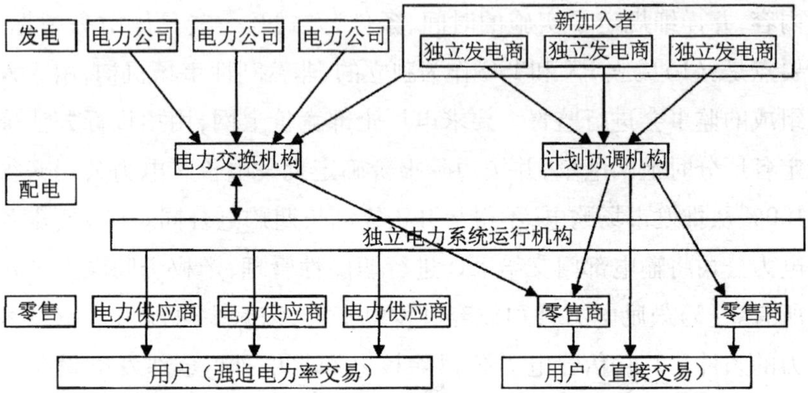

图3－2　美国加州曾经失败的市场模式

资料来源:《美、英两国的电力市场模式》,载《中国电业》2003 年第 12 期,第 67 页。

2000 年 6 月,加州上网电价涨至 120 美元/兆瓦时，是 1999 年同期平均上网电价的 6 倍。

2000 年 6 月 14 日,由于电力短缺,加州旧金山海湾地区实施停电。此后整个夏天,出现了一系列电力紧张状况,影响了经济发展和稳定。

2000 年 8 月,圣迭戈居民用户的月电费上涨 3 倍。原因是 SDG&E 是三大公用电力公司中唯一全面放开管制的公司,因此它得以把批发市场高昂的购电成本转嫁给消费者。

2000 年 9 月 6 日,在社会公众的强烈抗议下,时任加州州长的格林 · 戴维斯签署法令,限制圣迭戈地区的电价浮动范围,将零售电价从 21.4 美分/千瓦时,限制在 6.5 美分/千瓦时,限制时间为 3 年。

2000 年 11 月 17 日，SCE 公司由于高价进、低价出,出现亏损，向州市场监管机构申请从 2001 年 1 月 1 日起将零售电价提高 9.9%,以回收 10 多亿美元的购电成本。

2000年11月22日，PG&E公司提出从2001年1月1日起将零售电价提高16.5%的申请。

2000年11月29日，加州电力消费者联合投诉14家能源公司操纵电价，索赔10亿美元。

2000年12月4日，为解决缺电，加州电力部门建议用户在晚间8时前不要点燃圣诞灯火。

2000年12月7日，CAISO发布了第一个最高级别的警报，州政府圣诞节的彩灯也未能点燃，在联邦政府采取了紧急措施增加电力供应后，遍及全州的轮流停电才被勉强制止。

2000年12月9日，上网电价由12月初的136美元/兆瓦时，暴涨到450美元/兆瓦时。[①]

2000年12月13日，联邦能源部长动用了特别权力，命令电厂继续向加州电力市场售电。

2000年12月15日，FERC发布命令，要求把加州能源投标的报价限制在一定的范围内。

2001年1月5日，SCE公司决定裁员13%，减少1450个工作岗位。至此，自加州电力危机以来，该公司已裁员共计1850人。[②]

2001年1月8日，时任州长的格林·戴维斯在其施政报告中称，加州的电力改革是一场"极具毁灭性和危险性的失败"。他还宣布要将PG&E和SCE从濒临破产的困境中解救出来。此外，他建议由州政府来建设电厂，要从州财政中拿出10亿美元来解决电力危

① 朱成章：《美国加州电力危机透视》，载《中国电力企业管理》2001年第4期，第56页。

② 陈琦、朱成章：《美国加州电力危机产生的原因及教训》，载《农电管理》2001年第9期，第41页。

机。

2001年1月9日,格林·戴维斯飞抵华盛顿,与克林顿政府负责经济事务的高级官员商谈解决加州电力危机问题。会议只发表了一份措辞含糊的声明,提出了一些解决电力危机的办法,包括帮助电力公司进行长期购电合同的谈判。此时,危机已蔓延到附近几个州。

2001年1月10日,PG&E公司向格林·戴维斯求助,称公司因现金不足无法支付贷款,请求政府为其用户购进天然气。同日,FERC主席、民主党人詹姆斯·霍克宣布自1月18日起辞去现任职务。

2001年1月11日, CAISO发布了高级警报。当时预计有200万个住户将受到停电影响,由于加拿大和太平洋西北沿岸的紧急电力援助才制止了电力危机的蔓延。

2001年1月12日,加利福尼亚、华盛顿等州的州长们强烈要求负责联邦能源事务的官员强制实行“有效的价格控制”,以稳定西部各州混乱的电力批发市场。

2001年1月16日,标准普尔和穆迪投资服务机构已将PG&E、SCE的信用等级降到垃圾债务的地步;加州第三次宣布实行全州范围的三级警报,所幸并未引起拉闸限电;SCE宣布5.96亿美元的债务无法按期偿还,已处于濒临破产边缘;加州议会批准了州长的方案,允许州政府利用其良好的信用来出面买电,再将购得的电力售给那些因信用危机而无法在市场上购电的电力公司,并期望签订3年期的长期购电合同将售电价格稳定在5.5美分/千瓦时。

2001年1月17日, CAISO发布了加州电力危机以来的第一次拉闸限电命令。格林·戴维斯州长宣布加州进入紧急状态。加州首次实行全州范围的轮流停电。

2001 年 1 月 18 日，加州北部和中部地区已连续两天轮流停电，受停电影响的用户估计达 200 万户。

2001 年 1 月 19 日，由于担心无力支付购气费用，一些州外能源公司拒绝向加州能源公司出售天然气以后，即将卸任的美国总统克林顿宣布加州天然气供应紧张，要求加州以外的天然气企业继续将天然气卖给 PG&E。也是在这一天，即将就任的总统布什任命共和党人柯蒂斯·赫伯担任 FERC 主席。

2001 年 1 月 23 日，布什总统签署紧急命令，要求外州的能源公司在 2 月 6 日以前向加州的能源公司供应电力和天然气。此前，克林顿总统也曾签署过几次类似的命令。

2001 年 1 月 24 日，加州第一次进行电力“拍卖”，加权平均报价为 6.9 美分/千瓦时。

2001 年 1 月 28 日，布什总统说，加州应寻求自救，摆脱危机。

2001 年 1 月 29 日，官方统计数字显示，在过去不到两个星期内，加州已损耗了近 4 亿美元的能源应急基金来对付这场电力危机；今后政府只能求助于公共资金来维持电力供应。也是在这一天，CPUC 审计结果表明，SCE 赤字严重，债台高筑，但该公司却刚刚向股东分配了几十亿美元的红利。

2001 年 1 月 30 日，PX 被关闭。对 PG&E 的审计结果显示，公司管理层未能及时发现危机发生的征兆，直到上一个月才有所反应，开始着手储备现金。

2001 年 2 月 2 日，戴维斯州长签署议案，批准加州同发电商签订长期能源交易合同，并发行 100 亿美元债券购买电力。

2001 年 2 月 8 日，加州财政部长提出建议，由州政府收购濒临破产的 PG&E 和 SCE 的输电线路。加州立法机构也建议政府出面接管这两家电力公司下属的水电站或发行债券帮助他们偿债。

2001 年 2 月 14 日，加州议会讨论了州长提出的购买电力公司现有输电网络方案及建立和管理州政府所属发电厂的方案。

2001 年 2 月 15 日，加州连续 31 天进入 3 级警报。

2001 年 2 月 23 日，电力公司同意将输电网络出售给州政府，但要价不菲。

2001 年 3 月 20 日，加州再次出现大面积拉闸限电。

2001 年 3 月 27 日，CPUC 宣布电力零售价格将上涨 40%。

2001 年 4 月 6 日，加州最大的公用电力公司——PG&E 向加州破产法院提出了破产申请，成为美国有史以来最大的一宗公用事业申请破产案，而其股价至此在年内也已下跌 46%。①

2001 年 4 月，加州政府签署了一项紧急法案，实施电能计量计划项目。②

2001 年 4 月 26 日，FERC 发布命令，勒令加州所有不离线检修的机组都必须加入市场。同时，FERC 第 2 次要求实施投标限价。

2001 年 5 月 18 日，布什总统签署行政命令，实施一项综合性的新的以增加供应为核心的能源政策。主要内容包括增加石油、天然气、煤炭和电的产量，加强能源基础设施建设，在今后 10 年内投入 100 多亿美元鼓励节能和能源开发等，共提出了 105 项建议。

2001 年 6 月中旬以后，加州电力批发市场的价格终于下降并回落至正常水平，这也标志着加州电力危机的结束。

---

① 戴铁潮：《美国加州电力市场危机的思考》，载《浙江电力》2001 年第 4 期，第 1 页。

② 张干周：《美国南加州爱迪生能源公司用户负荷实时管理》，载《国际电力》2005 年第 6 期，第 51 页。

(二)加州电力危机爆发的原因

加州电力危机集中体现于三家私有综合公用电力公司及其在电力交易市场上的供电商。由于市政电力机构等其他电力企业没有进入电力交易市场,因此他们不受危机的影响。这个差异说明,加州电力交易市场的设计缺陷是导致危机的主要因素。不过,许多市场设计之外的因素恶化了设计缺陷所带来的问题。

1. 内部因素:市场设计存在缺陷

(1)市场定价机制不合理。加州电力市场的设计者认为现货交易是保证电力市场有效率的最佳手段,[①]因而都是现货定价,投资者看到的是一个波动的电力市场,投资信号不清晰。有管制的零售市场与解除管制的批发市场之间不相匹配。虽然解除了批发电价和天然气价格的管制,但综合电力公司的零售电价却是固定的。市场的终端价格保持不变,增加的电力批发成本就不能转嫁到零售用户的头上。在上网电价不断攀升时,配电公司为用户供电,就会面临巨大的损失。[②]

(2)没有从经济上鼓励足够多的发电容量来满足供电可靠性标准。加州的电力管制者天真地相信引入竞争机制可以解决一切问题,因此针对各种电能及具有电力品质的商品等都设立了竞争性市场,包括电能数量、辅助服务、电能平衡输电容量、备用容量、进出口电能、绿色电能及衍生性电能契约等市场。结果在电力短缺的情况下,给电力企业创造了炒作的机会。

---

① 宋志强、蒲新华、连明澄、程迈越:《加州电力危机再认识——美国电力改革的经验教训与电力企业风险》,载《中国电力企业管理》2003 年第 11 期,第 13 页。

② 野村宗訓『電力市場のマーケットパワー』日本電気協会新聞部、2002 年 6 月、第 38—46 頁。

(3)需求缺乏弹性。由于综合电力公司必须满足其用户的电力需求,因此当出现高电价时,他们不能削减其在电力市场上的需求量,导致综合电力公司在电力市场上需求刚性。正是由于需求缺乏弹性,一个很小的数量就会打破供需平衡。

(4)电厂的市场套利行为。将能源市场、输送容量市场和辅助服务市场分开,就需要更多的协调,来防止市场参与者的套利行为,这种套利行为会导致发电机组不够分配。由于电力市场和其他市场并不是一起结算,后者可能会出现更高的价格。这就会鼓励电厂在日前电力市场中拒绝供电或出价很高以确保没有人能够接受,而从实时电力市场和辅助服务市场中获得较高的溢价,也会鼓励他们向其他市场供应更多的电力。

(5)滥用市场势力。市场势力被滥用的一个有力证据是安然公司(ENRON)操控加州电力市场。其操控策略是:第一,利用加州电力市场的双重结构——日前市场和实时市场价格差、加州电力交易中心(CPX)和CAISO之间的最高限制价格区别、加州限制价格和临州没有价格限制,来获取利润。第二,市场交易员故意对卖给CAISO的电力产品张冠李戴。第三,当进行金融和物质产品交易时,ENRON的市场交易员利用各种机会操控市场,从而导致:ISO对声称但没有提供的服务付款,使得ISO难于控制电力系统;ENRON绕过价格限制获得暴利;损害其他方在竞争性市场中的运行能力,如制造输电线路阻塞。[①] 然而,在一份关于加州电厂断电的审计报告中,FERC工作人员却声称,他们没有发现被审计公司滥用市场势力的

① 周定山:《西方国家电力体制改革实践及经验教训》,中国水利水电出版社2005年版,第110页。

证据。

(6)最高限价起不到应有的作用。最初加州最高限价是250美元/兆瓦时,到了1999年冬季上升到750美元/兆瓦时。由于实时平衡电力市场已没有供电来解决电力系统的不平衡,FERC授权ISO,在2000年对实时平衡电力市场的竞标实施逐渐降低的“软”最高限价。2000年7月1日首次降低到500美元/兆瓦时,8月7日再次降到250美元/兆瓦时。[①] 如果电力公司收取的款项超过了这个最高限价,会受到ISO的详细审查。在正常的交易条件下,最高限价的水平应该完全涵盖发电成本,但在天然气价格很高且氮氧化物排放许可证的费用也很高时,250美元/兆瓦时甚至不足以回收老发电机组的可变运行成本。这种情况会迫使电厂在非高峰期提高其供电招标价,以弥补高峰期因最高限价给其造成的损失。

(7)市场管理混乱。电力市场管理和电能交易由PX负责,而排序、调度和系统运行以及辅助服务由ISO负责。ISO和PX分开,使电力市场运行复杂化,并导致运行成本增加。ISO和PX的运行成本达到1美元/千瓦时,其中ISO为0.7美元/千瓦时,PX为0.3美元/千瓦时。这种竞价制度没有用户参加竞标,是强调发电侧的竞价制度,无法使电力资源得到最优配置。此外,ISO和PX委员会的规模太大,并且具有政治性,因代表各自利益的利益相关人都在委员会中占一定比例,阻碍了使市场运行起来的努力。

这些缺陷的存在,提出了这样一个问题,即加州电力市场化改革方案如何设计、如何实施,才能减少缺陷,弱化外部因素带来的不良影响。

---

① 国家电力监管委员会:《美国电力市场》,中国电力出版社2005年版,第400页。

2. 外部因素

(1)对扩大供电的限制。1992 年以来,加州没有新的发电容量投入运行。由于新电厂和输送线路的许可程序所带来的费用和不确定性,使投资人望而却步;公众对环境要求太高,在投资人提交申请之后,由于当地民众的反对,新电厂在获得选址许可证方面被过多地耽误了。

由于干旱造成水电生产下降,并且邻近各州的电力需求也在增加,加州不能从邻近各州进口其所需补充的电力,而电力进口是加州满足电力需求的重要来源,尤其在夏季的需求高峰期。

老电厂和输送设施因维修而加重供电缺口。近 60% 的加州电厂至少已有 30 年历史,需要更多的维修,因此停工期比现代化电厂更长。通常在需求低的冬季,约有 10000 兆瓦的这种电厂因维修而停工,这就更加大了供电缺口。

美国天然气价格在 2000 年因需求增加而上升,在 2000 年 12 月的寒冷气候期间,加州的天然气价格从正常时的 7 美元/毫米英尺磅力左右上涨到 50 美元/毫米英尺磅力左右,上涨了 6 倍多。因为加州 52.3% 的火电厂是燃气电厂,天然气价格的上涨,增加了电厂的成本。

氮氧化物排放监管,即通过控制排放许可证的发放来限制氮氧化物的排放量,使得加州电厂为获得许可证要支付很高的费用。许可证的费用从 1997 年到 2000 年间的约 3 美元/磅氮氧化物上涨到 2000 年底的约 45 美元/磅氮氧化物。由于氮氧化物排放许可证费用的上涨,使加州电厂的可变运行成本上升了约 30 美元/兆瓦时。

(2)电力需求比预期增长得更快。从 1988 年到 1998 年,加州电力需求年均增长率只有 1.3%。但在 1999 年和 2000 年,电力需求出乎意料地飞涨。2000 年夏季，5 月到 7 月出现了 106 年以来罕见的高温，空调用电负荷增加，进一步推动了电力需求的上升。2000 年 6 月的电力需求比 1999 年 6 月高 12.5%，高峰需求高出 6.2%。

（三）加州电力危机的教训

受加州电力危机的影响，2001 年美国的一些州，如内华达、阿肯色和新墨西哥等都宣布暂停电力改革工作。[①] 加州在解除管制、发电侧引入竞争机制后电价却一直居高不下，而且产生缺电危机，这似乎违反了经济学上的自由竞争的结果，教训深刻。

1. 选好改革目标，重视电力市场前期总体设计

竞争性电力市场的设计是相当复杂和微妙的，一个小的疏漏和错误都有可能酿成大错，没有很好设计的电力市场将会走入歧途。因此，需要有一个始终如一的好的市场策划与设计，而且在此过程中不能受制于过多的政治妥协，因为这些妥协都试图使利益各方规避改革带来的后果[②]。市场设计应该坚决遵循有效的市场原则。

在纠正市场扭曲方面，没有一个解决途径是迅速的、无痛的或代价小的。针对基本设计缺陷采取的“迅速见效”的解决方案通常会失败，也会使问题更加恶化。任何有效的解决方案将会给供电商、用户、持股人、监管机构等有关各方带来大量的费用，而且不适当的努力和拖延将带来严重的财务危机。

对于发展中国家的配电公司和市场新进入者的民营化和监管，加州的经历提供了重要的教训：民营化并不是电力体制改革的关键特征。

---

① 徐永禧：《美国电力市场发展现状》，载《国际电力》2004 年第 2 期，第 13 页。

② ［美］威廉姆・L. 马赛：《市场化与管制——加州危机之后的美国电力改革》，载《中国电力企业管理》2002 年第 3 期，第 23 页。

2. 建立良好的电力批发市场进入机制，降低电力市场进入壁垒

电力批发现货市场要求对市场规则和价格监管进行精心设计，允许市场参与者有效管理各自的交易风险。

要实现竞争，就要求有足够多的发电容量来满足需求，而不是实施供应限制。市场必须要提供信号，并鼓励对必要的新发电容量进行投资。而且要求保证新增供电能力的投资人在进入电力批发市场时，不会面临较大的障碍。这些障碍包括审批程序的拖延所带来的不确定性和费用，事后价格审查监管的不确定性等。

3. 在电力零售市场中引入竞争应该谨慎

零售电价应与电力批发成本联动。应当避免当电力批发成本上升到接近甚至超过零售电价的水平时，配电公司陷入无法承受的现金流困窘境地。①

监管机构应该鼓励甚至要求供电商采取措施，通过精确计量和其他手段，允许大用户对其电力需求进行实时调整，因为只有当买方和卖方能够在市场上相互作用时，竞争才能正常运转起来。

小规模零售电力用户应拥有选择权，以避免面临电力现货市场的价格剧烈波动。供电商或其他企业应有调节余地，通过风险管理技术来抑制这种价格波动。

完全零售竞争应在最后实现。在那些家庭用电还不是十分丰富的国家，相对于在已经用上电的地区引入零售竞争，将精力集中在鼓励为还没有用上电的地区提供服务，一般会收到更好的效果。

4. 电力市场的监管任重而道远

---

①　矢島正之『電力改革再考—自由化モデルの評価と選択』東洋経済新報社、2004年2月、第146—156頁。

如果像加州那样，监管导致效益好的公司破产，那么这种监管就毫无意义，甚至是负面的。监管制度必须这样设计，即允许不在配电公司控制范围内的购电成本自动转嫁到零售电价格上。

如果存在现货市场，监管机构应该鼓励进行套期保值，在套期保值机会可得的情况下，允许配电公司回收其套期保值成本。

电力系统运行机构的管理要独立于市场参与者。通过禁止市场参与者在电力系统运行机构中拥有所有权，并且要求电力系统运行机构的管理委员会由非市场参与者组成，就可以直接实现这种独立性。如果选择由利益相关人组成委员会的方案，就应要求没有一个企业或一类企业能够支配委员会的决策。

监管机构应该认真监控市场，对问题性信号持续监控，例如不正常的价格波动，因为这可能表明有人在滥用市场势力。同时，应授权电力系统运行机构处罚那些违反市场规则的公司。在市场不发挥作用时，监管者必须拥有强有力的管制干预手段，并能迅速而果断地进行干预。

5. 统一互联标准

为了便于将新电厂接入电网，需要统一电力市场中的标准和规则，使新的发电厂根据市场获利大小来选择厂址，而不是根据哪里具有最便捷的市场接入规则来选址。在美国，有着各种各样的接入规则和标准，发电商接入电力网会遇到许多不必要的阻碍，FERC 承诺在全美电力市场上加强统一互联标准的工作。

三、加州电力市场的再造（2001 年 6 月至现在）

（一）MD02 改革方案的制定与实施。

2001 年底至 2002 年初，CAISO 开始系统而全面地讨论如何改进原有的市场设计。2002 年 5 月 1 日至 6 月 17 日，CAISO 提交了

"市场全面设计计划(Comprehensive Market Redesign)"的市场改革方案,简称 MD02。同时还提交了对电力市场协议的相应改动意见。

MD02 共分 3 步实施,第 1 阶段又分为 A 和 B 两个子阶段。

A 子阶段的主要改革项目是"自动削减市场势力程序"(Automated Mitigation Procedure,AMP)。2001 年 6 月 17 日,FERC 第三次发布了投标限价命令。AMP 于 2002 年 10 月 1 日,即 FERC 关于投标限价命令失效后第 2 天开始实施。主要内容是:在每个运行小时之前,系统根据各计划协调公司(Scheduling Coordinator,SC)的发电计划、辅助服务计划和购买情况以及负荷预测来估算该小时中每个 10 分钟时段的能量市价,如果其中任何一个或几个 10 分钟时段的能量市价超过 91.87 美元,AMP 将自动启动。如果一个投标价格超过了预定的界限(即具有反竞争性),并能影响市价的最后确定,CAISO 就会用一个历史平均价格来取代这个报价。

B 子阶段的主要改革项目有两个,已于 2004 年 10 月 1 日开始实施。一个是实时市场运用程序,包括两部分:实时经济调度(Real Time Dispatch,RTD),也即"安全条件约束经济调度"(Security-Constrained Economic Dispatch)和实时机组组合(Real Time Commitment,RTC),也即"安全条件约束机组组合"(Security-Constrained Commitment)。RTD 的主要作用是根据系统实时运行时对平衡能量的需求进行经济调度。RTD 每 5 分钟运行一次,并对 2 小时以内的运行进行优化。RTC 的主要作用是通过调用能迅速启动的机组来保证足够的在线容量,从而满足系统实时运行时对平衡能量的需求。RTC 每 15 分钟运行 1 次,也是对 2 小时以内的运行进行优化。B 子阶段的另一个主要项目是"调度偏差惩罚"(Uninstructed Deviation Penalty,UDP)。UDP 的主要目的是为了促使发电机组遵循 ISO 的调度指令,减少发电偏差,增强 ISO 掌握的关于各发电机组的运行情况的精确性和可预测性。

在第一阶段改革项目成功实施的基础上,第二阶段目标是解除原来关于平衡计划和平衡调度的规定,创建一个综合性的日前期货市场;第三阶段目标是在期货市场和实时市场中都采用完全网络模型(Full Network Model),实施节点边际价格和点对点的金融输电权(Point-to-point CRR)。

2004 年夏天,CAISO 将 MD02 第二阶段和第三阶段的所有改革思想合并,更名为"市场重新设计及技术更新"(Market Redesign and Technology Upgrade,MRTU)。2004 年 6 月 24 日,CAISO 第一次对外公布了电力市场重新设计预计支出为 1.27 亿美元,主要包括两部分:可靠性及市场改进投资 6100 万美元,技术及基础设施支出 6600 万美元。[①] CAISO 计划在 2007 年 2 月将 MDTU 所有主要改革项目投入系统运行。并预计 2007 年后的加州电力市场主要由五个模块组成:双边合同交易、金融输电权市场、日前综合期货市场、余量机组组合市场、实时市场。

(一)加州电力市场结构

目前的加州电力市场结构如图 3 - 3 所示。

其中的计划协调公司(Scheduling Coordinator,SC)是在加州电力市场化改革后新出现的一种实体。SC 由加州电力调度控制中心给予认证资格。加州电力调度控制中心只接受 SC 的计划和竞标,发指令给这类公司,并只和 SC 进行结算。其他没有申请成为 SC 的市

① 周定山:《西方国家电力体制改革实践及经验教训》,中国水利水电出版社 2005 年版,第 107 页。

场参与者,如发电商、零售商、中间商,以及大用户或大用户的的集成商,必须通过 SC 进入市场。从这个意义上说,已经关闭的加州 PX 也是一个 SC。

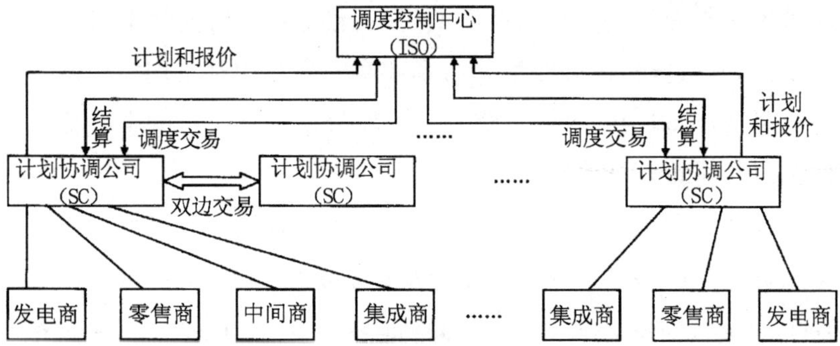

图 3-3 目前加州电力市场结构

资料来源:国家电力监管委员会:《美国电力市场》,中国电力出版社 2005 年版,第 388 页。

目前的加州电力市场从时间顺序上分为日前市场、小时前市场和实时市场;从功能上分为辅助服务市场、传输容量(区域间阻塞管理)市场和实时平衡能量市场。加州电力市场只经营着整个电力批发市场的大约 5% 的交易量,主要用于分配输电容量,以及保证系统安全可靠运行和平衡电力供求,其余 95% 的交易量由长期双边交易合同完成。

(三)现货市场运行时序

日前阶段:

日前上午 10:00 以前接受并检查各个计划协调公司递交的平衡的能量计划、自我提供的辅助服务量,以及辅助服务及平衡能量增减的投标报价。

日前上午 10:00 到 11:00 之间运行辅助服务市场,并进行区域间阻塞管理；计算出调整后的能量计划、辅助服务计划及中标量；计算出各小时的辅助服务市场价格及输电阻塞价格；估算各个计划协调公司的输电阻塞费用。如果没有区域间阻塞问题，这时的能量及辅助服务的计划及中标量将变为各计划协调公司的最终日前计划及中标量，ISO 也将不再运行 12：00 到 13：00 之间的第二次辅助服务市场及区域间输电阻塞管理。如果出现区域间阻塞问题，这一时段的所有市场将被视为无效，各个计划协调公司将有机会调整它们的能量计划去规避输电阻塞费用。

日前上午 12：00 之前接受并检查各计划协调公司递交的更新的平衡的能量计划和更新的自我提供的辅助服务量，以及增减投标报价。

日前中午 12：00 到下午 1：00 之间运行第二次辅助服务市场并进行区域间阻塞管理；计算出调整后的最终能量计划、辅助服务计划及中标量；计算出最终的各小时的辅助服务市场价格及输电阻塞价格；计算出各个计划协调公司的输电阻塞费用。

日前下午 1：30 之前检查是否有计划协调公司未能够完全提供它们必须提供的辅助服务或系统需要更多的辅助服务。如果有，则需要追加开放一个辅助服务市场去购买需要补足的或额外增加的辅助服务。同时，根据最终的能量计划决定是否需要调用必开机组。

小时前阶段：

实时阶段 2 小时 15 分钟前接收并检查各计划协调公司提交的小时前的能量计划，自我提供的辅助服务量以及辅助服务和平衡能量增减投标报价。

实时阶段 2 小时至 1 小时之间运行辅助服务市场及输电阻塞管理，决定最终的能量计划、辅助服务计划、小时前市场结算价格以及小时前输电阻塞费用等。

实时阶段：

实时阶段1小时前接收计划协调公司提交的实时市场的能量投标报价。

实时阶段10分钟前运行实时市场，为保证系统安全稳定运行而组合能快速启动的机组；根据能量报价向单机发出调度指令。

（四）辅助服务市场

加州电力系统中定义的辅助服务共有6种：调频（Regulation）、热备用（Spin Reserve）、冷备用（Non-Spin Reserve）、替代备用（Replacement Reserve）、无功补偿（Volatage Support）和黑启动（Black Start）。[①] 其中无功补偿和黑启动不加入辅助服务市场，通过签订年度合同的方式来满足系统需要，其他4种参与辅助服务市场交易。

加州辅助服务市场是世界上第一个使用投标竞争来购买辅助服务的市场。CAISO根据每个计划协调公司在每个区域的负荷情况分配其需要提供的辅助服务量。如有欠缺，则由CAISO在辅助服务市场中购买，购买所需费用按照一定的规定分摊给没有完全自我提供辅助服务的计划协调公司。

（五）阻塞管理

计划协调公司在日前的上午10点之前向ISO提交参与日前阻塞管理市场的平衡能量增减竞标报价。ISO对于系统阻塞的管理主要是针对区域间的阻塞（inter-zonal）进行的，即保证所有日前提交的能量计划中的能量传输要求不会造成区域间的传输阻塞。CAISO日前区域间阻塞管理的一个特色是"市场分离"的规定。这个规定

---

① 国家电监会市场部：《美国加州电力市场》，载《中国电力报》2006年4月25日。

的实际内容就是如果 ISO 需要调整任何一个计划协调公司的能量计划来帮助解决阻塞,这个调整必须不破坏该计划中已有的供需平衡,即 ISO 需同时调用其平衡能量增和平衡能量减投标,使得其最后能量计划中的发电量和用电量仍然相等。调整原则是,平衡能量投标低者先调整,直到阻塞解决为止。最后一个被调整的计划协调公司的平衡能量投标将决定该输电阻塞的价格。ISO 将收到的阻塞费按一定规则付给拥有金融输电权的计划协调体或者输电公司。

第七节　美国电力市场的特色

一、美国主要电力市场比较

根据上面的论述,可将美国电力管理体制的改革措施概括为:将市场定价引入电力批发市场;允许所有供电商无歧视性入网;合理处理搁浅成本;将输电系统的信息透明化;建立区域输电组织(RTO);建立集中的电力市场和电力交易中心;遏制市场势力的滥用等。[①]在此基础上,美国各州结合其具体情况,发展电力市场,并形成了几个具有典型代表意义的电力市场,它们各有特色,如:PJM 电力市场的总体设计、纽约电力市场的设计和负荷侧响应程序、新英格兰的辅助服务市场和德州的零售市场。

总体来讲,美国的电力体制改革只取得了有限的成功。[②]

从电价的角度来看,1999 年以来美国电力改革州的工业用户电

---

① 沈培新:《美国电力管理体制的改革》,载《电力技术经济》2005 年第 3 期,第 56—59 页。

② 薄斌、张萌:《美国私营企业顾问机构总裁对美国电力工业改革发展的分析》,载《国际电力》2004 年第 4 期,第 17 页。

价、所有用户的电价与未改革州的电价相比反而逐年上升。由美国电力公司及其相关机构组成的一家研究机构 PPI（ Power in the Public Interest）2007 年 11 月公布了一项调研结果：(1)1999 年改革州的工业电价是 5.23 美分/千瓦时，未改革州的工业电价是 4.14 美分/千瓦时，差距是 1.09 美分/千瓦时，而 2007 年这 3 个数据分别为 8.60 美分/千瓦时、5.52 美分/千瓦时和 3.08 美分/千瓦时，差距扩大了 3 倍，改革州的工业用户每年比其同行多支付 72 亿美元的电费。(2)1999 年以来，改革州工业用户电价高出国家平均水平的比例从 18% 增加到 37%，而未改革州反而从低于平均水平的 7% 降至低于平均水平的 12%。这两个电价差扩大了 25%—49%，其差比从 1999 年的 26% 增加到现在的 56%。(3)该调查也包括所有用户的电价情况，同样是改革州的电价，其差距从高出 2.1 美分/千瓦时扩大至 4.3 美分/千瓦时，扩大了 1 倍多。造成差距扩大的主要原因是 RTO 设计的趸售电力市场是根据天然气电厂的电价制定电价，而在未改革州，电价的确定是基于成本的机制，只支付低成本电源，高成本电源对大多数用户影响不大。①

从地理位置的角度来看，美国东北部的各电力市场基本稳定运行且不断取得成果，而位于西海岸的全美第一个开展电力市场的加州却发生了严重的电力危机，东西两岸形成强烈对比（见表 3－3）。有人不禁要问，这些有限的成功和严重失误究竟是在任何国家电力市场化改革过程中都会出现的问题，还是源于结构和组织上的设计失败？在回答这个问题时应该充分考虑如下几点：

① 《1999 年以来美国电力改革州的工业用户电价与未改革州的相比反而逐年上升》，载《中国电力》2008 年第 2 期，第 54 页。

表3－3　美国5个电力市场基本情况比较

市场名称	PJM	ISO-NE	NYISO	CAISO	ERCORT
投运时间	1999	1999－05－01	1999－11	1998－03－01	2002－01－01
覆盖范围	宾夕法尼亚州、新泽西州、马里兰州、特拉华州、弗吉尼亚州（部分）和华盛顿特区等	缅因州、佛蒙特州、马萨诸塞州、罗得岛州、新罕布什尔州、康涅狄格州等	纽约州	加州	德州
装机容量（兆瓦）	56774（2002年合并PJM West以前）	27170	36350	45000	79000
最高负荷（兆瓦）	51700	22523	28136	45000	60000
批发市场	批发	批发	批发	批发	批发
实时市场	10分钟	5分钟	10分钟，占5%	10分钟，>40%次小时市场	15分钟，<5%
辅助服务	日容量信用市场，调节市场，固定输电权市场	AGC，10分钟旋转备用，10分钟备用，30分钟备用，运行容量和装机容量备用	10分钟旋转备用，10分钟备用，30分钟备用，运行容量和装机容量备用	AGC，10分钟旋转备用，10分钟备用，60分钟替代备用	调频增，调频降，热备用，冷备用
日前市场	24时段	24时段	24时段，占40%—50%	24时段，由PX运行	24时段
期货/合同	长期容量信用市场	合同	合同占50%	原不允许	合同为主
电价方式	节点边际电价（LMP）	目前为统一电价，将改为节点边际电价（LMP）	节点边际电价（LMP）	节点边际电价（LMP）	目前为分区定价，正在考虑向节点边际电价（LMP）过渡

结算方式	实时与次日分开两步结算	目前以实时价为准，一步结算，将改为两步结算	实时与次日分开两步结算	以实时价为准，一步结算（ISO）	以实时价为准，一步结算（ISO）
零售市场	仅宾夕法尼亚州			全部，但对PG&E、SCE冻结零售电价，仅对SDG&E开放	全部
ISO与PX	ISO与PX合一	ISO与PX合一	ISO与PX合一	ISO与PX分立，2000-01-30PX关闭	ISO市场整体运行，但存在与PX类似的合格计划体

资料来源：国家电力监管委员会：《美国电力市场》，中国电力出版社2005年版，第420—422页。

（一）地区环境和能源结构

美国东北部地区水电资源丰富，又与加拿大的安大略水电基地相连，加之负荷增长速度相对较慢，电力供需基本平衡。而20世纪90年代以来，整个美国西部地区经济高速发展，特别是加州地区，电力负荷快速增长。但基于对环境保护和公共安全的考虑，以及民众的强烈抵制，新增发电装机容量很少，也没有扩建输电线路，因此电源和输电网络建设远远落后于电力需求的增长。同时加州大部分电力主要依赖于天然气电厂，天然气价格的变化对发电市场影响很大。

（二）市场构建的基础

PJM、新英格兰、纽约州ISO是在原有紧密耦合的电力联营体机构的基础上建立的，与各电力公司及发电企业之间协调配合较好。而加州ISO是在原加州三大电力公司之外另行成立的，缺乏协同运行经验，所制定的市场运营规则中，相互制约成分多，相互协调成分少，影响市场顺利运行。

（三）交易机构与运行机构的协调

加州 PX 负责次日电力市场和次小时电力市场，而 ISO 负责实时电力市场和辅助服务，几十个计划协调者（SC）负责双边交易，这样的运营机构很难实现有效的协调运作。后建的 PJM、新英格兰、纽约州电力市场都吸收了加州的教训，采用 ISO 与 PX 相结合的方式，也称为 ISO 内嵌 PX。

（四）需求侧响应

德州的电力零售市场已经较为完备，电力用户可以选择更换自己的零售商。PJM 市场中的宾夕法尼亚州也开放了零售市场。尽管 PJM 市场中的其他州、纽约电力市场、新英格兰电力市场都没有开放零售市场，但在市场设计中都有负荷侧响应的程序，使用户可以对市场电价做出反应。

但在加州电力市场中，零售电价冻结，用户无法感受批发市场的电价变化，也不能随之调整自己的需求。

（五）长期合同

PJM、新英格兰、纽约州电力市场都非常重视长期合同的平抑电价作用，这可能是原电力联营体与各成员长期合同的自然延续。纽约州长期合同电量占 50%，PJM 开放了长期容量信用市场和日容量信用市场，新英格兰和纽约州也都有运行容量备用及装机容量备用市场。而加州正好相反，市场规则禁止电力公司与发电企业签订长期合同，在缺电时期，发电企业为了追求高额利润，甚至放弃在次日市场和次小时市场上的竞价，而将大部分电力投放到 10 分钟的实时市场，造成市场剧烈波动。直到 2000 年夏季，加州电力管制部门才取消了不许签订长期合同的限制，要求供电公司尽快与发电公司签订长期合同。

（六）长期规划

PJM 可能是第 1 个负责区域长期规划的电力市场运营机构。1997 年，FERC 批准 PJM 负责区域输电网络的发展规划，1999 年 6 月，FERC 又批准 PJM 负责区域电源规划。

加州没有任何机构或组织负责电网和电源的长期规划，企图以电力市场本身给出的经济学信号去自动引导投资。实践证明，当市场表现出缺电时，经济学信号的确给出，但太迟了。而且加州电力市场存在许多不确定因素，使投资者不敢贸然涉足。

（七）合理管制

美国电力市场分为两大学派，西海岸学派倾向完全竞争，加州电力市场的设计体现了较多竞争的思想；东海岸学派主张适当管制，东部三个电力市场也表现了合理管制的特征。① 加州电力市场危机表明，政府的适当调节和管制是非常必要的。

二、美国电力市场的特色

2004 年，美国进入竞争性趸售市场的发电容量约占全国发电容量三分之一强，进入竞争性零售市场的电力为 7%（按高峰负荷时计算）。可见，美国电力市场仍以传统的管理方法为主，并将管制与市场机制有机结合。

从监管与市场设计者的角度来看，应尽量遵守以下原则：(1)尊重差别。各州、各地区之间的差别应该受到尊重，应允许在管制与市

---

① 国家电监会市场部：《美国各电力市场的比较及小结》，载《中国电力报》2006 年 5 月 9 日。

场两种力量相结合的方式、方法上和结合的力度上有所不同,并且在改革时间及进度上也应有所不同。(2)不断修正。改革是一个“跟踪—纠偏”的过程(trail-and-error),而不是一次行动。因此,涉及电力改革的有关标准、法规等必将不断修改、完善。(3)面向未来。采取的改革措施应不仅仅是为了克服当前所遇困难,更应有长远眼光,为电力工业未来的发展创建通道。①

从美国市场结构与运行的角度看,以下几个方面是值得重视的:(1)通过实现带有安全约束的实时经济调度达到安全性与经济性的统一。能否实现实用化的、带有安全约束的实时经济调度是衡量电力调度交易中心运行水平的重要标志。(2)必须具有相互协调、密切配合的日前市场和实时市场。(3)以节点电价机制运行日前和实时市场,可以精确反映电力生产的每个环节和每个参与者对整个电网运行的经济性和安全性的影响。(4)批发市场中“双边合同”或“市场交易”电量的比例应保持适当水平。(5)日前的和实时的输电容量的分配应当与日前的和实时的电能市场的运行完整结合起来。(6)日前和实时市场中电能和辅助服务计划应该联合优化。(7)必须具有完备的市场势力消除措施。(8)竞争性电力市场的良好运转,依赖于与电能产品相关的金融市场的存在和良好的流动性,以允许消费者和发电商有效管理风险。(9)应给予需求侧资源充分的地位和权利,使其与供给侧资源一起参与市场。

从电力技术的角度看,美国电力市场面临着以下挑战:(1)RTO的规模越来越大。例如PJM RTO现有1082台机组,几万条母线,采

---

① 徐永禧:《美国EPRI对美国电业改革的趋势分析》,载《国际电力》2004年第2期,第14—15页。

用基于混合整数规划(Mixed Integer Programming,MIP)法计算24个时段的安全约束机组组合程序(Security Constrained Unit Commitment,SCUC)需要2小时,计算新英格兰的SCUC约需0.5小时,计算量较大,因此对计算速度的要求很高。[①] (2)早期的电力市场支持系统与能量管理系统(Energy Management System,EMS)是分开的,在运行中发现有时两者的网络模型不一致,进而导致一些问题的发生。第2代电力市场支持系统与EMS紧密协调,软件的规模和复杂程度增加了,比常规EMS要复杂得多。(3)在市场条件下对状态估计的要求更严格,如要求可用率达到99%。由于分区边际电价(Locational Marginal Price,LMP)是基于状态估计(Security Estimation,SE)的,如果SE失效就可能无法求出为消除阻塞而调整的发电计划,也可能造成实时电价不合理的情况。(4)SE面临的主要挑战之一是网络模型。因为RTO是由几个电网公司联合组成的,各部分网络模型可能不一致或不完整,部分实时数据可能不同时,遥测精度不够,网络拓扑可能有错误等。

---

① 傅书逷:《IEEE PES2005年会电力市场部分综述》,载《电网技术》2006年第17期,第2—3页。

第四章 英国:从 POOL 到 NETA,再到 BETTA

第一节 英国电力工业概况

一、装机容量与发电量

英国电力系统按地理分布可划分为三大独立部分:即英格兰和威尔士电力系统(E&W)、苏格兰电力系统、北爱尔兰电力系统,苏格兰电力系统按归属关系又分为南北两大部分。英国发电总容量中火力发电占绝大部分,核电占20%左右,水力发电很少。1990年至2003年英国装机容量与发电量概况见表4-1和表4-2。2002年英国总发电量3703.3亿千瓦时,总供电量3668.7亿千瓦时。2003年英国总装机容量约为71.7吉瓦,其中,英格兰和威尔士装机容量最大,为6029.9万千瓦,苏格兰和北爱尔兰分别是953.1万千瓦及191.5万千瓦,[①]而且英格兰和威尔士电网也是全国最大的电网,年用电量约占全国总用电量的90%。2006年英国总装机容量约为76吉瓦,最大负荷65吉瓦。[②]

---

① 鲁海燕、宋永华:《英国电力工业概述》,载《现代电力》2005年第2期,第93页。

② 张敏蔚:《英国电力工业改革的启示》,载《陕西电力》2007年第6期,第78页。

二、输配电系统

英格兰和威尔士输配电系统从1926年开始建设并在132千伏电压下运行,1947年增设了大容量的275千伏输电线路,1965年又增设了400千伏的超高压输电线路。现有大约2254公里长的架空输电线,660公里长的地下电缆线和341座变电站。

苏格兰北部输电系统由具有4756公里回路的275千伏和132千伏的架空线路和地下电缆组成,南部输电系统由具有4088公里回路的400千伏、275千伏和132千伏的架空线路和地下电缆组成。苏格兰的输电系统与配电系统合为一体并统一经营。

北爱尔兰输电系统与配电系统合为一体,主要在275千伏和110千伏电压下运行,由北爱尔兰电力公司拥有并经营。

英国三大区域性输电系统通过两条连接线联成一体。一条连接线始建于1965年,用于连接苏格兰南部输电系统与英格兰和威尔士输电系统,称作苏格兰—英格兰互连线,截至2001年,该互连线容量已达220万千瓦。另一条连接线用于连接苏格兰系统和北爱尔兰系统,是一条设计容量为50万千瓦的65公里的高压直流线路。

自2005年4月起,苏格兰和北爱尔兰输电系统与英格兰和威尔士系统并为一体,并由国家电网天然气公司统一经营。但苏格兰和北爱尔兰输电系统的所有权保持不变。

另外,英格兰和威尔士输电系统与法国国家电网由一条横跨英吉利海峡的高压直流海底输电线路连接。

三、电力需求侧管理(DSM)与发展可再生能源电力

英国建立了一套适应电力市场环境的需求侧管理(DSM)办法,主要有:设立支持DSM专款;成立节能信托公司,协助政府实现环保目标;创新售电合同,对需方提高能源效率给予奖励等。

英国的供电商认为，提升对客户的服务水准、保证供电质量及可靠性是搞好 DSM 的首要条件。目前，一系列的《服务行为规范》已为英国各家电力公司所采用，内容包括：电表的问题、收费查询预约、断电通知、估计收费、报装接电、停电后恢复供电、故障处理、电能质量等。

英国将发展可再生能源电力作为电力企业的法定义务，要求电力企业在生产或销售常规电力的同时，必须生产或销售规定比例的可再生能源电量，并规定对未完成强制配额的企业予以罚款，额度是 3 便士/千瓦时，约合 4.5 欧分/千瓦时。英国可再生能源电价水平是 7—8 欧分/千瓦时。①

总之，英国电力供大于求，电网结构非常稳固，政府加强电力需求侧管理，注重发展可再生能源电力，这一切给英国电力市场化改革及发展创造了必要的前提条件，也为电力市场的正常运行提供了可靠的交易平台。

表 4－1　英国各地区主要发电公司总装机容量（单位：万千瓦）

发电类型	1999 年	2000 年	2001 年	2002 年	2003 年
传统蒸气发电	2871.3	2812.8	2812.8	2563.4	2621.1
联合循环燃气发电	1611.0	1927.5	2044.3	2018.6	2096.7
核电	1051.6	1004.6	1004.6	1004.6	965.8
天然气和石油	81.7	80.7	89.7	113.1	112.7
水电	221.2	221.2	221.9	221.9	221.9
可再生能源	11.7	11.7	11.7	11.7	11.7

① 时璟丽：《竞争性电力市场环境下可再生能源发电的国际发展经验和对我国的启示》，载《中国电力》2007 年第 6 期，第 64 页。

英格兰和威尔士合计	5848.5	6058.5	6185.0	5933.3	6029.9
传统蒸气发电和联合循环燃气发电	516.9	507.0	507.0	506.9	507.0
核电	244.0	244.0	244.0	244.0	244.0
天然气和石油	26.4	26.4	17.4	8.3	15.0
水电	190.3	190.3	191.7	187.3	187.1
可再生能源					
苏格兰合计	977.6	967.7	960.1	946.5	953.1
北爱尔兰合计	198.4	193.0	193.0	181.6	191.5

资料来源：鲁海燕、宋永华：《英国电力工业概述》，载《现代电力》2005 年第 2 期，第 93 页。

表 4－2　1990 年至 2002 年英国总发电量及供电量（单位：亿千瓦时）

年份	总发电量	传统火电及其他(1)	联合循环燃气发电	核电	可再生能源(2)	总供电量(3)
1990	3001.3	2341.0	2.8	586.6	70.8	2975.0
1991	3027.6	2333.3	6.1	627.6	60.7	3006.5
1992	3008.0	2212.7	33.6	691.4	70.5	2985.5
1993	3038.2	1939.7	232.0	809.8	56.7	3018.7
1994	3089.9	1850.2	375.5	799.6	64.5	3069.4
1995	3199.1	1835.7	494.6	806.0	62.9	3176.3
1996	3347.9	1746.7	689.6	858.2	53.4	3323.6
1997	3341.1	1476.6	908.7	893.4	62.3	3316.3
1998	3452.9	1490.0	981.6	905.9	75.4	3427.0

1999	3514.5	1352.6	1195.5	876.7	89.6	3476.7
2000	3607.6	1473.9	1264.3	783.3	86.1	3572.7
2001	3673.8	1471.9	1298.8	829.9	73.4	3641.7
2002	3703.3	1412.3	1394.3	810.9	85.8	3668.7

资料来源:鲁海燕、宋永华:《英国电力工业概述》,载《现代电力》2005 年第 2 期,第 93 页。
注:(1)包括天然气和石油发电,从 1988 年起还包括可再生能源发电;(2)总发电量减去用于抽水蓄能的电量;(3)包括天然河流、风力和太阳能电池。

第二节　英国电力体制改革历程

一、英国电力管理体制改革的理论基础与创新之处

英国电力管理体制改革是在撒切尔政府认为“英国经济最大的问题是垄断的国有化企业和垄断的工会”,进而抛弃凯恩斯主义,实行自由主义经济政策,对北海石油、港口、机场、电讯、煤气、宇航、钢铁、煤炭、供水等一系列国有行业进行私有化改革的背景下开始的。指导英国政府电力市场化改革的理论基础是:发电以及电力的市场营销可以成为竞争性行业,而输电和配电在无限期的将来应该被看做是国家自然垄断行业。国家对前者的管制将逐渐取消,而对后者仍将保留。同时,以信息和自动化技术为代表的技术革新削弱了垂直一体化以及由政府管制来维持整个电力产业垄断的基础,加上 20 世纪 70 年代以来风起云涌的全球化浪潮,种种因素加在一起,共同推动了电力行业的结构改革。

英国电力市场化改革有三个突出的创新:其一,首次在电力行业将垄断环节(输电和配电)与竞争环节(发电和供电)分离;其二,给每一个用户提供了选择供电商的权力和条件;其三,世界范围内首创

POOL、NETA、BETTA 交易模式,并被许多国家研究效仿,这些均是影响广泛、意义深远的改革措施。

二、英国电力体制改革历程

1947 年以来,英国电力管理体制改革大致可以分为以下 4 个时期:

(一)国有化和垂直一体化垄断经营(1947 年—1990 年 4 月)

伴随电力工业在 19 世纪后半叶的出现,英国中央政府对电力行业的控制日渐增强。1947 年以前,英国存在着数百家市政电力企业和私人电力企业。这些规模较小的电力企业以特定的地域作为其经营范围,其中,私人电力企业主要从事电力配送业务,而市政电力企业主要从事电力生产。1947 年,电力工业及其他几大关键工业被英国战后工党政府国有化。新形成的国有电力公司拥有英国绝大多数的发电能力、全部国家电网及位于英格兰和威尔士的 12 个半自治的区域配电部门、2 个位于苏格兰的垂直一体化公司以及 1 个位于北爱尔兰的垂直一体化公司。1957 年电力法的实施,使英国中央政府对电力工业的控制进一步扩大。国有的中央电力局(Central Electric Generation Bureau,CEGB)实行垄断经营,统管英格兰和威尔士的发电、输电和配电,下属 12 个地区供电局,每个供电局在所划分的封闭区域内负责供电。另有一个协调组织——电气委员会(Electricity Council),负责电力政策和法规的制定以及相关事务的处理。苏格兰及北爱尔兰也有各级机构进行区域垄断,如苏格兰发电局(Scotland Generating Board,SGB)。

这一时期英国电力管理体制的特点是:(1)各郡政府有较大的自主权,每个郡或几个郡建立垄断经营的发电、输电公司,郡内各地方自己组织配电公司。发输电公司由郡政府管理和经营,配电公司由地方自己管理和经营。(2)对发电机组以最低消耗为准则实行统一调度以满足需求；对输配电系统实行中央计划投资，统一建设、运行和维护；电价包括电力系统的实际成本和一定比例的附加费，附加费比例由主管部门统一制定。这种模式对电力工业的快速发展起过重要作用，但也逐渐导致电力企业缺乏活力，负债增多，效益下降，同时也导致电价居高不下和能源利用效率低下。据统计，国有化后的英国电力部门由于缺乏成本最小化的激励，电站建设成本要比其他发达国家高 50% 到 100%，工程建造时间是其他国家的两倍。[①] 为此，1979 年撒切尔政府上台后，开始进行电力市场化改革。1988 年 2 月发表《电力市场民营化》白皮书，拉开了英国电力市场化改革的序幕。1989 年 7 月，英国政府颁发了《电力法 1989》(Electricity Act, 1989)，并依据该法从 1990 年 3 月 31 日开始，重点对英格兰和威尔士发供电一体化的体制进行重大改组。

(二)私有化和电力库(POOL)交易模式(1990 年 4 月—2001 年 3 月)

英国电力市场化改革可以分别从苏格兰地区、北爱尔兰地区、英格兰和威尔士地区考察。

在苏格兰地区，通过纵向整合组成了两家电力公司：苏格兰电力公司(Scottish Power)、苏格兰和南方能源公司(Scottish and Southern Energy)。此外，还组建了苏格兰核电公司(Scottish Nuclear, SN)，并在 1996 年英国电力机构重组中与英格兰核电公司共同成为英国能源公司(British Energy, BE)的一部分。苏格兰和南方能源公司

---

① 孙建国、李文溥：《管制产业中的产权制度变革——对英国电力管制改革的分析》，载《厦门大学学报》2003 年第 6 期，第 89 页。

(Scottish and Southern Energy)2006 年营业收入 22444.6 百万美元，利润 1570.7 百万美元。[①]

在北爱尔兰地区，有 3 家发电公司和 1 家电网公司，即北爱尔兰发电公司(Northern Ireland Generation)、首佳电力公司(Premier Power)、库基拉电力公司(Coolkeeragh Power)和北爱尔兰电力公司(Northern Ireland Electricity)。其中北爱尔兰电力公司负责北爱尔兰的购电、送电、配电和售电业务，该公司在 1993 年全部转为民间股份。

在英格兰和威尔士地区，电力市场化改革的具体措施是分解垂直一体化、私有化、开放供电市场、改革监管机构和采用 POOL 交易模式。

1. 分解垂直一体化

1990 年 3 月 31 日，英国首先将原来的发电、输电、配电统一经营的 CEGB 分解成三个部分：

(1)发电部分建立了 3 个独立经营的发电公司，即国家电力公司(National Power，NP)、国家发电公司(Power Gen，PG)、国家核电公司(Nuclear Electric，NE)，此外还有一些独立的私人发电企业(IPP)。其中 NP 拥有 3000 万千瓦的火力发电厂，约占总装机容量的 51.28%；PG 拥有 1800 万千瓦的火力发电厂，约占总装机容量的 30.76%，之后又从 NP 和 PG 划分出一部分电厂，成立了 Eastern Electric电力公司；NE 拥有 840 万千瓦、约占总装机容量 14.36% 的核电站，之后 NE 又划分为私有的 British Energy 公司和国有的 Mag-

① 方彤：《中国及世界电力入围 2007 年财富 500 强情况》，载《中国电力》2007 年第 9 期，第 26 页。

nox Electric 电力公司。

(2)输电部分建立了国家电网公司(National Grid Company,NGC)。与发电行业不同的是,英国的输电系统被看做是一种自然垄断行业。改革后,所有的输电资产由 NGC 拥有,主要是掌握 275 千伏、400 千伏的输电网和调度中心,并控制与法国、苏格兰电网的互联工程以及两个共计 210 万千瓦、约占总装机容量 3.59% 的抽水蓄能电站。但 1995 年 11 月,两大抽水蓄能电站从 NGC 分离,成立 First Hydro 公司,同年 12 月被美国 Mission Energy 公司购并。NGC 的电网向各发电公司、配电公司以及直联大用户开放,各发电公司都可利用电网出售电力,并付给 NGC 电网联接费和电网使用费。NGC 现与一家天然气公司合并,改名为国家电网天然气公司,主要经营英国与美国的电力和天然气传输系统。

(3)配电部分组建了 12 个地区性独立经营的配电公司(Regional Electricity Company,REC),拥有 132 千伏及以下的配电网络,核心业务是针对 2200 多万用户进行配电和售电工作。

2. 私有化

在英国电力公共设施机构私有化过程中,一个重要问题是关于在公平和效率之间如何进行均衡的问题。在英国,电力私有化最初是在 1990 年底进行的。12 个 REC 是 1990 年 12 月首次被出售的电力工业部门,出售总收入高达 116 亿美元。REC 私有化后的股份结构为:一般国民占 55%,机构投资者占 30%,国外投资者占 15%。[①]

在出售了 REC 后不久,英国政府又出售了 NP 和 PG 的股份。

① [韩]吴周翰:《英国电力产业民营化对中国的启示》,载《山东经济》1999 年第 1 期,第 73 页。

NP 和 PG 60% 的股份于 1991 年 3 月被出售，政府拥有的其余 40% 的股份也于 1995 年出售，全部国有股上市。在 1991 年 3 月的这次销售过程中，NP 和 PG 的股份被组合到一起，采用外国人也可以参与的公开招标方式出售。起初将机构投资者能收购股份的比率定为 52%，后来在进行销售的过程中调低为 28%。公开招标的结果是，个人投资者的比率为 49%，外国投资者的比率为 23%，其中欧洲 10%、日本 6%、美国 5%、加拿大 2%。

NGC 的私有化最早是在 1990 年 12 月进行的，与 REC 私有化同时进行。NGC 于 1995 年成为一家独立公司。与早期所进行的民营化不同，NGC 的股票不是公开出售的，而是被分配给了 12 个 REC 的股东。

当 NGC 随后于 1995 年 12 月分拆上市时，英国政府在公平性方面下了很大工夫，从发行所得中向每位用电者支付了 50 英镑的回扣。接下来，NGC 的发电机组于 1996 年 1 月被出售，但 NP 和 PG 均不可对这些发电机组投标。1996 年 7 月 NE 上市，出售核电厂。

在电力资产公开发行的整个过程中，中央政府保留了被私有化的每家公司的部分股权。英国政府保留股份并不是为了所有权本身，而是要限制任何投资方获得被私有化的公司超出 15% 的股份，政府的股份很明显是一种制约因素，旨在阻止在公司刚私有化后可能出现的电力工业所有权结构的根本变化，因此，又被称为“金色股票制度”。对 12 家 REC 的“金色股票制度”已于 1995 年 3 月 31 日失效。此后，这 12 家 REC 纷纷成为外国企业兼并与收购的目标。进行并购的企业当中，美国的电力公司最为积极，从 1995 年中期到 1997 年初，共收购了其中 8 家，收购总额达 250 亿美元，其他 4 家 REC 中的 3 家被英国企业兼并或收购。2000 年下半年英国政府宣布放弃对 NP 和 PG 的“金色股票制度”,引致外国资本大量进入,收购发电资产。NGC 虽已完全上市,但仍执行“金色股票制度”。外资在英国输电系统所占股份的加权平均比例为 13%,其中,在 NGC 中外资比例为 12.40%;外资比例最高的是 Scottish Power,约占 14.1%。①

3. 开放供电市场

供电市场的开放意在销售环节引入竞争。开放时间分三步走:1990 年,约有 5000 家大于 1 兆瓦的用户可以选择供电商购电,1994 年,约有 50000 家大于 100 兆瓦的用户可以选择供电商,1999 年 5 月,所有的 2200 万用户都可以自由选择供电商,从而形成了发电公司和供电公司之间、供电公司和供电公司之间的竞争局面。

4. 改革监管机构

根据《电力法 1989》,1990 年英国建立了一个独立的电力监管机构——电力监管办公室(OFFER),由电力总监(Director General of Electricity Supply,DGES)领导,负责监管英格兰和威尔士、苏格兰三个地区的电力工业。市场监管的主要作用是确保竞争顺利而有效地进行,并在竞争不当的情况下采取足够的保障措施来保护用户的利益。1999 年 6 月,OFFER 和天然气监管办公室(OFGAS)合并成为燃气和电力市场办公室(Office of Gas and Electricity Markets,OFGEM)。

5. 电力库(POOL)交易模式

在这种新的结构中,处于中心地位的是在 NGC 位置上形成的、

① 仇明:《英国与世界电力改革及其对我国的启示》,载《数量经济技术经济研究》2002 年第 1 期,第 118 页。

从1990年4月1日起开始运作的英格兰和威尔士地区电力库(POOL)交易模式。

POOL的设立,是为了创立一个提前一天确立的当日的电力现货交易市场,从而使得发电和负荷在合理的价格之下达到供求平衡。这一供求平衡是通过POOL的三个主要职能来实现的:对发电机组择优排序;对容量及向系统提供的各种辅助服务定价;确定足够的发电容量以保证系统的安全运行。POOL的一个基本原则是每天财务必须基本平衡。买卖付款每半小时计算一次,应付账款在28天内结清。①

支撑POOL交易体系运行的是《联营及结算规程》(Pooling & Settlement Agreement,PAS),该规程是由电力市场中供求双方所有成员共同制定并签署的一个合同体系。按照这个规程,电力输出超过50兆瓦的电厂必须持有发电许可证,通过POOL进行交易(直供除外),并由POOL形成竞争价格。供电公司、批发商、零售商、及除直供外的用户也必须通过POOL来购买电力。因此,POOL实际上承担了单一购买的义务。NGC作为英格兰和威尔士地区高压输电网的唯一法定拥有者和运营者,承担独立系统操作员(Independent System Operator,ISO)的职责,负责发电机组的择优排序和调度,使得发电和负荷在合理的价格之下达到供求平衡,并组织各种输电所需的辅助服务。

在POOL中发电机组排序及电价制定的过程大体如下:

每天上午10时以前,各发电厂将第二天每台机组的每30分钟

---

① 李帆、朱敏:《英国电力市场及输电系统简介》,载《电力系统自动化》1999年第2期,第35页。

共 48 个时段的运行数据报给电力联合运营中心。数据包括:最低发电容量和成本,起、停机费用及不同发电功率的成本。每半小时负荷预测的结果经计算机处理后对发电机进行排序,得出发电机次序表,并于下午 3 时公布。次序表的制定,不仅取决于各发电机的成本(按报价从低价到高价排列),还要考虑负荷需求突然增长时的机组灵活性及发电机所处的位置。最后,根据全网成本最低的原则,确定发电计划,得出第二天 48 个时段的电价。第二天各台机组即按计划发电运行。

该电价又分为两种。一种是由电力联合运营中心向发电厂买电时付给发电厂的电价,称为电力联合运营中心的购买电价(Pool Purchase Price,PPP),它由系统边际电价(System Marginal Price,SMP)和容量费用(Capacity Element,CE)两部分构成,即 PPP = SMP + CE。SMP 为次序表中最贵的一台满足负荷的机组电价,这个价格也用来支付所有的次序表中的发电容量。CE 则是“失载概率”(Lost of Load Probability,LOLP)和“失载值”(Value of Lost Load,VOLL)的乘积,即 CE = LOLP × VOLL。LOLP 是对容量不足引起供不应求的风险经测度计算所得,譬如它会因发电机组突然故障、负载骤增而上涨;VOLL 则于 1990 年初定在 2 英镑/千瓦时,以后根据通货膨胀率每年加以修正。与 SMP 不同,CE 是付给所有参加报价的可发容量,无论是排在次序表内还是次序表外。另一种是用户从电力联合运营中心购电的电价,称为电力联合运营中心的销售电价(Pool Sale Price,PSP)。PSP 是在 PPP 之上再加进由于输电系统约束而逆序发电以及为保证供电质量和系统安全可靠所需的辅助服务等引起的附加费用,也就是所谓“加价(Uplift)”,即 PSP = PPP + Uplift。PSP 是供电公司或者直接联在输电网的大型用户向 POOL 支付的“批发电价”。一般普通用户的电价还须加上所在地区配电公司的附加费用。英国电力市场采用全网统一电价,即不同地点的购买价 PPP 都是一样的,销售价 PSP 也是一样的,不考虑地区差别,将全网的网损及设备投资的固定成本等输电成本平均化了。这样,电力市场的电能输送与电能的注入点及流出点没有关系。这种定价方式的特点是电价随电力需求浮动,从而促进了发电单位在竞争中努力降低上网电价,缺点是波动较大。

第二种定价方式是双边合同价格。虽然所有的电力交易都是通过 POOL 实现的,但是发电单位希望自己有一个稳定的电力销售市场;配电公司也希望有一个相对稳定的电价,并掌握一定量的电力,以保证用户的需求。因此,配电公司与发电单位往往是采用签订双边购电合同的方式来稳定销售渠道和电价(即双边合同价格)。这种双边购电合同又被称为稳定电价合同,从表面上看,稳定电价合同减弱了实时电价的指导性,但是应该看到,对不同的交易类型,应实行不同的电价制度。对于短期可变功率的发电厂和负荷可变的用户来说,实时电价提供了系统实时运行的信息。根据电价的变化情况,发电厂可以随时在一定时限内改变发电量,用户可随时在允许的情况下改变用电量,从而保证系统实时供需平衡。所以,稳定电价合同可以看作对基荷供电时对实时电价波动的辅助措施。在 POOL 模式下,实际上每年电力交易量的 70%—80% 是按双边合同价格确定的。[①] 依照双边购电合同,购售双方在向电力联合运营中心收取或支付 POOL 电价后,当 POOL 电价低于双边合同价格时,购电方应将少于双边合同价格的差价电费支付给售电方;如果 POOL 电价高于

---

① 王家伟:《英国电力市场化改革之路》,载《现代电力》2004 年第 3 期,第 3 页。

双边合同价格,则售电方应将多于双边合同价格收来的电费退还给购电方。双边合同价格也有起伏,POOL 的价格和双边合同价格之间是相互影响、相互吸引的。

POOL 交易制度的实施取得了巨大成功,也积累了丰富经验,主要体现在:

(1)发电侧竞争得到加强。1990 年英国电力工业刚刚步入市场的时候,在英格兰和威尔士地区只有三个从原 CEGB 分离出来的发电公司,加上与英格兰以及法国互联的设备,通过 POOL 进行发电竞争,经 NGC 高压电网向 16 个供电公司出售电力。截至 1999 年已发展到了 38 个发电公司,IPP 也发展到了占有 13% 的市场份额。而且发电公司除经营发电主业以外,还经营其他能源、交通运输等业务,并在国外投资经营电厂。另外,发电公司和供电公司之间也相互投资渗透。英国政府还允许 IPP 进一步增加所占发电市场份额,以使所有发电公司所占市场份额都不超过 15%,在发电侧形成更激烈的竞争局面。①

(2)发电燃料构成趋于均衡,降低了有害气体排放量。由于北海油气田的开发,英国出现了较多的天然气供气商,加之采用了新的发电技术,从而带动了燃气蒸汽联合循环(Open Cycle Gas Turbine plant,OCGT)机组的发展,1999 年已占到四分之一的容量,发电燃料构成也从 1990 年的 70% 燃煤发展到 1999 年的燃煤、燃气和核电较为均衡的比例。这使得环境保护达到了更高标准,从 1979 年到 1994 年,二氧化碳排放量降低了 39%,二氧化硫和氮氧化物的排放

① 张敏蔚:《英国电力工业改革的启示》,载《陕西电力》2007 年第 6 期,第 80 页。

量则分别下降了54%和49%。①

(3)供电质量和系统安全得到保证。以输电环节为例。输电质量用系统频率和电压的波动来衡量,英国输电质量的标准如表4-3所示。NGC每年向政府监管机构提交的报告中均有系统频率和电压这两个指标的数据。自1993/1994年度以来的5年统计中,电压越限仅1997/1998年度有2次,频率越限仅1995/1996年度有2次。

表4-3 英国电压和频率的波动标准

电压等级	132千伏以下	132千伏以上	持续时限
电压	±6%	±10%	15分钟
频率	±1%	±1%	60秒

资料来源:李帆、宋永华:《英国电力市场模式改革回顾与展望》,载《国际电力》1999年第1期,第57页。

从输电安全性来看,由输电问题引起的断电也被控制在逐年下降的范围内,如从1993/1994年度的720兆瓦时降低到1997/1998年度的83兆瓦时。在保证供电质量的同时,NGC向发、供电公司收取的输电费也实际减少了近30%。

(4)供电领域的竞争格局初步形成。任何电力企业如欲从事供电业务,均须取得供电许可证②。根据供电许可权限的不同,电力供应可分为一般电力供应和第二种电力供应。其中,一般电力供应是指持有公共售电许可证(PES)的地区售电公司对本公司供电区域内

① 李帆、宋永华:《英国电力市场模式改革回顾与展望》,载《国际电力》1999年第1期,第56页。

② 电力许可证共分三类:发电许可证;输电许可证;供电许可证。其中供电许可证分为公共供电许可证、第2种供电许可证。

的用户承担供电义务,提供电价表,并根据用户申请提供供电合同;第 2 种电力供应是指持有第二类售电许可证(Secondtier Supplier Licenses)的发电或售电公司向本公司所辖区域以外提供电力。取得第 2 种电力供应许可证的发电或售电公司可以与全国任何地方的用户签订供用电合同,借用 NGC 管理的高压电网和 REC 的配电网络向用户供电。截至 1996 年,有 39 家第二种电力供应公司进入了电力营销市场。这些第二种电力供应公司包括一些在其特许配电业务以外经营的 REC、NP 和 PG 新成立的电力市场营销部门以及一些 IPP 的供电部门。

(5)电价降低。半小时间隔的定价,构成发电商和供电商之间交易的基础,发电厂通过投标竞价的方式进行竞争,使得整体用电价格下降。这可以从英国居民电价和工业电价的纵向历史考察以及横向国际比较两个方面得到证明。

首先,我们从纵向历史方面来看英国电价。关于英国居民电价,以 2000 年 4 月 1 日英国居民标准电价和年用电量 3300 千瓦时计算出的英国居民年均电费为 246 英镑,比 1999 年年均电费减少 10 英镑。考虑了通货膨胀以后,比 10 年前居民的年均电费减少了 106 英镑。英国居民 2000 年每天的电费仅为 71 便士。[①] 关于英国工业电价,为了确保计算结果在方法上一致、时间上可比,能作为与其他国家比较的基础,英国电力协会对工业用户的电价进行统计时,选择了三种类型的用户。每一种类型的用户都对应于不同的最大需求、最大用电量和年负荷系数(见表 4 -4)。

① 宋卫东:《开放电力市场使英国电价持续下降》,载《中国电力企业管理》2000 年第 11 期,第 45 页。

表4－4 英国计算电价选择的三种用户

用户类型	最大需求	最大用电量(兆瓦时/年)	年负荷系数
A	500 千瓦	1752	40%
B	2500 千瓦	8760	40%
C	10000 千瓦	52560	60%

注:负荷系数定义为在特定时间中平均负荷与最大负荷之比。

在考虑了历史电价和双边合同电价后,得出了以上三种类型终端用户的工业电价值(见表4－5)。从表4－5中可以看出,近10年来,这三种类型的工业用户电价均呈下降趋势。

表4－5 英国年均工业电价[单位:便士/千瓦时(元/千瓦时)]

用户类型	1989/1990	1994/1995	1995/1996	1996/1997	1997/1998	1998/1999
A	4.67(0.58)	5.23(0.65)	5.12(0.63)	4.79(0.59)	4.53(0.56)	4.50(0.56)
B	4.52(0.56)	4.54(0.56)	4.51(0.56)	4.29(0.53)	4.12(0.51)	4.10(0.51)
C	3.92(0.49)	3.99(0.49)	4.03(0.50)	3.91(0.48)	3.68(0.46)	3.69(0.46)

资料来源:宋卫东:《开放电力市场使英国电价持续下降》,载《中国电力企业管理》2000年第11期,第45页。

注:以1便士=0.124元人民币换算。

其次,我们从横向国际比较方面来看英国电价。在居民电价方面,为了比较英国电价与欧洲和世界电价,英国电力协会曾进行过国际电价的年度调查。每个国家的电价都是2000年1月1日的抽查结果。得出的数据表明,英国依然是电价最便宜的几个国家之一(见表4－6)。英国年用电量3300千瓦时的典型居民用户的电价,在考虑了固定费率和增值税后,实际上下降4%,为7.97便士/千瓦时,而欧洲居民电价最贵的国家是丹麦,其电价为12.21便士/千瓦时。

表4－6　世界居民电价

国家及地区	电价		国家及地区	电价	
	(便士/千瓦时)	人民币(元/千瓦时)		(便士/千瓦时)	人民币(元/千瓦时)
日本	13.85	1.717	以色列	5.91	0.733
丹麦	12.21	1.514			
挪威(2)	5.84	0.724			
比利时	10.55	1.308	新加坡	5.63	0.698
荷兰	9.32	1.156	阿根廷	5.55	0.688
德国	9.01	1.117	芬兰	5.47	0.678
意大利	8.91	1.105	智利	4.94	0.613
法国(1)	8.79	1.090	中国台湾	4.75	0.589
奥地利	8.78	1.089	希腊	4.72	0.585
葡萄牙	8.39	1.040	新西兰(3)	4.60	0.570
卢森堡	8.20	1.017	捷克	4.47	0.554
西班牙	8.02	0.994	加拿大	4.45	0.552
英国	7.97	0.988	波兰	4.10	0.508
南非	7.21	0.894	美国	4.03	0.500
爱尔兰	6.89	0.854	印度	3.68	0.456
澳大利亚	6.25	0.775			

资料来源:宋卫东:《开放电力市场使英国电价持续下降》,载《中国电力企业管理》2000年第11期,第46页。

注:(1)1999年数据;(2)1997年数据;(3)1998年数据。以1便士＝0.124元人民币换算。

在工业电价方面,英国2500千瓦和40%负荷系数的典型中型工业用户电价为4.10便士/千瓦时。当时欧盟成员国中意大利的电价最为昂贵,达5.45便士/千瓦时(见表4-7)。随着欧洲电力市场逐渐开放竞争，英国各电力公司富有竞争力的电价为开发新的电力

表4-7 世界工业电价

国家及地区	电价		国家及地区	电价	
	(便士/千瓦时)	人民币(元/千瓦时)		(便士/千瓦时)	人民币(元/千瓦时)
日本	7.60	0.942	中国台湾	3.64	0.451
意大利	5.45	0.676	卢森堡	3.62	0.449
奥地利(1)	5.13	0.636	南非	3.60	0.446
阿根廷	4.74	0.588	丹麦(3)	3.55	0.440
新加坡	4.41	0.547	德国(3)	3.47	0.430
印度	4.41	0.547	法国(1)	3.43	0.425
比利时	4.38	0.543	挪威(4)	3.26	0.404
英国(2)	4.10	0.508	澳大利亚	3.20	0.397
以色列	4.08	0.506	新西兰	3.05	0.378
葡萄牙	4.01	0.497	芬兰	2.69	0.334
爱尔兰	4.00	0.496	加拿大	2.65	0.329
捷克	3.92	0.486	美国	2.54	0.315
西班牙(1)	3.88	0.481	荷兰	2.51	0.311
荷兰(1)	3.78	0.469	智利	2.47	0.306
希腊	3.66	0.454	南非	1.33	0.165

资料来源:宋卫东:《开放电力市场使英国电价持续下降》,载《中国电力企业管理》2000年第11期,第46页。

注:(1)1999年数据;(2)1998/1999年估计的英国平均合同价;(3)英国电力协会估计;(4)1997年数据。以1便士=0.124元人民币换算。

市场提供了很好的机遇。英国希望欧盟加速电力市场的开放进程并充分利用这一机遇。

总之,自 1990 年英国电力市场化改革以来的 10 年中,电价下降了 30%。在当时欧盟 15 个成员国的居民电价由低到高的排序中,英国的居民电价位居第四。而且,预计随着竞争的不断发展将维持电价下降的这种趋势。但也有学者持不同见解,认为所谓英国电价降 30%,主要靠通货膨胀率,而且,这一时期各国电价下降是普遍现象,特别是工业用电电价普遍呈下降趋势,所以电价下降并不是英国私有化和引入竞争机制以后特有的现象。①

(6)增效减人。据英国电力工业行业协会编写的英国电力系统报告介绍,从 1989 年到 1999 年,由于加强了电力需求侧管理,在用户中发展小型热电联产装置,使得公用电力的负荷曲线平直化。淘汰落后机组使公用电力的备用率由 31.6% 下降为 21.3%。最高负荷年均仅增长 0.54%,而终端电力消费量年平均增长率达到了 16.2%,结果使设备利用小时数提高了 760 小时/年,增长了 20%,负荷利用小时数提高了 523 小时/年,增长了 13%(见表 4-8)。另一方面,电力企业的职工人数大量减少,有的企业减少了四分之三,有的企业减少了三分之二。虽然增加了新的 IPP 和售电商,但电力工业职工总人数却从 1989/1990 年的 15.05 万人下降到 1998/1999 年的 7.54 万人。预计未来英国从事电力业务的职工人数还要进一步减少。

---

① 朱成章:《英国电力改革后电价是怎样降下来的》,载《农电管理》2001 年第 6 期,第 41—42 页。

表4-8 英国公用电力系统市场化改革前后的变化

项目	1989	1999	增长率(%)
发电能力(万千瓦)	7030	6830	-0.03
最高负荷(万千瓦)	5340	5630	+0.54
备用率(%)	31.6	21.3	-
终端电力消费量(亿千瓦时)	2717	3159	+16.2
设备利用小时数(小时/年)	3865	4625	+20
负荷利用小时数(小时/年)	5088	5611	+13

资料来源:朱成章:《英国电力改革后电价是怎样降下来的》,载《农电管理》2001 年第 6 期,第 41—42 页。

概而言之,这一时期英国电力市场已初步建立,并成为配置电力资源的基础。初步成形的英国电力市场提供了一个发电机组择优排序的机制;建立了为系统运行所需的辅助服务机制;对电力工业发展,如新电厂的选址及系统的扩建等,提供价格信息引导;其价格制定基本依从市场经济规律,并具有一定的稳定性和透明度;通过一系列法规保障电力交易机制、电力系统运行以及供电质量与可靠性;引入竞争,提高了电力工业整体效率。

虽然这一时期的英国电力市场化改革取得了巨大成功,并对世界各国电力管理体制改革产生了示范效应,但并非完美无缺,POOL 机制也存在一些弊病,因而招致了英国社会各界的批评。1997 年 10 月,监管机构应政府之命,组织 POOL 管理委员会、电力工业各方面以及消费者代表,开始对 POOL 市场模式进行重审,归纳出 POOL 机制的根本问题,主要有以下几个方面:

(1)投标和定价的复杂性及不合理性,使得市场价格信息并非完全清晰透明,从而限制了市场参与者据此做出更好的决策。

POOL 市场限制了用户和需求侧的参与,竞争仅在发电公司之间进行,供电商和用户无法参与。虽然 1992 年以后 POOL 引入了 30 个左右的大用户参加“负荷侧报价”,但其影响始终是微不足道的。

另一个 POOL 机制的问题是,每半小时的电价是全 POOL 统一的,并不由供、需双方通过直接商洽而达成,即使是双边合同价格也是围绕 POOL 电价制定,仍受其制约。而且双边合同是由交易双方秘密商定的,市场无法分享信息,因而无法产生如期货或期权之类有助于市场流通的衍生交易。在实际操作过程中,发电商在不能按计划运行时也得不到惩罚,因而发电商可以采取竞价递增值高且不考虑负荷和机组启动约束的竞价策略在 POOL 机制中博弈。这使得 POOL 市场即缺乏灵活性和透明性,定价中的竞争也非常有限。

此外,电力作为一种特殊商品,其质量与可靠性依赖发电机组的技术性能以及辅助服务。这些要求在厂网分离后,一部分是通过法定规程 PAS 来实现,另一部分是通过合同形式由 NGC 代表 POOL 来购买辅助服务。后者是 POOL 购、售电价之差中“加价(Uplift)”的重要成分。虽然 NGC 与 POOL 各方合作,逐渐设立了一系列辅助服务特定内容的交易机制,如“无功市场”,并且由 NGC 承担适当奖罚比例,以鼓励通过改善输电系统规划及运行和经济地购买辅助服务来降低总费用。但这些特定交易体系尚有待扩展到所有方面,而且无论如何,这些做法难免给最终电价带来更多的复杂性。

煤炭工业和许多大型工业客户也认为 POOL 不公正并且损害到他们的利益,投标和定价的机制很复杂,因而需进一步透明,发电商的出价与实际价格之间的关系也需进一步梳理清晰。

(2)容量费用不能正确反映短期和长期容量需求。

容量费用计算及其支付规则存在缺陷。从 1991 年至 1997 年的统计数据（见表4－9）可以看出，容量费变化较大，又难以预测。

表4－9　1991—1997年英国的容量费用（英镑/兆瓦时）

年度	1991/1992	1992/1993	1993/1994	1994/1995	1995/1996	1996/1997
容量费	1.3	0.2	0.2	3.2	4.5	3.5

资料来源：李帆、宋永华：《英国电力市场模式改革回顾与展望》，载《国际电力》1999年第1期，第57页。

构成容量费的因素，尤其是LOLP，被认为是人为夸大了。由于LOLP并不区分造成发电“不可用率”的原因是腰荷段的计划检修还是峰荷时的故障，所以给出的信息缺乏准确性。而且，在POOL付费计算规则下LOLP容易被扭曲，例如，发电公司可以通过前一天申报的可用容量和实际当天可用容量之间的差值来抬高LOLP。这种做法在POOL市场法则下尚无明确制裁手段，对整个系统害多利少，影响了用户与其他发电公司的利益，干扰了NGC对系统的管理工作。

POOL市场曾对容量费中存在的问题做过改进。例如，NGC从1994年开始实行一种负荷侧管理合同。这种合同规定不用实时“负荷侧报价”，而是通过每年投标产生，由具有一定规模的负荷用户报出他们在一年不同季节中每天各个时段的自动减载能力及相应价格。但是，发电侧对LOLP的过分影响仍然存在。

一般认为，POOL市场容量费确定方法有两利两弊。两利是：它向新老电厂的新陈代谢提供了一定的价格信息；它吸引发电机组在系统需要时做出响应。而两弊为：它无法提供地区信息；未来容量费难以预测，从而使发电公司难以作投资决定，也使系统运行难以预计所需的容量储备。

（3）低效的燃气和电力两市场的相互作用，使 POOL 交易制度缺陷凸显。

由于燃气越来越多地用来发电，燃气和电力市场的规则差异能够为燃气电厂提供以不同方式运行的机会。一般来说，供气商为了规避市场风险，通常与拥有燃气机组的 IPP 签订一定期限（通常是几年）的照付不议合同，拥有燃气机组的 IPP 为了规避市场风险，又通常与供电商或大用户签订同样期限的照付不议合同，对于该发电商而言，已经不存在价格风险（由照付不议合同固定了发电成本），但是它存在量的风险，如果通过 POOL 的竞争，不能获得相应的发电量，则发电商不能从供电商（大用户）那里获得相应的收入，但它却必须按照照付不议合同支付供气商不可改变的购气费用。因此，为了确保获得相应的发电量，拥有燃气机组的 IPP 在 POOL 的竞争报价常采用报零电价的策略，结果是燃气机组可以保证带基荷运行，从而获得理想的投资回报。另一方面，在特殊情况下某些发电商可以将天然气以比它买来发电更高的价格卖给天然气市场，而放弃发电投标，致使 NGC 不得不指派更贵的电厂来发电，对由此而造成电力系统的损失，发电商却可以不负责任。燃气和电力两市场的相互作用，使 POOL 交易制度变得毫无效率。

（4）少数发电公司对市场有过分的操纵势力。

在 POOL 电价制定和支付规则的市场模式下，占市场份额之首的发电公司，或处于影响系统运行关键地位的发电厂，可以出于谋求自身利益而在报价上大做文章。实际上定价是被 NP、PG 等少数几个大型综合性发电商所控制，例如，1998—1999 年 NP、PG 和 TXU 集团这三家发电商在制定 SMP 中起作用的份额（并非装机容量比重）

占有86%,其中NP、PG各占30%,TXU集团占26%。[①] 当然,POOL市场运行初期更为严重。POOL价格能够被操纵的另一充分证据是总有发电公司(主要是NP和PG)拼命报高价,也总是有发电公司(主要是燃气机组的发电商)报零电价。

电力市场化改革后出现的一些违背整体经济效益的电价行为导致监管机构发布了一系列报告,例如1994年监管报告里批评了当时电价上升背离燃料费用下降的趋势。同时监管机构还采取了限制发电报价上限和减弱大发电公司市场占有率的有关措施,取得了一定成效。但是批评POOL市场模式的意见认为,市场行为如此依赖于监管干涉,是市场结构本身不合理的表现。

(5)强制性的POOL成员制,既阻碍了创新,也使其自身的改进受到限制。

根据PAS,任何电力市场运作条款的更改,都须经过全体成员的一致同意。POOL市场自1990年4月1日运行至1997年10月,每一步的内部改革都经历了冗长的多边谈判,曾有些建议因为会削弱某些成员的利益或约束其自由度而无法实现。市场改进受到自身的阻力,使得政府部门不得不几次直接干预,制止某些POOL成员钻市场规则的空子做出有害于社会总体效益的行为。

1997年10月开始的对POOL模式的重审,在总结了POOL机制的弊病后认为,虽然有些可以通过修改机制来解决,但重要问题必须通过根本性的市场变革来解决。1998年7月,OFFER提议,将现行POOL制度用市场交易制度来代替。这样做的目的是为了提高效

---

① 沈录孙、吴琪彬:《与时俱进的英国电力改革——英国新电力交易制度及实施》,载《中国电力企业管理》2002年第4期,第15页。

率,给市场参与者提供更多的选择机会,同时又能使电力系统保持安全可靠地运行。英国政府采纳了这个提议,在 OFFER 和贸工部(DTI)指导下,经过有关利益各方参加的深入细致的工作,1999 年 8 月印发了有关新的电力交易规则(NETA)的详细建议,1999 年 10 月发表了最终建议。关于 NETA 的建议由相关部门的专家负责设计,政府通过立法来实施上述建议。2000 年 7 月 28 日英国议会批准了《公用事业法 2000》(Utilities Act 2000),宣布以新的《平衡和结算规范》(Balancing and Settlements Code, BSC)取代 POOL 时期的 PAS。2001 年 3 月 27 日 NETA 正式在 E&W 地区实施,替代了原来单一购买机构的 POOL 模式,并由此宣布运行了 11 年的 POOL 交易模式的结束。

(三)以自由双边交易为主的“新电力交易规则”(New Electricity Trading Arrangement, NETA)模式时期(2001 年 3 月—2005 年 4 月)

NETA 交易模式的目标,首先是要高效地进行电力供需的平衡,保持电力系统的正常运行,向用户提供安全可靠的电力;与此同时,要求通过有效竞争,特别是需求侧参与竞争,得到较低的电价。

1. 电力市场结构

关于这一时期英国电力市场结构的特点可以从市场主体、市场体系和市场监管三个方面来加以分析。

市场主体　英国的发电商已从市场化改革初期的几个,发展到了 2003 年的 36 个,形成了足够多的发电市场竞争主体。

NGC 是平衡市场即实时市场的核心,其调度中心(SO)负责平衡市场和诸如系统备用、频率控制、电压支撑等辅助服务市场的运转,平衡与结算工作由单独的公司 ELEXON 管理。所有参与平衡市场的交易者都必须签署 BSC 并交付系统平衡服务费。自 NETA 实施和运行以来,BSC 已按照规定程序进行了多次修改完善。仅在前 3 个月中,市场参与者就一共提出了 28 项修改申请,其中被批准了 7 项。此外,市场各方还必须共同遵守机网协调和机组并网的相关技术和管理规定。隶属于 NGC 的输电公司(TO),负责输电网的建设与发展。

配电系统在《公用事业法 2000》的指导下已成为持有单独的配电许可证的企业,称为配电网络运营商(Distribution Network Operators,DNO)。DNO 主要通过无功功率收费来促使用户提高功率因数,减少从配电网中吸收或倒送无功功率。不同的 DNO 对无功功率的收费标准是不同的,而且这些标准也在不断变化。[①] 2003 年有 9 个配电集团公司负责运营 12 个配电区域,分别负责联接所辖地区的每一个用户的电力需求。

所有持有售电许可证的公司都可销售电力,但必须遵守《英国售电许可证通用条款》等相关规定,且持证者不得转让许可证,除非得到 OFGEM 的同意。[②] 售电商(Suppliers)可利用其他配电公司的电网在任意一个地区向用户售电,但需要向当地配电商支付网络使用费。售电商通过与其他发电商签订供电合同保证向用户提供所需的充足的电力,并向用户报出直接销售价。

NETA 的市场主体还有用户和贸易商。贸易商可以是既无实质发电也无实际负荷需求的中间商。

此外,为了保证市场的透明度,OFGEM 还创立了多个价格报告机构,如 Bmreports、Herendeng 等。特别是 Bmreports 可实时地报出

① 许芸:《英国对电力用户的无功管理方式及其启示》,载《电力需求侧管理》2008 年第 1 期,第 69 页。

② 《英国售电许可证通用条款节选》,载《电力信息化》2005 年第 11 期,第 109 页。

系统的电价,还可查询各种历史数据,非常方便。英国电力交易所(UK Power Exchange,UKPX)根据每半小时的实时价格进行加权平均计算出参考价格数据(Reference Price Data,RPD),可为签订长期合同提供指导。UKPX 还使用平均的 RPD 计算三个指数,实时指数(Spot Index,SI)、工业峰荷指数(Industrial Peak Lond Index,IPLI)和广义峰荷指数(Extended Peak Load Index,EPLI)。SI 每天公布在英国《金融时报》上。

市场体系　目前,英国主要有三个电力交易中心(Power Exchange,PX):UKPX、英国自动化电力交易所(Automated Power Exchange,APX)、英国国际石油交易所(International Petroleum Exchange,IPE)。其中,UKPX 和 APX 提供实时交易市场,而 UKPX 和 IPE 提供合同交易。

UKPX 成立于 2001 年 3 月 25 日。该中心提供包括电力交易、出清和合同提交等服务。UKPX 每月要处理近 100 万份合同,按时间划分有半年型、季度型、整月型、一周型和一天型等。这些合同最终分解为每半小时的合同。

APX 与 NETA 同步成立,是由一个美国的公司在英国开设的交易中心,以互联网方式进行 24 小时连续交易。APX 提供以下全套服务,如匿名竞价、计划、信贷管理、结算和价格发布等。APX 的交易额上升很快,于 2001 年 11 月达到与 UKPX 相当的水平。

三个交易中心每天 24 小时开放,可通过互联网接入。NETA 将交易中心的信息系统通过合同方式,委托给中立的 IT 公司负责维护管理,所有双边交易合同必须及时通知交易中心系统。所有的市场参与者,包括供电公司、能源零售商、发电厂、大用户等都可以通过交易中心的信息系统了解市场的相关信息,如当前的交易结果,分解到日的交易计划等。从而使市场参与者可根据供需情况的变化细微调整其合同,也减少了预测不确定性的影响和不平衡结算量。

市场监管　OFGEM 在 NETA 交易机制的创立、NETA 规章制度的建立与完善、颁发许可证的条件、研究 NETA 未来发展方向方面做了大量工作。

电力协会(Electricity Association,EA)是电力工业界的代言人,它保护发电、输电、配电和售电公司的利益,制定有关的行业标准。2003 年大约有 78 个会员公司,其下属机构 Energysure 负责能源销售人员的培训及资格认证工作。

Energywatch 是代表广大天然气和电力用户利益的消费者组织,由政府出资建立。其主要职能是接受用户投诉、向有关部门提出意见和建议、为用户选择能源供应商提供信息等。用户需要投诉时,OFGEM 希望用户首先与自己的能源供应商联系。如果对供应商的答复不满意,则向 Energywatch 投诉,该组织设有天然气和电力的专线投诉电话及网站,网站每月公布各公司的被投诉量和部分投诉内容。最后还可向 OFGEM 及政府部门投诉。

2. 发电竞争

NETA 主要的发电竞争行为发生在合同市场和平衡市场。此外,还需对平衡市场的不平衡量进行结算。

合同市场　可分为远期合同市场、中期合同市场和短期合同市场。远期合同市场(1 年以上)交易基于年度基本负荷,不细化到每半小时间隔,交易量很大,逐步向有组织的标准化产品交易过渡,主要以面对面 OTC(Over the Country)方式签署合同;中期合同市场(提前 1 年至 1 天)交易基于季度、月或周的基本负荷,部分交易可以细化至半小时的交易时段,交易量较大,交易产品相对标准化,以

OTC 方式签署合同或在 PX 进行交易;短期双边合同市场(提前 1 天至合同市场在 T = C 时刻关闭)参与者很多,但大多数交易量不大,交易产品标准化(半小时或基于半小时的简单组合),交易主要在 PX 中进行。① 这 3 个市场都是由发电商和售电商签订双边供需合同。NETA 实施之初 C 为 3.5 小时,随着运行经验的积累和根据市场参与者的要求,到 2002 年 7 月 2 日 C 已减少为 1 小时。

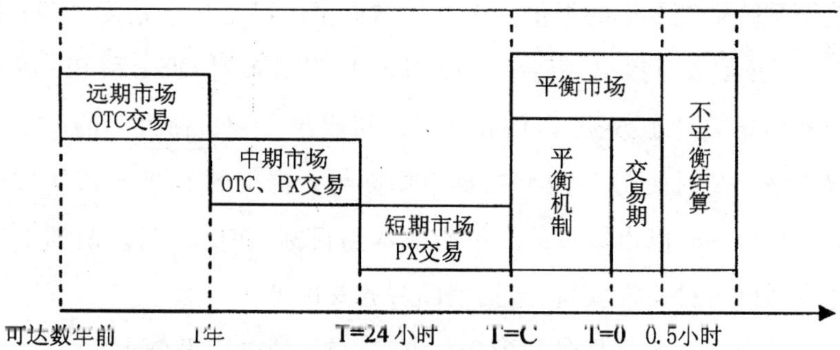

图 4－1　英国电力市场示意图

平衡市场(Balance Mechanism,BM)　平衡市场即为实时市场,指截止期完了至交易时段结束,大致可分为平衡机制运行期和平衡交易期两个时段。

平衡市场的运作流程为:市场参与者必须在 1 天前的 11 : 00 向 SO 提交已签订的第 2 天每半小时的计划交易合同量的声明及其他的技术参数,称为初始报告 IPN(Initial Physical Notifications,IPN),并可以不断调整修正,直至在闭市前提交最终报告 FPN (Final Phy-

① 赵九斤:《英国新电力交易制度运行状况》,载《国际电力》2002 年第 3 期,第 26 页。

sical Notifications，FPN）。[①]

在平衡市场的前 1 小时内，市场成员根据自己的情况，自愿向 SO 申报增减出力（负荷）报价，包括竞卖价（Offer）和竞买价（Bid）。市场参与者通常在提交最终报告 FPN 时就要围绕着最终出力提出 Offer 和 Bid。Offer 是指发电商增加出力或用电方减少负荷而使系统裕度变大的报价；Bid 是指发电商减少出力或用电方增加负荷而使得系统裕度变小的报价。无论是增加裕度还是减小裕度，Offer 和 Bid 都必须成对报出，每台平衡机组可以发送多对 Offer 和 Bid 以及一系列相关动态数据，以便在接受对机组出力和负荷大小的调整或取消该调整时使用。SO 将根据市场参与者提交的 FPN 与市场成员的 Offer/ Bid，以市场最低的平衡成本为目标，在交易时段前的 1 小时内做好各种平衡安排，包括辅助服务安排等。

平衡市场的交易时间为 0.5 小时，交易的电量很小。

在平衡市场，SO 不具有直接控制发电机的权力，只能根据不同位置的发电商或供电商的竞价来增加或减少出力以维持系统的平衡。用户或供电商可提出在一定的价格下减少负荷量的竞价并在市场中获得回报。但是，发电机或负荷要想在平衡市场中获利，其所在的地理位置是相当敏感的因素。

不平衡结算　当交易时段（半小时）过去后，SO 将根据市场成员的 FPN、被接受的 Offer/ Bid，市场成员各自的表计数等，计算各成员的市场不平衡量及不平衡费用。

---

① 矢島正之『電力改革再考—自由化モデルの評価と選択』東洋経済新報社、2004 年 2 月、第 64—66 頁。

一般来说,发电商如有未订合同而发的电量,则会收到别人付款;如有已订合同而未发的容量则要交费。售电商如有未订合同的负荷需求,则要交费;如有已订合同而未得到发电量的负荷需求,则会收到别人付款。贸易商如果按合同售出的电量超过他们的购电量,则要交费;如果购电量超过售电量,则会收到别人付款。身兼发电商和售电商双重身份的市场参与者在其双边业务中将受到分开的不平衡状态收费的制约。

不平衡电量产生的原因主要有负荷预测误差、电厂临时事故、未能执行调度指令、输电约束、频率响应等,这些因素均会使得 FPN 与电量实测数据不符。不平衡电量 = 实测电量 - FPN。

计算不平衡费用还需确定不平衡电价——系统买电价格(SBP)和系统卖电价格(SSP)。SBP 和 SSP 的计算方法自 NETA 实行以来进行过几次修正,2003 年的计算公式为:

$$SBP = \left[\frac{\text{所接受的 Offer 的总费用} + BCA}{\text{所接受的 Offer 的总电量}}\right] + BPA$$

$$SSP = \left[\frac{\text{所接受的 Bid 的总费用} + SCA}{\text{所接受的 Bid 的总电量}}\right] + SPA$$

式中 BCA、BVA 分别为 SO 买进系统服务的费用和数量;SCA、SVA 分别为 SO 卖出系统服务的费用和数量;BPA 为订购买进容量费用/订购买进容量数量,SPA 为订购卖出容量费用/订购卖出容量数量。这几个量反映了系统的平衡服务费用,包括辅助服务费用。

一般而言,SBP 大于 SSP,SBP/SSP 时时变化,代表着市场的风险。2001 年 4 月至 2002 年 4 月平均的 Offer 价格为 51.1 英镑/兆瓦时,平均的 Bid 价格为 7.6 英镑/兆瓦时,市场不平衡量平均为负荷的 2.7% 左右。[①] 英国电力市场开始实施平衡机制以来，SBP 和 SSP 不同时段的平均价格水平见表 4－10。

表 4－10 英国 SBP/SSP 平均价格表（单位：英镑/兆瓦时）

时段	SBP 平均值	SSP 平均值
低谷	28.05	4.92
高峰	42.61	12.49
平均	45.30	10.21

资料来源：何永秀等：《英国电力备用市场化运营经验及对我国的启示》，载《国际电力》2003 年第 5 期，第 11 页。

发电商或售电商最后的电力价格构成如图 4－2 所示，包含通过双边合同确定的电量电价、平衡市场确定的电量电价和不平衡电价。

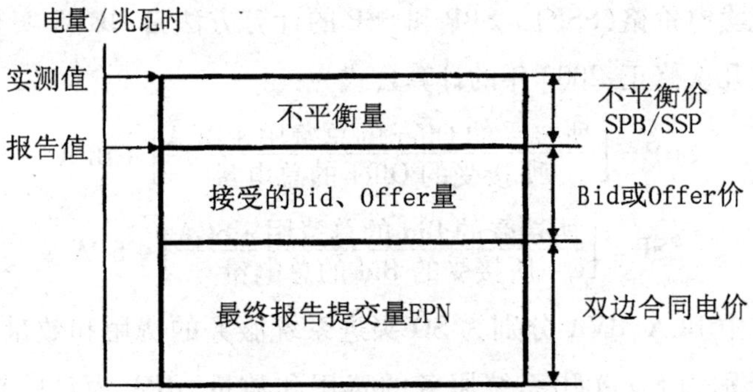

图 4－2 电力价格构成

如若发电商的实测电量比 FPN 少 E，即不平衡量为－E，其将向 SO 支付 E×SBP 的不平衡费用。如若实测电量比 FPN 多 E，即不平

① 何永秀等：《英国电力备用市场化运营经验及对我国的启示》，载《国际电力》2003 年第 5 期，第 11 页。

衡量为 E,SO 只向发电商支付 E × SSP,由于 SSP 较小,若考虑发电成本,该发电商为其不平衡付出了代价。

3. 售电竞争

这一时期英国电力市场化改革的另一个重大突破是供电与配电业务的分离。随着《公用事业法2000》(Utilities Act 2000)的颁布,终结了英国按地域供电的历史。所有的供电商都具有相同的法律基础向所有用户供电。配售业务的分开促进了供电公司的兼并和重组,通过兼并和重组至2003年形成了7个主要的供电公司。平均每个供电公司的用户规模由300万户提高到500万户,实现了规模效益。

另外,英国天然气公司等也成了重要的电力供应商。反过来,现有的电力供应商也在天然气市场努力发展,以占有更大的市场份额。为了实现发电和售电的基本平衡,供电商还购买发电商。

随着售电竞争的逐步激烈,使越来越多的消费者重新选择了供电商。经调查,转换供电商的首要原因是为节约钱,其次是为获得天然气和电力供应。大约 81% 的转换用户现在由同一个供应商供应天然气和电力。

选择供电商的最直接的方法是在线比较。Energywatch 等相关网站通过询问用户地址、现有供应商、每年大约使用量、年燃料费用的平均支出及计划使用的支付方式等问题向用户提出最佳的供电建议。如果用户不便上网查询,还可向 Energywatch 及供电商打免费电话进行咨询。

在用户确定转换供电商后,新的供电商将向原供电商发去详细信息,询问是否存在阻碍该用户不能转换供电商的情况,如大额欠费等。如果没有障碍,新的供电商将提前 28 天向原供电商发出通知,并告诉用户具体的转换时间。

Energywatch 每月初发布各供电公司对于天然气、电力的价格比较数据，供用户选择和参考(http://www.energywatch.org.uk)。付费形式对价格也有一定影响，一般如果采用银行直接划账(Direct Debit)及接到账单后立即付费(Standard Credit)的形式将获得价格优惠。当然，Energywatch 给出的价格表为参考值，用户在实际选择转换供电商时，还要向该供电商了解最新的价格情况及具体到用户所在位置的价格。很多供电商为了吸引用户还采取了一些相应的鼓励措施及折扣方法，如双燃料(天然气、电力)供应优惠、现金返还等。除 Energywatch 和各供电商提供电力及天然气价格信息外，还有一些官方或民间的网站上也提供丰富的价格信息，如 http://www.buy.co.uk；http://www.ukpower.co.uk 等。

英国能源市场的改革就是为让用户能获得廉价的电力和天然气。到 2003 年为止，2000 万天然气用户中的 700 万用户及 2600 万电力用户中的 1020 万用户已更换了供应商。

4. NETA 改革的成效与存在的问题

主要成效　NETA 的交易方式更类似于一般的日用品市场，从而使电力市场更具竞争性，并取得了很大的成功，主要体现在：(1)在NETA 市场，97%—98% 的电力像其他商品一样在合同市场出售，剩余的 2%—3% 的电力利用平衡机制完成。(2)自 NETA 启动以来，电价未出现大的波动，稳步下降约 20%，而且由于价格信息服务机构的涌现，大大改善了价格透明度。(3)吸收了一些新的、有竞争力的市场参与者，并且远期合同数量有所增加，NETA 启动 12 个月时，增加了 150%。[①] (4)通过平衡机制的有效运作，电力供应平

① 王秀丽、宋永华、王锡凡：《英国电力市场——结构、成效及问题》，载《中国电力》2003 年第 6 期，第 5 页。

衡得到了很好的保障,电力供应质量也维持在高水平之上,并且,通过鼓励需求侧参与平衡机制中的竞争,有效地减少了平衡费用的支出。

存在的问题　过度竞争易使电力安全问题被忽视。而各公司力量又相对薄弱,无法面对一些突发事件。如 2002 年 10 月 27 日的大风停电事件,由于维修人员不足,对 2 万多用户的停电持续了一个星期,造成恶劣影响。1987 年 10 月英国也曾遭受暴风袭击,其严重程度远大于这一次,但当时国有的 CEGB 很快恢复了对用户的供电。

电价太低,电厂的利润很低,甚至亏本经营,严重打击了投资建电厂的积极性。

BE 公司由于发电成本较高,最先发生危机。议会批准启动 6.5 亿英镑政府紧急贷款帮助该公司。该公司亦不断申请使用捆绑电价或向供电商强行分摊购买的计划,但尚未有实质性结论。

英国最大的发电公司 PG 不堪忍受低电价,于 2002 年 10 月宣布要关闭其拥有的 2 座大型电厂。该公司曾不得不以 13—15 英镑/兆瓦时的价格出售电力。PG 公司负责人认为这种状况令人无法忍受,英国电力市场"糟透了"。

2002 年 10 月 14 日,美国 TXU(Texas Utilities)公司在欧洲的分支机构——英国很重要的电力公司 TUX Energi 也宣布其处于倒闭的边缘。主要原因是与电厂高价签署了长期购电合同,而市场销售价格却很低,导致入不敷出。TUX 事件的连锁反应是与之签订长期售电合同的电厂 AES Drax 也遇到了危机。AES Drax 不得不在平衡市场中销售其电力,其销售量和价格都得不到保证,信用等级不断降低。

如果没有充足的电源,电力市场也将不复存在。因此,不少学者认为应该采取措施,保护电厂的合理收益。

（四）"英国电力交易和传输机制"（British Electricity Trading and Transmission Arrangements,BETTA）模式时期(2005 年 4 月至今)

1. 实施 BETTA 改革的背景

与英格兰和威尔士地区电力私有化以及从 POOL 交易模式到 NETA 交易模式的风云变幻相比形成鲜明对照的是,在苏格兰地区,电力工业结构和市场机制等各方面却依然故我:苏格兰电力公司（Scottish Power）、苏格兰和南方能源公司（Scottish and Southern Energy）一直分别在苏格兰北南两个区域实行纵向一体化垄断经营。苏格兰所有的发电容量几乎全归这两家电力公司支配,其或者直接拥有电厂,或者和 IPP 签有长期购售电合同;输电网络也由这两家公司分区拥有和运行;在居民用电供应市场,仍向当地原供电商购电的用户在苏格兰约占 69%,远高于英格兰和威尔士地区;苏格兰这两家电力公司还通过垄断苏格兰—英格兰之间联络线路,操纵向英格兰和威尔士出口输电容量。

苏格兰地区电力体制改革相对滞后产生的不利影响主要有:由于苏格兰发电竞争和用户选择权不充分,使得居民用电价格比英格兰和威尔士地区高出约 10%,[①]而且 OFGEM 不得不采用审批的方式去直接调控苏格兰地区的电价,这与市场经济的原则严重相悖;苏格兰地区的 IPP 如欲并网发电并向整个苏格兰、英格兰和威尔士地区（统称大不列颠）售电仍面临重重阻力;阻碍了政府可再生能源发电量到 2010 年达到总发电量 10% 这一政策目标的贯彻实现。

---

① 朱敏:《英国第三次电力工业改革——BETTA 实施》,载《现代电力》2005 年第 3 期,第 95 页。

在完成了英格兰和威尔士地区第二次电力工业改革,即建立了 NETA 机制后,DTI 及 OFGEM 在广泛听取社会各界意见后,确定了最合适的改革路径为在全大不列颠范围推广已有的英格兰和威尔士模式。这样一个大不列颠范围的电力市场将把英格兰和威尔士地区的开放竞争给消费者带来的益处扩展到苏格兰,改善大不列颠范围内各类电力市场的流通,打破苏格兰发电领域内的行业垄断,并且让大不列颠三大地区所有市场实体在同等条件下进入统一的市场。这个大不列颠范围的新电力市场机制即是"英国电力交易和传输机制"(British Electricity Trading and Transmission Arrangements, BETTA)

2. BETTA 的主要内容

(1)在全大不列颠建立以英格兰和威尔士模式为基础的统一电力交易、平衡和结算系统。

(2)在全大不列颠建立以英格兰和威尔士模式为基础的统一电力传输定价方法和电网使用合同体系。

(3)建立一个独立于发电和供电的统一的系统操作机构(GB System Operator, GBSO)。

3. BETTA 实施过程

2001 年 12 月第一份有关 BETTA 发展的公共咨询文件发表。

2004 年 7 月 22 日英国女王正式批准《能源法 2004》(Energy Act 2004),为在全大不列颠建立一个统一的竞争性电力批发市场以及 BETTA 其他各方面机制创造了基本的法律框架。

2004年8月26日起贸工大臣开始行使《能源法2004》授予的权力,确立了更改原有输电业务许可证的方案以及新的附加条款标准。

2004 年 9 月 1 日贸工大臣任命 NGC 为系统操作机构 GBSO,并且制定了《系统操作与资产拥有规则》(STC)初稿,批准了 STC 框架文件,制定了适用于大不列颠的《并用网规则》(The Connection and Use of System Code,CUSC)、《网规》(Grid Code)以及新的《平衡与结算规则》(BSC)等一系列有关文件的初稿。以此为标志,BETTA 改革正式进入了过渡期。《网规》分为六个部分:总纲、电网规划规定、接入系统条件、电网运行规定、平衡机制规定和数据交换规定。CUSC 规定了用户接入系统应尽的义务和权利,包括框架协议、并网协议、基建协议、辅助服务协议和收费规定等。①

2005 年 3 月 8 日,英国贸工大臣在收到各大电力公司与系统运营机构的有关报告后正式宣布,各方一切准备就绪。2005 年 4 月 1 日零时,NETA 机制顺利切换到 BETTA 机制,所有与 BETTA 相关的业务许可证条款正式生效,特别是 NGC 从此刻起正式负责整个 GB 范围内输电网的运行。

4. BETTA 实施成本与经济效益

英国政府和 OFGEM 对实施 BETTA 的成本及经济效益进行了估算。

预计主要成本有以下几项:

(1)最大的费用项目为中央操作系统的发展、建立和运行。主要为扩展已在英格兰和威尔士运行并作为 NETA 机制基石的相应 IT 系统,苏格兰发电和负荷的数据转换及系统检验。该项费用预计约是 2000 万英镑。同时由于在 BETTA 实施的前 18 个月大不列颠和苏格兰新旧两套结算系统必须交替并存(后者运行费用为每年 400

① 陈胜利、吴迪、孙月琴、汤伟:《英国电力市场发展与机网协调管理机制》,载《安徽电力》2006 年第 4 期,第 86—87 页。

万英镑），将另加 600 万英镑的一次性费用。

（2）新建的 GBSO 与三个输电资产拥有机构（TO）之间的界面系统。每个 TO 将需要开发和维护与 GBSO 的商业往来和合同关系。在两种输电功能未分解时，这些系统运行和资产拥有之间的关联由三个输电公司内部吸收。建立这些新界面关系的费用预计约是一次性 400 万英镑以及持续性每年 150 万英镑。

（3）市场参与者为 BETTA 做准备的费用，包括参与 BETTA 设计的公共咨询（约 250 万英镑，主要集中在苏格兰）；英格兰和威尔士市场参与者的有关合同安排及 IT 和商务系统也将作相应调整（约 100 万英镑）；苏格兰市场参与者须新建并运行与 BETTA 中央系统相容的一系列操作系统（约一次性 400 万英镑以及持续性约每年 50 万英镑）。

（4）OFGEM 用以设计和协调 BETTA 发展实施的费用估计是在 800 万英镑左右。

（5）DTI 用以制定和实施有关立法的费用估计是 20 万英镑。

上述各项费用共计：一次性 4570 万英镑及每年 200 万英镑。按每年 6 % 的折现率折算，20 年总成本现值为 6860 万英镑。[①]

BETTA 实施所期望带来的经济效益有以下几方面：

（1）在苏格兰发电和供电领域加强竞争：保证发电和供电独立于输电系统操作机构；保证所有发电商和供电商面对同样的以市场为基础的平衡收费；鼓励独立供电商寻找廉价的发电产品而不是依靠被调控的价格来降低成本；减少向苏格兰拓展市场的交易和学习

① 朱敏：《英国第三次电力工业改革——BETTA 实施》，载《现代电力》2005 年第 3 期，第 97 页。

费用。BETTA 在这方面带来的效益保守估计为相当于把苏格兰电力零售价降低 0.5%，也就是每年 800 万英镑的收益。

(2)在苏格兰平衡服务领域加强竞争：保证所有平衡服务的供给都得到公平对待；鼓励苏格兰和英格兰和威尔士平衡服务提供者之间的竞争；向市场参与者们提供明确的平衡费用信号以激励他们改进管理对平衡服务的需求。这方面的效益估计是相当于节省苏格兰每年平衡费用的 5%，也就是每年 250 万英镑的收益。

(3)对发电厂、有选址灵活性的用户以及输电容量提供者提供区域性输电价格信号。BETTA 改革将用具有全大不列颠统一协调的区域价格信号的一种输电收费来代替原有的 4 种输电收费(即三个输电公司各自的输电收费和苏格兰—英格兰联网线路使用收费)，使得输电定价收费更好地反映输电成本，取消原有输电收费机制中存在的违背经济规律的交叉补贴。这一方面的效益估计为每年苏格兰输电资产投资支出的 5%，也就是大约每年 200 万英镑。

(4)输电系统操作中的规模经济效应。BETTA 将三地区(北苏格兰，南苏格兰，英格兰和大不列颠)分别设立的系统操作机构和市场结算系统三合一，预计每年大约能有 100 万英镑的收益。

(5)取消苏格兰—英格兰联网线路特行商业机制。将联网线路有关资产归于大不列颠输电网之一部分，可节省运行成本约为每年 50 万英镑。

合计以上各项收益，BETTA 的总经济收益估计是每年 1330 万英镑，按每年 6 % 的折现率对 20 年收益折算所得总现值为 15260 万英镑。①

---

① 朱敏：《英国第三次电力工业改革——BETTA 实施》，载《现代电力》2005 年第 3 期，第 96 页。

可见 BETTA 的总收益超过总成本的 2 倍,纯收益现值为 8400 万英镑。以上各项预算中对潜在的益处已经采取了较为谨慎保守的观点。灵敏度分析表明,在较大的成本波动情况下,BETTA 仍具有合理的经济效益。但也有学者认为,BETTA 模式也有一些不足之处,如,电力市场势力依然较大且流动性不足等。①

总之,自 1990 年以来,英国的电力工业经历了三次重大变革,第一次变革被称为电力库(POOL)模式,第二次变革被称为新电力交易规则(NETA)模式,第三次变革被称为英国电力交易和传输机制(BETTA)模式,通过这三次变革,英国政府将私有化和竞争引入了全大不列颠电力行业的每个部门,经济和社会效益显著。

---

①　矢島正之『電力自由化に勝ち抜く経営戦略—電気事業の近未来』エネルギーフォーラム、2005 年 12 月、第 303—313 頁。

第五章 法国:资本开放与践行社会责任

法国电力工业在2000年颁布《电力自由化法》以前,实行全国性垂直一体化垄断的公有电力公司管理体制,许多发展中国家也采取这一模式。垄断巨头法国电力公司(Electricite de France,EDF)在2006年全球500强排名中名列第68位,一直被视为拥有全球顶级电力技术、注重规模经济、承担社会责任、效益优良的国际上国有企业的成功范例,为法兰西形象增添光彩的佼佼者。EDF是中国电力企业的老朋友,是中国第一座大型核电站(大亚湾核电站)、第一座大型抽水蓄能电站(广州抽水蓄能电站)、第一例BOT项目[①](广西来宾B电厂)的合作伙伴,自从1984年与中国原水电部签署合作协议以来,与中国中央和地方电力部门的合作涉及发电、输电、配电、规划管理、科研培训等各个方面。[②] 在不断推进的全球电力市场化改革潮流面前,在欧盟开放能源市场的压力下,2000年法国开始进行

① BOT是"Build - Operate - Transfer"的缩写,意指"建设—运营—移交",是国际上基础设施建设方面常用的融资方式。它是政府部门通过特许权协议,在规定时间内,将项目授予外商为特许权项目成立的项目公司,由项目公司负责该项目的计划、设计、投融资和建设,并经所在国政府特许,在一定时期内运营该项目。特许期满,项目公司将特许权项目无偿移交给当地政府部门。

② [法]施梅滋:《法国电力公司——中国电力部门的合作伙伴》,载《国际贸易》1994年第6期,第36页。

电力市场化改革,这在欧盟国家中是最晚的。2002 年法国因为在开放本国电力和燃气市场上的不积极态度而被推到了欧盟的被告席上。2005 年法国实施了电力资本开放,但国家仍对整体改制上市后的 EDF 绝对控股。在电力工业结构改革上,法国反对电力破碎化,以实现规模经济,至今 EDF 也未进行发输电资产分离。法国政府在实施电力市场化改革,注重提高 EDF 经济效益的同时,还确保 EDF 具有业务专长和卓越技术,保护环境,承担社会责任,期望 EDF 在可持续发展方面成为国际典范。法国电力市场化改革实践独辟蹊径、颇具特色,对深化中国电力市场化改革无疑具有借鉴意义。

第一节　法国电力工业概况

一、发电能源构成

法国煤炭资源很少,石油、天然气资源也很贫乏,大量依靠进口。经济可开发水能资源为 715 亿千瓦时/年。1996 年水电发电量为 689 亿千瓦时,可见其水能资源的开发程度那时就已接近 100%。[①] 但法国拥有丰富的天然铀资源,其铀产量约占世界的 3%。1976 年,法国政府做出了大规模发展核电的决定,目前拥有 58 座核电机组,装机容量 63.1 吉瓦。[②] 通过发展核电,法国的能源自给率从 1973 年的 22.7% 提高到了目前的 50% 左右,法国因此每年减少石油进口 8800 万吨,节约 240 亿欧元。[③] 2006 年法国火电、核电、水电发电量分别占国内总发电量的 10.39%、78.14%、10.98%(见表 5-1)。法

① 梁木、徐灵军:《法国电力工业近况》,载《国际电力》1998 年第 1 期,第 4 页。

② 王晓玲:《法国电力:为了即将到来的大市场》,载《商务周刊》2007 年 12 月 7 日。

③ 《法国核电占全法年总发电量 85%》,载《中国产经新闻报》2004 年 4 月 30 日。

国政府认为，核电价格相对低廉，而且新一代压水核反应堆具备高度可靠性，预计以后20多年中法国核电比例将略有下降，但继续保持主导地位。

2001年法国政府通过了相关电力上网法，规定风电发电商在前5年的运行期间内每千瓦时的上网电价为9.8美分。2003年6月法国新投运了20兆瓦的风电设备，目前法国的风电装机为185兆瓦，预计法国可再生能源发电将保持相对平稳的比例。

二、发电量

2001年法国国内发电量为5176亿千瓦时，其后，稳步增长，2006年国内发电量为5493.13亿千瓦时(见表5-1)。

表5-1 2001—2006年法国发电量统计表(单位;亿千瓦时)

年份	火电量	核电量	水电量	地热及其他	国内发电量	进口	出口	国内消费
2001	376	4013	787	-	5176	39	729	4486
2002	442	4155	613	-	5210	30	799	4441
2003	518	4198	623	-	5338	620	722	4678
2004	559	4271	634	-	5464	57	676	4844
2005	615.00	4306.88	556.91	14.97	5493.76	80.36	683.80	4890.32
2006	570.55	4292.09	603.62	26.87	5493.13	85.23	718.59	4859.77

资料来源：根据国电信息中心网上公布的OECD成员国各年度电力平衡统计数据整理而成，http://www.sp.com.cn。

三、输变电和电网

法国现已形成以400千伏网架为主体的全国统一电网，电网的标准交流电压等级包括：400千伏、255千伏、150千伏、90千伏、63千伏、20千伏、15千伏、380伏、220伏等。2002年底，400千伏和

225 千伏输电线路长度分别达 20910 公里和 26480 公里。[①] 法国电网分布状况是以巴黎为中心,呈辐射状向外延伸,有以下几个特点:(1)与西欧电网(UCPTE)联网运行,有 20 条交流 400 千伏线路、13 条交流 225 千伏线路和一条直流 ±270 千伏线路分别与比利时、德国、瑞士、意大利、西班牙、英国的电网互联。(2)能保持全国七个地区(北区、诺曼底·巴黎区、东区、罗讷·阿尔卑区、地中海区、西南区和西区)电网间的负荷平衡;各地区内的电力生产和消费也都能尽量保持平衡。(3)以巴黎为中心,形成了双层网和 3 层网,输电线路多采取单回路布置,电网结构有很强的抗事故能力。(4)每座变电所都接有多回路引入线(最少 2 回),并装有备用变压器,可自动切换,变电设备的设计裕度较大。

法国电网的运行由总调度中心和七个地方调度中心分工管理。总调度中心负责 225 千伏以上电网的运行监视、记录、频率调整和电力潮流控制,包括各地区的发电量调整和经济分配,国际电力交换的协调等。七个地区分别设有里尔、鲁昂、南锡、里昂、马赛、波尔多、南特等调度中心,负责各地区内的发电量和用电量的平衡;电压、频率和无功的控制和调整;对电网事故处理、发布操作指令;汇集地区电网运行的全部信息,传送给总调度中心,或将有关信息传送给电厂和变电所。

四、电价

法国制定电价的出发点可归纳为以下三个条件:能满足负荷需求;生产成本达到最低;按边际成本出售电力。法国以需量为划分电价的基础,以电压等级为决定电价高低的次要因素,将电价分成蓝

---

① 国电信息中心:《法国电力现状及展望》,http://www.sp.com.cn。

色、黄色和绿色三大类;用户可根据自己的用电特点选择电价。从而能够保证用电规模不同的用户按其用电的实际成本支付电费,并鼓励用户按公众利益合理用电。

(一)蓝色电价

蓝色电价适用于容量3—36千伏安的低压用户。该电价的结构由年度底费和电量电费构成,分为居民与农业客户、市政服务和职业客户等类,分别制订不同的收费标准。居民与农业客户有普通电价、低谷电价和削峰日电价三种。普通电价和低谷电价中的年度底费标准取决于客户认购容量的大小。客户认购容量从6—18千伏安按每增加3千伏安为1档;从18—36千伏安按每增加6千伏安为1档,各档的年度底费随容量增加而增加。职业客户也有普通电价、低谷电价和削峰日电价三种,其中普通电价和低谷电价的容量分档方式跟居民与农业客户相同,年度底费也随容量增加而增加,但收费标准高于居民与农业客户。

(二)黄色电价

黄色电价适用于预定负荷在36—250千伏安之间的低压用户,从36—108千伏安按每增加6千伏安为1档;从108—250千伏安按每增加12千伏安为1档。按用户的用电时间分设两种电价方案,供用户选择:(1)中期用电。适用于预定负荷需量的利用时间小于或约等于2000小时。(2)长期用电。适用于长期利用其预定负荷的用户,或是能够在高峰负荷期或冬季调节减少其负荷的用户。黄色电价在蓝色电价和绿色电价之间起到较好的衔接作用。

(三)绿色电价

绿色电价适用于容量在250—4000千伏安及以上的中压、高压和超高压用户。绿色电价有普通电价、削峰日电价和可调用电电价三种电价可供不同用户选择。普通电价按用户大小分 A(A5,250—3000 千伏安;A8,3000—10000 千伏安)、B(10000—40000 千伏安)、C(40000 千伏安以上)三类,其中 A8、B 和 C 又分为严冬高峰、严冬正常负荷、严冬低谷、冬季正常负荷、冬季低谷、夏季正常负荷、夏季低谷和盛夏 8 个时段;A5 有冬季高峰、冬季正常负荷、冬季低谷、夏季正常负荷和夏季低谷 5 个时段。各类电价又根据用电持续时间长短推出特长利用期(6000 小时以上)、长利用期(4000—5000 小时)、中利用期(2000—4000 小时)和短利用期(2000 小时以下)4 种方式。普通电价的结构由年度基本(容量)电价和各时段的电量电价组成。电价标准是用电时间越长,基本(容量)电价越高,但电量电价越低;冬季电量电价高于夏季电量电价;高峰电量电价比低谷电量电价高得多。可调用电电价在绿色电价 A8、B 和 C 类中实行,它按用户用电持续时间分为特长利用期和中利用期两种方式,每种方式的电价结构由 1 个年度基本电价和 4 个时段电量电价组成。4 个时段的划分为:活动高峰(从 11 月 1 日到 3 月 31 日,期间有 22 天,每天 18 小时)、活动冬季(共 9 周,从周一到周五除活动高峰以外的全部时间)、活动中间季节(共 19 周,从周一到周日除去活动高峰以外的全部时间)和活动低谷(一年中除活动高峰、活动冬季和活动中间季节以外的全部时间,大约 24 周)。可调用电电价与削峰日电价一样,也对高峰期削减容量的用户实行计费容量折减,并对超负荷用电除加收容量电费外,在活动高峰时段还要加收一定的电量电费。

此外,EDF 过网费根据电网改造和投资的需要及不同电压等级确定,配网也收过网费。业务增容所需的安装接线材料费及施工费由用户承担,定额收费,电表产权属 EDF。法国的电费构成,60% 归发电厂,40%为输配电过网费;家庭用户电价为0.6欧元/千瓦时[①];过网费由国家法律规定统一测算定价,不考虑发电商与用户之间的距离,每年确定一次,2004年为0.18欧元/千瓦时。[②] 总之,法国电价体系的最大特点就是重视用户的选择权,每一个用户都有多种计价模式可供选择,用户用电规模越大,选择余地越大。

五、电力监管

法国政府委托财政部、工业部(按照法国现政府机构设置,财政部和工业部现为一个部)对电力工业进行监管,同时设立了能源监管委员会(CRE)。CRE是独立的行政权力机构,为保持其独立性,委员不得同时从事其他职业和参加竞选,并可拒绝接受来自政府或其他地方的任何指令。其主要职权是:协助指定输电网管理机构(RTE)负责人并批准RTE年度投资计划;向政府主管部门提出过网费标准的建议;监督RTE客观而公开地运行;对新发电商的准入提出意见,组织新电厂建设招标;对"无选择权用户"的电价方案提出意见,保护其权益;对用于完成公共服务使命的电力基金数额提出意见;对涉及入网的纠纷给予仲裁,对违规行为予以惩罚。监管可分为两个层次:第一个层次是国家对EDF的调控;第二层次是地方政府对配电中心的监督。

国家对EDF的调控主要通过订立计划合同的方式进行。计划合同的主要目标是财务目标、电价目标和资本报酬。另外,还对核电安全服务质量、电网建设、环境保护、国际业务、商业政策、对公共服

① 范明天、苗竹梅、王敏:《赴意大利、法国考察供电技术管理的报告》,载《电力设备》2004年第6期,第73页。

② 李卫平、秦勇:《法国电力公司电网公司的市场运营》,载《华东电力》2006年第4期,第57页。

务责任的承诺、社会政策等方面做了规定。由法国财政部长、工业部长代表国家与 EDF 的董事长、总经理在合同上签字,合同期为四年。EDF 董事会成员共 18 人,6 人是国家代表,由国家任命;6 人是职工代表,由职工选举产生;6 人为专家(改制上市后为股东代表,由股东大会推举)。董事长由政府在董事会建议基础上任命。

地方政府对配电中心的监督主要通过与配电中心签订合同任务书方式进行。合同书对供电公司的责任、对用户的特殊服务、电网建设等做了规定,合同期为 20 年至 30 年。地方政府在不满意配电中心工作时,有权收回本地区的配电业务,自组公司经营,但不得转让给第三者。

国家和地方政府以合同形式规定了 EDF 应达到的目标,但不干预 EDF 的自主经营。EDF 每年向法国政府提交一份经营报告,接受政府和用户的监督。计划合同使 EDF 有了较大的自主权,各级电力企业根据合同的目标,制定各自的战略规划,并努力使每名职工了解企业的战略目标。

六、电力营销管理

EDF 供电可靠性很高,低压配网均为双回,中、高压配网最少双回,有的 2—4 回配置并形成环网,极少停电。EDF 实行电、气一体化经营,这种经营方式可以占领市场,降低公司的总成本,便于上门为客户实行一揽子服务。EDF 对蓝色电价客户实行半年一抄表,2—3 个月预收一次电费的结算方式,抄表的方式为人工上门抄表,抄表员同时肩负上门服务和征求客户意见的责任。EDF 对黄色电价客户每 2 个月抄表 1 次,绿色电价客户实行远方抄表。电费收取主要是通过银行,也有少量客户直接到电力客户中心缴费。EDF 对客户实行服务质量承诺,承诺兑现的质量通过社会中介机构进行评价。评价结果分客户非常满意、满意、一般、不满意、非常不满意5类,定期在电台、报纸公布。EDF对基层供电部门基本无考核指标,主要考核客户满意率。EDF营销技术支持系统很强大,客户语音接待、资料数据处理、电费计算收取均通过计算机网络进行,技术装备、交通工具、营业环境、人员服务等均为一流。

第二节　全国性垂直一体化垄断管理的公有法国电力公司

EDF的高度垄断可以从其成长历程,尤其是已经开放了20%能源市场的2002年和资本开放的2005年两个关键年度充分展示出来。

EDF是在1946年法国国有化浪潮中通过立法组建的,其前身主要是两大私营电力企业。因此,从建立起,EDF就是一个得到政府大力支持,但不具备政府职能的国有独资工商企业,它是全国统一的集发、输、配、售电业务于一身的垄断经营的电力公司,负责全法国的电力建设、生产和销售的全部业务。EDF总部设在巴黎,有自己稳定的产业结构、经营与管理文化,有相对独立于国家预算的资产负债表和损益表;同时,受其前身私营企业传统的影响,EDF的管理、文化和业务模式都更接近于私营企业。

2002年,EDF发电量4812亿千瓦时,其中,洁净能源发电量4750亿千瓦时,占98.71%;营业收入约为484亿欧元,比上年增长18.8%;税后利润4.81亿欧元,比上年大幅降低,为-42.8%;所有者权益138.83亿欧元;国际投资累计108亿欧元。[①]

虽然1996年和2003年欧盟分别颁发了开放电力市场的第1、2号指令,但在2005年11月21日EDF整体改制上市之前,其仍是全资的国有企业,国家依然拥有100%的股份。EDF约占全法国总发电量和装机容量的94%,配售业务的96%;法国全部核电站、火电站均为EDF所有;其水电总装机20600兆瓦,占法国水电总装机的85%,其中河流式电站3400兆瓦,水库式电站12700兆瓦,抽水蓄能式电站4500兆瓦,主要分布在法国东部,有大坝220个,大型水库80个,电站530座,机组1370台,水渠1500公里;[②]拥有法国100%的输电和电力进出口业务,是欧洲最大的电力供应商和电力出口企业,已经在欧洲、亚洲、拉美和非洲的20多个国家和地区投资,以独资或合资的形式参与到广泛的外国公司业务中,全球拥有4650万客户,产业设施包括发电厂、输送和配电设施以及研发机构等。2005年总发电量6402.47亿千瓦时,资产总额1709亿欧元,职工人数161560人(见表5-2)。[③]

表5-2 法国电力公司2005年度主要经营指标

资产总额	1709亿欧元
职工人数	161560人
年营业额	510.5亿欧元
净利润	32.42亿欧元

① 邹庚来:《再访法国电力公司》,载《电力技术经济》2004年第4期,第66页。

② 李卫平、秦勇:《法国电力公司电网公司的市场运营》,载《华东电力》2006年第4期,第56—57页。

③ 沙亦强:《法国电力公司改制上市的启示》,载《中国电力企业管理》2006年第8期,第5页。

总发电量	6402.47 亿千瓦时
总装机容量	13077.6 万千瓦
本土装机容量	9700 万千瓦
其中比例	
核电	65%
水电	21%
火电	14%

资料来源:沙亦强:《法国电力公司改制上市的启示》,载《中国电力企业管理》2006 年第 8 期,第 5 页。

第三节　资本开放与践行社会责任

一、资本开放

法国电力市场是欧盟电力市场的一部分,法国电力市场化改革遵循欧盟开放电力市场指令进行。

1996 年 12 月欧盟颁布了第 1 号指令,并于 1997 年 2 月生效,主要内容是要求各国实施电力市场化改革,开放用户选择权,推进欧盟统一电力市场建设。但法国以下列理由提出反对:法国的电价比自由化后的英国还低;自由化后难以保持全国电价统一;自由化后难以发展稳定廉价的核电等。

后来,在欧盟一再督促下,法国于 2000 年 2 月 10 日颁布了《电力自由化法》,主要内容是:(1)电力部门作为公益事业为主行业需遵守以下基本方针:保证能源自主、稳定供应;保证大气质量;防止地球变暖;对国产资源的最佳管理和开发;实施节能和合理用能;确保对贫困家庭供电的同时对一般用户实行全国统一电价。(2)为实现公益项目所增加的费用由发、供电企业和进口电力的用户承担,分别设立了“发电公共服务基金”与“电力平衡化基金”。(3)承担公益任务的EDF仍保持现有的国有垂直一体化体制,但设分管发电、送电和配电的部门经理。电力调度部门虽在EDF内,但为了保持中立,可在送电调度部门的名义下作为独立部门运作。(4)发电部门根据许可证可自由参加,同时为保证稳定供电制定了电源长期开发计划。计划中对采用设备目标按发电技术类别或燃料类别和地域类别判定,根据计划的综合性有时亦可拒发许可,若设备不能按计划投产时,应通过招标补上。长期计划从2003年开始实施。对小于4500千瓦电源许可手续进行简化,只提出申请即可建设。EDF和地方公营的配电部门对垃圾发电、小于1.2万千瓦的可再生能源发电和热电联产有义务按特定电价购入。

自《电力自由化法》实施以来,EDF对向符合开放条件的、年用电量达到16吉瓦时的大用户的售电不再具有垄断性,但仍然垄断着配电网,配电网归市政当局拥有,并由其组织开展需求侧管理(DSM)。2003年2月,法国政府又规定年用电量达到7吉瓦时的用户可以自由选择供应商,从而使法国37%的电力零售市场加入了竞争。

依据《电力自由化法》,2000年7月1日EDF的输电资产部分组成了输电网管理机构——电网公司(RTE),主要职能是确保各发电厂公平接入电网系统。RTE将原来直接管理的抽水蓄能电站移交给发电商,不再直接管理电厂,负责管理63千伏及以上电压等级(包括400千伏、255千伏、150千伏、90千伏、63千伏)的输电资产并负责电网运营,与电力调度机构一体化,共有1个国调,7个地调,调度对象有63千伏—400千伏输配电中心634个,同时直调有大容量客户300余个。RTE处于高度垄断地位,发电生产者必须与RTE签订合同,同时,由依据《电力自由化法》成立的国家能源监管委员会(CRE)监督RTE的公正性,国家每15年和RTE签订一次供电协议。[①] 目前,RTE约有员工8100名,主营收入为过网费,年收益30亿—40亿欧元,过网费占90%。[②] RTE的入网条件:必须遵守国家规定,遵守RTE制订的共同规则,允许合同双方有约定和特定的条款。购售电合同的签订:发电商同消费者,即最终用户签订,最终用户可以是区域用户、配电机构或个人。EDF和RTE的关系:提供入网费;提供服务合同;调频、调压;提供网络损耗的电力;建立信息交换;相互费用的核算;入网合同及法律决定的相关内容。

2001年7月26日欧洲第二证券交易所宣布,由该证券交易所等多方共同组建的法国"电力第二"(Power next)交易所成立,并于秋季开始运作。[③] Power next电力交易所在RTE的授权下按不同地理位置划分标准小时电价合同,并拍卖给商业电力用户。成立初期有注册成员32个,包括发电商、供电商、合格用户、批发商等,他们以无记名的形式在网上进行隔日交易,交易价格公开透明,为市场成员提供参照,市场日平均交易总量为1700万千瓦时,交易量增加幅度每月达30%,[④]在该交易所交易的电力供应由RTE负责。

2002年,法国政界对EDF在开放的市场中能否承受住竞争压力存有疑虑,另外,由于法国80%左右的电力皆源自核电,将这些颇具

---

① 范明天、苗竹梅、王敏:《赴意大利、法国考察供电技术管理的报告》,载《电力设备》2004年第6期,第72页。

② 邹庚来:《再访法国电力公司》,载《电力技术经济》2004年第4期,第66页。

③ 《法国建立电力交易所》,载《电力需求侧管理》2001年第1期,第58页。

④ 邹庚来:《再访法国电力公司》,载《电力技术经济》2004年第4期,第67页。

敏感性和战略性的核电站转交给私人经营是否可行,多数法国人对此顾虑重重。由于法国在国内市场的开放上慎之又慎,态度不积极。而在国外尤其是欧盟其他成员国电力市场的开拓上却大刀阔斧,收获颇丰,[①]因而被欧盟推到了被告席上,欧洲议会还通过了一项法令,对被其称作"掠夺者"的 EDF 实行制裁。法令规定:鉴于 EDF 在欧盟其他成员国已取得了不少份额,如 EDF 再有在法国境外新的并购,则应保证在法国境内的电力行业,外国公司有同样的机会;EDF 在拆除其核电站时,需将有关的账目和资金置于监管之下,以使这些资金不被用来进行新的并购;EDF 需将其发电部分和输、配电体系彻底分开,以利于竞争。欧盟有关人士认为,世界上美国、英国、德国、日本和比利时等国的核电站皆由私人公司拥有和经营,而且都运转正常,换句话说,法国核电比例高并不足以构成法国推进市场开放的障碍,这只不过是法国人由于政治原因和对未来电力市场开放后,对法国国内电力市场占有率和利润收益没有信心的表现而已。

欧洲议会(2003 年 6 月 4 日)和理事会(2003 年 6 月 12 日)通过了电力市场化改革第 2 号指令,要点是:从 2004 年 7 月 1 日起,非家庭用户可自由选择供电商;从 2007 年 7 月 1 日起,所有用户均可自由选择供电商;输电和配电部门要实现法律上的分离。从 2004 年起,一体化的电力企业内的输电网机构一律设定分、子公司,配电网的分离最迟到 2007 年;建立管制性的电网准入机构,过网费由政府和监管机构制定;消除过境交易障碍,制定并公布过境联网线路准入

① エネルギー政策研究会『電力ビジネス事典』エネルギーフォーラム、2004 年 9 月、第 179—180 頁。

和线路堵塞管理细则,保证市场的一体性和成员国利益;把公共服务放在核心位置。欧盟指令虽然规定了基本原则,但成员国可以在遵守欧盟指令的前提下自由选择市场模式。

2004 年 8 月 9 日,法国议会通过法令,批准对 EDF 和法国天然气公司(GDF)进行改革。根据该法案,EDF 将被改组成股份制企业,政府仍将持有至少 70% 的股份,其余股份将上市出售,使其与其他欧洲公司平等参与电力和天然气市场的竞争,同时也向欧盟和广大用户展示其面向市场的态度,满足公平竞争的条件。

但法国政府对 EDF 的改制上市持谨慎的态度,2004 年 11 月,由政府组织的一个成员包括工会、议会、工业界的代表和若干经济学者组成的专家委员会完成了对 EDF 发展战略与经营模式的研究报告,并分析了 EDF 资本开放的条件与时机。以该报告为基础,法国政府对 EDF 进行了一系列改革,以适应上市的要求,主要改革措施有:

(1)实行发输电分离。发电和输电分离可以有两种方式,分别是法律上和资产上的分离。根据 2003 年欧盟第 2 号指令,输电企业要在 2004 年 7 月 1 日前实现法律上的独立,但并未要求输电资产一定剥离。所以,EDF 采取的是法律上的分离,RTE 仍处于 EDF 体制框架内,成为 EDF 百分之百的子公司(独立法人),但行使自主管理权,财务分开,不受 EDF 领导,由 CRE 监管,总裁由法国财政和工业部部长任命。该方式的前提是法国已有强有力的法律体系和电力监管体系,因而既得到了欧盟的认可,又保证了 EDF 资产的完整性。根据欧盟指令精神,2007 年 7 月 1 日以后,EDF 的配电部分也将按子公司运作,实现法律上的输配电分离。

(2)重申对公共服务的承诺。2005 年 10 月 24 日,时任法国总理的德维尔潘、财政和工业部部长布雷东与 EDF 总裁皮埃尔·加多内共同签署了《公共服务协议》,确立了 EDF 与国家的关系,以及 EDF 对国家应该承担的公共服务责任和义务,特别对加强配电网投资、家庭用户电价涨幅和保障向贫困用电户供电都提出了指标要求。根据该协议,EDF 至少在 5 年内保持电价涨幅不得超过通货膨胀率,未来 5 年内将投资 400 亿欧元,其中半数投资在法国境内,其余大部分投向欧洲其他国家,还有一部分将用于亚洲尤其是在中国的工业项目。《公共服务协议》的签订,为法国重要能源政策的长期执行提供了保证。

(3)厘清与法国天然气公司(GDF)的业务关系。GDF 也是国有独资公司,2005 年 7 月先于 EDF 改制上市,但两公司存在部分共同业务,需要通过合同做出明确的规定。

(4)改革养老金制度和建立核电长期准备金。EDF 的养老金制度是行业统筹的特殊制度,当时的负担是 600 亿欧元,而 EDF 资本金只有 200 亿欧元,这样的财务状况显然不符合上市标准,通过 EDF 与政府社保系统的谈判,在不改变职工养老金待遇的前提下,顺利过渡到了国家社保系统。核电的未来拆除与核废料处理费用,要设立预备金并使之成为独立基金,还要承诺到 2010 年基金要达到的数额,这一难题在政府的支持下,也得到了圆满解决。

EDF 资本开放采取增资方式,在巴黎股票市场新增发售 15% 的 EDF 股票,其中 15% 出售给 EDF 的职工,其余部分向社会企业和个人公开发售。向社会企业发售的占 40%,向个人发售的占 60%。[①] 法国法律规定,凡国有企业通过资本开放新增资本时,必须把上市股份的 15% 向职工出售。同时法律还规定了一系列职工购股的优惠

① 尚武:《法电股票发售受欢迎》,载《中国电力报》2005 年 11 月 24 日。

条件,其中包括折价(最高可达20%)、赠股、税收优惠、企业补贴以及支付期限的优惠。吸收职工持股是为了增强职工的归属感与认同感,使职工利益与企业利益挂钩,并鼓励职工长期持股。在定价过程中,国有资产管理和出售委员会发挥了重要作用,为确保国有资产不会流失,该委员会对EDF经营资产评估后提出了一个最低上市价格,并最终将EDF发行价定为企业认购股票每股33欧元,个人认购股票每股32欧元,总共发行了1.878亿股,筹资达64亿欧元。EDF股票发行获得了巨大成功,企业投资者超额认购率达到5倍,公众发行一共收到490万份认购单,成为法国迄今为止公众参与程度最高的一个上市项目。EDF股票于2005年11月21日上市,上市首日共有5300万股易手,交易总额17亿欧元,盘中交易价格曾出现下跌,但收盘时股价保持在发行时每股32欧元的价格未变。通过上市,EDF已从国有独资企业转变为国家(86.2%)、员工(2.1%)、企业投资者和个人股东(11.7%)共同持股,并由国家绝对控股的、拥有500多万股东的股份制企业。[①] EDF亚太区总裁马识路认为:就经营范围而言,通过资本开放EDF转为股份有限公司后,经营范围不再受限制,可根据市场来确定,而以前是国有企业,按法律规定,只能专营电力,不能跨行业。就电力业务而言,资本开放有利于法国新一代欧洲压水堆(EPR)核电站的顺利建造和火电厂、燃气电站的扩建,增强了EDF的电力供应能力和竞争力,巩固了EDF在欧洲的领先地位。就电力监管而言,通过资本开放EDF引进了国际化的监管机制;而且,资本开放也不会对法国能源政策的执行产生负面影响,因为法国政府仍是EDF的最大股东,继续掌控着国家的能源命脉,可随时监

① 陈志萱:《法国电力公司股票正式上市》,载《经济日报》2005年11月23日。

督法国能源大政方针的实施情况。①

二、践行社会责任

EDF 从 1946 年成立伊始,就是国有独资的公用事业公司,一直肩负着公共服务的社会责任。多年的经营以及其自身对社会责任的高度重视,使其有了一整套实现社会责任的方法。

(一)EDF 的社会责任观

EDF 认为:发电、输电、配电和售电需要有高度的社会责任感,这种责任感应该落实到从事该领域活动的所有企业及其全体员工,成为他们的自觉行动;这种责任感不仅涉及到 EDF 与其员工之间的关系,同时还涉及到 EDF 与客户、承包商和供货商的关系,与公众和地区的关系,从广义上说,是与整个社会的关系。

依据 EDF 已经加入的《国际劳工组织关于工作的基本原则和权力宣言》、《关于环境与发展的里约宣言》、《经济合作和发展组织关于跨国公司的指导原则》、《欧洲基本权利宪章》以及《联合国反腐败公约》等宣言和原则,形成了自己的社会责任观,并使之成为 EDF 企业文化和伦理的准则:

尊重他人　EDF 强调尊重和维护人权,特别是以联合国 1948 年的《人权宣言》、1967 年《消除对妇女歧视的宣言》和 1959 年《儿童权力宣言》为企业的国际承诺,保证尊重工会自由权力和集体谈判原则,废止强迫性劳役,废止使用和剥削童工。EDF 承诺与所有基于种族、肤色、性别、宗教、政治见解、祖籍或社会出生而产生的区别、排斥或偏好现象作斗争,确认其尊重多元化和促进机会平等的愿望。

① 杨雅洁:《市场化改革的法电路径——法国电力公司亚太区总裁马识路谈“资本开放”》,载《中国电力报》2005 年 12 月 15 日。

此外,EDF 还承诺在职业生涯、领导职务任命、同工同酬方面保证男女平等,对身患残疾的劳动者采取主动步骤组织其职业安置和协助接纳等特别行动。

保护环境　EDF 认为任何技术和投资项目都需要公众的支持和参与,EDF 不能把自己的技术和投资项目强加给社区公众。公众关注电力建设与生产对环境的影响是很自然的事情,比如核电安全至关重要,水电会涉及破坏生态与移民问题,风电会影响周围景观以及带来噪音,公众对这些问题的接受程度,对电力建设与生产非常重要。EDF 一直注重加大环境保护力度,为此,将国际环境管理体系 ISO 14001、工业流程管理体系 ISO 9000、安全健康管理体系纳入所有的业务领域,其环境认证计划分三大阶段逐步实施。1997—1999 年基层单位自发认证,如,勒阿佛尔火电站、维特利火电站等。1999—2001 年遵照 ISO 14001 标准,在 EDF 内建立环境管理体系,先后将研发部、火电部、水电部、供电部等专业职能部门纳入 ISO 14001 认证范围。2001—2004 年在 EDF 所有部门,包括国内和海外分支机构全面实施 ISO 14001 环境管理体系。在 EDF 的不断努力下,目前,EDF 已成为了全球为数不多的、所有分公司都通过了 ISO 14001 国际环境管理体系认证的跨国公司,从而使 EDF 向大气层和水环境中排放的有害物质的排放量以及其他废弃物大大减少。目前,在法国本土每发一度电的二氧化碳排放量是 40 克,而欧洲的平均标准是 400 克,而且,EDF 已承诺到 2020 年将这一数字再降低 30%。[①]

优良效率　EDF 主张,每位员工的效率应体现在其本职工作中,EDF 的效率则体现在为用户服务之中,员工和 EDF 的合作所创

---

① 王晓玲:《法国电力:为了即将到来的大市场》,载《商务周刊》2007 年 12 月 7 日。

造的价值,为EDF的效益增长和持续发展作出贡献,用户、员工、股东等利益相关者和整个社会皆从中受益,企业员工应通过企业分配享受到他们自身努力所带来的成果。为此,EDF除向员工支付其应得的工资报酬外,还以发放奖金、津贴以及提供福利等形式让员工参与EDF的效益分配。2000年前后的情况是:EDF奖金不平均分配,最低的为0,最高的可拿到本人工资的10%;特殊岗位有岗位津贴,最高可达本人工资的50%;到一定职别可免费享有一套住房,如有住房,每月可补贴住房费10000法郎;职工医疗费除政府社会性补贴外,其余部分全部由EDF补贴;从职工工资总额中提取1%,为部分职工安排旅游、度假。①

团结互助　在法国,贫困户占总用电户数的1.5%左右,贫困户的标准是全家月收入低于460欧元。②EDF认为自己具有确保可靠供电与普遍服务的责任,应当为贫困户获得电力和能源供应作出贡献。首先,EDF对贫困户进行深入了解,向他们提供咨询,以便他们能更好地控制能源开支和合理使用能源,并向贫困户免费提供生存所必需的起码电源。其次,同政府保障部门及各种非政府组织共同行动,采取切实可行的方案。例如,EDF家庭普通用户的用电交费单由电网建设费、供电费、社会救助费3部分构成,其中,社会救助费上缴国家电力扶贫基金组织,该组织同政府保障部门依据社会最低保障标准,核查贫困户的真实情况后,予以补助或使其享受扶贫电价。

清正廉洁　面对西方社会部分企业(如美国安然和安达信等公司)钻社会信用制度的漏洞,逃避社会监督,以致亵渎诚信,冒欺骗

---

① 邹庚来:《法国电力公司考察印象(下)》,载《大众用电》2000年第3期,第29页。

② 靳风林:《资本开放与企业的社会伦理责任——个案研究:以法国电力集团企业伦理建设为例》,载《科学社会主义》2006年第4期,第111页。

公众、坑蒙拐骗的天下之大不韪的现象，EDF 特别强调本企业的任何职工在面对多重利益诱惑时，必须用正直、坦率和光明磊落的态度去做事，必须反对任何腐败，要以清正廉洁的行为方式与所有对话者和合作者开展业务活动。对那些不遵守清正廉洁的道德原则、屡次违反法律的客户或承包商，可以在遵守合同的前提下，拒绝与其发生各种业务关系。EDF 强调在尊重法律，保守商业秘密的前提下，以透明性原则向利益相关者、公众权力机构以及社会各界提供及时、有效、可靠的高质量信息。

（二）EDF 的社会责任落实机制

在承担社会责任落实机制上，EDF 遵循以下三个步骤：

首先是对外公开承诺。（1）为了确保在电力市场开放竞争的形式下，EDF 确实履行公共服务的责任，2004 年 EDF 向社会公布了"公共服务 20 项承诺"。内容包括尊重环境、信息透明、接待质量、供电质量、预防家庭用电事故、保证向全民供电、企业道德、承诺执行情况监督等。在此基础上，2005 年 1 月 24 日 EDF 签署了《法国电力集团社会责任协议》。这份协议的内容包括了 1 项普遍准则、5 个方面的共同承诺和方向以及协议执行情况的跟踪和检查办法，共有 22 条内容，涉及员工责任、客户和承包商责任、环保和有效利用能源、城市生活、管理原则等方面。此外，EDF 还组织了很多学术研讨会和圆桌对话，设置并反复论证用于衡量 EDF 社会责任所需的各项指标，其中包括每千人工伤事故率、死亡事故数量、男女管理人员比例、目前企业持股员工比率、可再生能源生产、企业内部耗电量、是否有残疾人联络人、学徒是否被录用、用于公益事业费用等。[①]（2）从

① 从远：《法国电力公司三步骤力推社会责任》，载《中国企业报》2007 年 5 月 16 日。

2001 年开始,EDF 同时发布公司年报和可持续发展报告,这一做法一直延续至今。2005 年发布的《EDF 2005 可持续发展报告》分为 5 个方面内容:董事长致辞;EDF 可持续发展小组评价;2005 年承诺、目标与完成情况;EDF 概况及所属企业在全球的分布和主要业务;践行和深化对利益相关方、社区的责任以及共同的地球——应对长期挑战。[①] (3)承诺实施支持联合国《全球契约 10 项原则》,并在年度可持续发展报告中公布具体的行动和成效。(4)承诺实施《法国电力集团道德规范和行为守则》,成为 EDF 全体员工服务公众利益的行为准则。(5)承诺切实履行《公共服务协议》,满足政府监管和社会监督的需要,包括承诺在全集团范围内执行统一的环境管理方针。

其次是建立并完善管理机构。EDF 认为信息的透明化,与公众充分沟通,与媒体的交流和对话非常重要,员工和工会组织与 EDF 管理层之间的对话更是有助于进一步确认 EDF 的社会责任,对话始终是 EDF 成功的要素。于是,EDF 分别于 2002 年和 2003 年成立了欧洲企业工作委员会和美洲共同协商委员会,并在亚太地区成立了亚太区共商委员会,从而加强对话与透明度,促进管理层与员工代表之间的交流沟通。[②] 这些委员会成为员工畅所欲言的场所,员工也可以通过委员会更好地了解和领会 EDF 管理者的决策,从而增进决策的合理性和提高决策的效率。同时,EDF 的经营现状及其在社会保障、经济、财务各方面的表现、发展战略计划以及 EDF 与法国政府

---

① 融慧:《〈法国电力集团可持续发展报告〉介绍和简评》,载《WTO 经济导刊》2007 年第 5 期,第 69 页。

② 王倩:《法国电力公司责无旁贷地承担社会责任》,载《WTO 经济导刊》2006 年第 1 期,第 88 页。

签署的合同的内容等信息也向委员会公布。更重要的一点是,社会责任从此不仅仅是一个 EDF 管理层独有的工具,而且也是一个 EDF 上下的共同目标。

再次是定期指导、反馈与交流。根据 EDF 的要求,每年将由一个专门机构对 EDF 内的企业执行对外公开承诺的情况作出总结。该机构为 EDF 社会责任对话委员会,委员会每年召集一次年会或在多数代表的要求和主席同意的前提下召开特别会议。在总结会议上,会选取社会责任推行并落实到位的分公司,对其进行分析并向其学习,进行亮点交流。践行社会责任年度总结将被译成所有社会责任对话委员会成员国的语言,并以适当的方式告知 EDF 全体员工。在社会责任对话委员会休会期间,员工还可以进入 EDF 网站上的专门信息交流栏,使用这一工具进行内部远程交流。践行社会责任年度总结和相关各项考核最后会成为管理和人力资源政策的主要依据之一。

第四节　法国电力市场化改革的特色

考察一个企业是否成功,可以用"3P"原则来衡量,即经营业绩(Profit)、环保(Planet)以及人文关怀(People)。可以说,EDF 在这 3 个 P 上均有所作为,是一个真正成功的企业。法国民众对自 1964 年成立以来一直是国有企业的 EDF 也"很有感情",在民意调查中将其评为"最受欢迎的企业",甚至一些法国政界人士也认为,EDF"无须改变体制"。那么,为什么要对 EDF 实施资本开放呢？从背景来看,有两个方面:首先,欧盟统一电力市场建设以及共同能源政策和共同能源监管等制度方面的一体化措施是推动法国电力市场化改革的动因之一。其次,从法国国内来看,1981 年法国左派上台后,对很多银行与金融机构以及一大批工业企业实行了国有化;1986 年以后,法国又开始重新私有化进程,银行已几乎全部私有化。到 2004 年,国有企业占工业 GDP 的比例从 1986 年的 20% 降到 9%,职工人数从 10% 降到 5%。[①] 而且,在 EDF 实施资本开放之前,法国电信公司和法国天然气公司(GDF)这两大自然垄断公司均已实施了资本开放。所以,法国实施电力市场化改革与法国国有企业私有化和欧洲统一电力市场的建设都有着相辅相成的密切关系。

由于法国电价在欧洲乃至于全世界范围内都是比较低的,所以,法国电力体制改革的目标更侧重于打破垄断,引入竞争机制;融资;占有更大的欧盟乃至于世界电力市场份额。一般认为,电力技术经济特性决定了电力行业内部各环节的规模经济性不同,输配电环节具有较大的规模经济性,其中输电环节更为明显,因而输配电环节应该采取垄断结构,避免资源的过度浪费及输配电成本的上升;而发售电环节不具有自然垄断性,要兼顾规模经济和竞争机制,降低成本,提高发售电效率。但法国政府认为"打破一体化(电力自然垄断的属性)的做法不可持续"。[②] 任何地方,非一体化运营电力企业都承担着风险,发电和供电在高度竞争的环境下将难以生存。非一体化电力企业面临的风险主要有以下两类:一类类似"加州风险"。非一体化供电商如果在批发电价提高时,仍然以合约中规定的电价向用户供电,将可能导致破产。一类类似"美国能源风险"。非一体化发电商在批发电价下跌时,也会破产。因而,法国政府对电力体制改革

① 沙亦强:《法国电力公司改制上市的启示》,载《中国电力企业管理》2006 年第 8 期,第 5 页。

② 邹庚来:《再访法国电力公司》,载《电力技术经济》2004 年第 4 期,第 67 页。

主张纵向整合,并考虑长期发展战略,反对破碎化,以实现规模经济。输配电与发电分开,法国采取的是法律上分离,成立子公司的方式;电力市场的竞争结构,法国采取了最缺乏竞争性的单一买者(RTE)模型。EDF 的资本开放无疑是非常成功的,筹资高达 64 亿欧元,而且适当的时候还可以利用资本市场再融资。随着竞争程度的提高,EDF 在能源市场中的风险也在加大,EDF 为了降低风险,可以凭借在资本市场筹得的巨额资金,在欧盟电力市场上兼并扩张,从而占有更大的电力市场份额,但这显然是背离了电力市场化改革的初衷,也不利于欧盟统一电力市场的建设,这是一个有待破解的难题。

对于电力市场化改革,法国政府顾虑重重,尽管受到了来自欧盟指令的压力,但法国在开放国内电力市场方面仍比欧盟其他国家整整晚了一年,国内电力市场开放程度也远远落后于其他欧盟国家。步入电力市场化改革进程以后,法国政府更是小心翼翼,谨慎运作,尽量使电力市场化改革的负面影响得到控制,从而使改革能够和谐地进行。而且法国已与欧盟成功达成了有关能源市场自由化的退出条款,当能源市场自由化不能满足法国预期达到的消费者利益时,可通过退出条款对自身进行保护。[①] 就电力市场化改革的成效而言,EDF 经济效益的提高主要表现在以下几个方面:(1)EDF 通过转让罗纳水电公司和瑞典 GRANINGE 电力公司的股份,收缩经营范围,使 EDF 的财务状况明显好转。(2)EDF 借助国内能源市场开放的机会,大举进入前景看好的天然气领域,仅 2003 年就实现天然气销量

---

① 齐绍洲、刘健、罗威:《欧盟能源市场一体化浅析》,载《法国研究》2006 年第 1 期,第 69 页。

1300 亿立方米,天然气已成为 EDF 收入的一大增长点。① (3)EDF 根据欧盟指令向欧洲其他发电商拍卖了一定数量的发电容量使用权,使竞争对手有权支配法国少量的发电量,但电力发电容量使用权的拍卖也给 EDF 带来了较高的利润。(4)截至 2004 年年底,全法国已有 150 家大用户(约 250 个用电单位)与 EDF 的竞争对手签署购电协议,使 EDF 年销售电量减少 197 亿千瓦时,相当于大用户市场的 17%。同时,有西班牙公司和比利时电力集团在法国入股独立发电公司(IPP),分别控制 260 万千瓦和 280 千瓦的发电容量。但 EDF 及其在欧洲的子公司同时也赢得了新用户,其用户供电量达到 132 亿千瓦时。② (5)EDF 将降低给其他电力供应商的电力批发价格。法国竞争委员会在 2007 年 3 月收到独立电力供应商 Direct Energie 的诉求,开始对 EDF 进行调查并与其谈判,在该委员会的推动下,2007 年 12 月 EDF 同意拿出其电力产量的 2% 批发给其他的电力供应商,批发价格在未来 5 年内将比 2007 年 12 月低近 20%。③ 总体而言,法国电力市场的垄断性仍较强,许多欧盟国家的电力企业都认为这是一个"大门紧锁的市场"。而 EDF 社会效益的提高则表现在以下几个方面:(1)践行社会责任。(2)注重环境保护。(3)在市场化改革过程中,尤其是在资本开放过程中,不以牺牲员工利益为代价,而是在员工持股、养老金筹措制度等反面,切实维护员工利益。(4)一直以来,EDF 对售电的优质服务不仅十分重视,而且措施得

---

① 程莹:《法电公司大张旗鼓搞改制》,载《中国电力企业管理》2004 年第 4 期,第 38 页。

② 邹庚来:《法国电力公司管理与改革介绍》,载《湖南电力》2005 年第 2 期,第 57 页。

③ 芦龙军:《法国电力公司被迫降低电力批发价格以刺激竞争》,http://www.xinhuanet.com,2007-12-17。

力。资本开放后，EDF 在这一方面的工作又有明显提升。一是对资本开放后的法国电力市场进行调查分析和预测，同时还采取制作宣传品和向用电客户征询意见等方式进行售电宣传。二是在售电理念上，EDF 强调要从垄断性的公用事业转变为竞争性的公共服务，而且，从 2007 年起，EDF 要以“留住回头客的理念指导售电”。

总之，法国电力市场化改革的突出特点是，EDF 在推进电力市场化改革，实施资本开放的同时，努力承担社会责任，实现了资本开放与践行社会责任的和谐共振，这既破解了电力市场化改革的难题，也成了电力市场化改革的成功范例和亮丽风景，值得世界各国学习借鉴。

第六章　俄罗斯:发电侧竞争与监管电网

自前苏联解体以后,俄罗斯一直在探索适合本国的发展模式。从整体上看,俄罗斯电力体制改革是其转轨经济的一部分,但是由于牵涉到错综复杂的利益关系,俄罗斯国内对于如何改革存在着较大的争论,并围绕垄断与竞争、公平与效率等问题产生了激烈的矛盾和冲突,导致电力体制改革走走停停,波折不断。但由于在2005—2006年秋冬季期间,俄罗斯出现了电力能源紧缺的情况,迫于电力设备更新、改造、新建资金缺乏的压力,此后的电力市场化改革提速。2008年6月30日,俄罗斯统一电力系统股份公司结束运作,自7月1日起,俄罗斯电力领域初步形成发电侧竞争、输电继续垄断经营的格局。

第一节　俄罗斯电力工业概况

一、装机容量与发电量

俄罗斯电力分布大致可分为三个区域:欧洲区、西伯利亚区、远东区。截至2005年底,全俄总装机容量为2.196亿千瓦,其中:火电1.50亿千瓦(68.5%)、水电4590万千瓦(21.0%)、核电2370万千瓦(12.5%);全口径发电量为9530亿千瓦时,其中:火电6290亿千瓦时(66.0%)、水电1750亿千瓦时(18.4%)、核电1490亿千瓦时(15.6%)。[①] 从地区来看,全俄总装机容量的72%在欧洲区部分,主要是火电和核电,以及伏尔加河上的梯级水电站;而近一半的水电位于西伯利亚区,此外该地区还有7个100万千瓦以上的火电厂;远东区的电力装机容量仅占全俄总装机容量的7%,只有几个小的火电厂。从火电及燃料构成来看,凝汽式发电厂占约48%,热电厂约占52%,气候寒冷的区域热电厂分布较多,如在西北系统中,热电占70%以上的比重;欧洲部分的火电厂主要是燃用天然气(80%),西伯利亚和远东地区的火电厂主要是燃煤(85%)。从供电及供热情况来看,大约54%为工业用电,其他占46%左右,其中约15%为居民用电;大约43%为工业用热,其他约占57%,其中约35%为居民生活用热。

二、输配电网络

俄罗斯统一电力系统(United Power System,UPS)在前苏联时期的1972年就已经形成,当时是世界上规模最大的集中统一调度联合电网。截至2001年1月1日,全国78个电网中的69个并联运行于UPS中,装机容量为192.20吉瓦,占全俄总装机容量212.80吉瓦的90.32%,它包括6个区域联合电网(Interconnected Power System, IPS),分别是:中部、中伏尔加、乌拉尔、西北、北高加索、西伯利亚(靠近波罗的海沿岸的杨达里电网也包括在内)。远东联合电网、泰美尔电网没有与UPS相连,均是独立运行。

截至2001年1月1日,俄罗斯输电线路总长为2665109公里。

① 中国驻俄使馆经商参处:《俄罗斯电力工业现状和前景》,见 http://www.ru.mofcom.gov.cn,2007-07-04。

110 千伏以上输电线长度和降压变电站容量在 1985—1990 年期间平均每年增加 11836 公里和 1956 万千伏安,在 1990—1995 年期间平均每年增加 4256 公里和 806 万千伏安。大部分联合电网的骨干网架是采用 220—500 千伏电压等级,只有西北和中部联合电网中采用了 330—750 千伏电压等级。2000 年 UPS 电网运行频率的全年平均值为 49.99 赫兹,比 1999 年的 49.90 赫兹有所改善,全年 99.9% 的时间内 UPS 的运行频率均满足国家标准要求。①

三、电力出口

与 UPS 并联运行的还有白俄罗斯、哈萨克斯坦、波罗的海沿岸和外高加索等电网;与 UPS 有电力交换的有芬兰、挪威、蒙古和中国东北电网等。2002 年上半年俄罗斯电力出口量为 72 亿千瓦时。其中,俄罗斯向独联体国家出口电力 29 亿千瓦时,价值 4650 万美元;向独联体以外及波罗的海国家出口电力 43 亿千瓦时,价值 7200 万美元。②

四、电力监管体制

前苏联时期实行政府部门——动力电气化部和地区电管局的二级监管体制。1991 年苏联解体后,俄罗斯逐步建立起由政府部门实行职能管理和股份公司依靠合同、股份控制的监管体制。此外,由发电、电网、售电企业和主要电力用户等组成的联邦和地区价格委员会,作为非盈利和自律性监管机构,主要负责通用合同格式的审批、批发市场运行程序的核准、合同争议解决程序的审批、监管办法的核

① 傅霞飞、狄丹:《俄罗斯的电力工业改革历程》,载《电网技术》2004 年第 22 期,第 61—66 页。

② 《俄罗斯上半年电力出口下降 18%》,见 http://www.chinapower.com.cn,2002-09-13。

准、对违规行为的罚款处罚具体援引条款的审批等。[1]

第二节 俄罗斯电力市场化改革进程

俄罗斯电力体制改革始于1992年,经历了电力工业股份制改革和市场化改革两个大的阶段:

一、股份制改革(1992年—2000年12月)

前苏联解体后,在国有企业私有化、股份化改造高潮中,1992年8月根据第923、924号总统令,将国家所有的实行垂直一体化管理的燃料动力部(1991年2月成立)重组成了俄罗斯统一电力系统股份公司(RAO UES of Russia,RAO),主要负责发电、输电;地区电力联合公司重组为股份制的地区电力股份公司(Joint Stock Company,JSC),主要负责配电;核电厂仍属国有核电公司管理,与RAO只有调度和合同关系。

RAO所有制结构为:国家股份占52.6%,私人占5.5%,外国投资者(主要来自美国)占30.7%,国内投资者占11.2%。[2] 董事长的变动需要有75%的股东投票决定。

RAO拥有1000兆瓦以上的火电厂、300兆瓦以上的水电厂以及地区联合电网之间联络线(高压输电线路和变电站)100%的股份。电力系统的科研单位、设计单位、中央调度局、6个联合电网调度所和附属于RAO的地方企业也100%属于RAO。据2000年年初统计,RAO共拥有440座发电厂,总装机容量超过19700万千瓦,年发

① 孙耀唯:《俄罗斯电力改革的启示》,载《中国电力企业管理》2008年第9期,第9—10页。

② 《俄罗斯电力改革决而未断》,载《经济时报》2003年4月30日。

电量7870亿千瓦时,输电线路总长度为301.8万公里。[①] RAO对其子公司实行两种管理方式:一是控股管理,经过董事会与每个地区电力股份公司(JSC)的经理签订合同;二是对拥有100%股份的企业进行直接管理。RAO旗下的俄罗斯统一电力系统(UPS)由大区联合电网组成,采取分级调度结构,分为中央调度局、联合电网调度所和地区电网调度所三级。地区电力股份公司(JSC)和电力施工及电力制造企业49%的股份也归RAO所有。[②] 俄罗斯统一电力系统股份公司(RAO)的契约资本构成见图6-1。

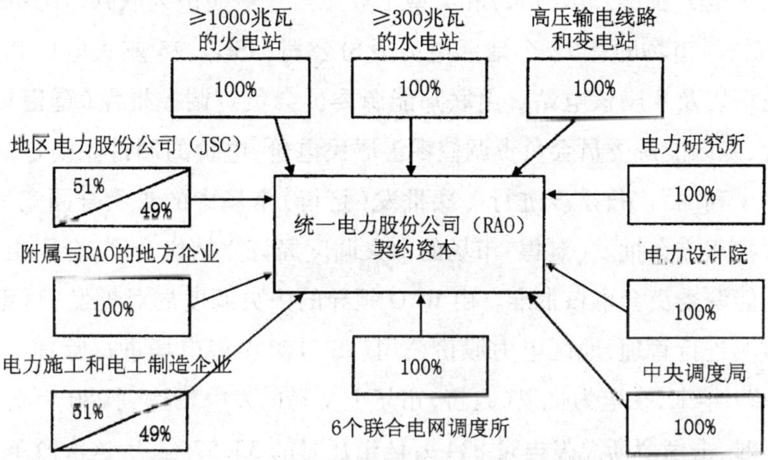

图6-1　俄罗斯统一电力系统股份公司(RAO)的契约资本构成

资料来源:傅霞飞:《俄罗斯电力工业的当前情况与问题》,载《电网技术》2002年第9期,第73页。

---

① 张重实:《俄罗斯统一电力系统股份公司》,载《国际电力》2001年第1期,第54页。

② 傅霞飞:《俄罗斯电力工业的当前情况与问题》,载《电网技术》2002年第9期,第71—75页。

由于大型水、火电厂均归 RAO 所有,实际上各地方电力股份公司(JSC)所属电网大多为缺电电网,都需向 RAO 所组建的联邦批发(趸售)电力市场购买电力以满足本地区的用电需求。RAO 与地区电力股份公司(JSC)之间的电力买卖关系是合同关系。

通过这次改革形成了两个层次的电力市场:1996 年成立的全国统一的电力批发(趸售)市场和 70 多个零售市场。批发(趸售)电能的市场主体是:RAO 所属的火电厂、水电厂;国有核电公司所属的核电厂;电力过剩的地区电力股份公司(JSC)。而买方是电力短缺的地区电力股份公司(JSC)和大型工业用户。最初进入联邦电力批发(趸售)市场的有 72 个地区电力股份公司(JSC)、25 座火电厂和水电厂以及 8 座核电站。由联邦能源委员会负责调控批发(趸售)电价,地区能源委员会负责调控零售居民电价,电价的制订原则是"成本 + 利润"。每季度进行一次批发(趸售)市场中的买卖合同竞争,买卖双方在批发(趸售)市场的中央调度局订立销售合同,合同由联邦能源委员会审核批准。由 RAO 领导的中央调度局对批发(趸售)市场进行管理,地区电力股份公司(JSC)对零售市场进行管理。到 1999 年末,在电力批发(趸售)市场上交易的发电量达到 280 万亿千瓦时,占俄罗斯总发电量 834 万亿千瓦时的 33.57%。[①] 这次改革后形成的俄罗斯电力工业结构如图 6-2 所示,显然并不符合现代电力市场的要求。仅就电力批发(趸售)市场而言,其主要缺陷有:市场法律法规不健全,交易双方合同不齐全;没有考虑按地区划分来分配电力,输电损耗是按平均价格分摊的;大量电费以燃料等实物易货支

---

① 熊昆、杨硕、张建南:《俄罗斯电力体制改革现状》,载《中国电力企业管理》2004 年第 4 期,第 35 页。

付,不利于调度员优化调度;发电企业在签定合同时无竞争压力,用户缺乏付款的责任感。

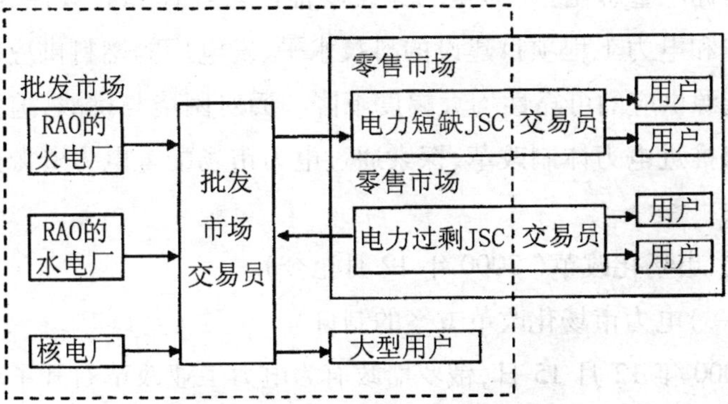

图6-2　俄罗斯电力市场初期结构

资料来源:傅霞飞、狄丹:《俄罗斯的电力工业改革历程》,载《电网技术》2004年第22期,第64页。

1995年至1997年,俄罗斯又出台了一个改革方案,但由于论证不够充分,遭到社会各界的强烈反对,所以没有得到实施。

2000年6月,RAO出台了一个新的改革方案。该方案打算放弃国家控股的RAO的国家垄断地位,在电力的生产和销售环节展开竞争,由市场自由定价,发电公司之间实行竞价上网。该方案的出台引起了全国上下的热烈讨论,并遭到许多专家的反对。

这一时期俄罗斯仅仅是对发电企业进行了股份制改革,电力工业仍然实行发电、售电、输电、配电垂直一体化国有垄断经营,电力市场的作用和影响很小。这使得电力工业原有缺陷没有得到矫正,效率依然低下,电力公司的经营陷入困境,主要体现在:(1)电力价格一直较低,价格不能真实反应市场的供求关系。(2)电力资金十分缺乏,连正常的设备维修都无法进行,更谈不上技术改造和建设新项目。俄罗斯大部分火电、水电设备已分别运行25年和30年以上,设备严重老化。(3)绝大多数电力公司的财务指标和电能、热能生产技术指标严重恶化。(4)电力系统功能的可控性和有效性、电工设备制造和电力工程项目建设的科技水平、发电厂的燃料供应以及对用户能源供应的可靠性均大幅度下降。面对困境与挑战,迫使俄罗斯政府推进电力体制改革,探索通过电力市场配置电力资源的途径和方法。

二、市场化改革(2000年12月至今)

(一)电力市场化改革方案的制订

2000年12月15日,俄罗斯政府为电力工业改革召开了专门的会议,通过了电力系统结构改革的基本方针。

这次会议引发了俄罗斯高层领导人激烈的争论。时任俄罗斯总理的卡西亚诺夫、经济发展和贸易部部长格列夫和RAO总裁丘拜斯主张:将RAO的下属发电站改造为电力公司后出售;开放电力市场,吸引国内外私人投资;国家停止干预电价,只保留对电网和调度站的控制。时任总统办公厅主任的沃洛申和总统经济顾问伊拉里奥诺夫认为:RAO的重组方案严重损害了国家利益,将造成国有资产流失,是新一轮国有资产大甩卖;将电站卖给外国人将使国家电力安全受到威胁;放开电价会造成通货膨胀,致使工厂被迫停产,整个经济将有瘫痪的危险。议会上下两院也出面干预这场争论。上院表示要建立专门委员会研究这个问题,下院(杜马)则通过了一项决定,呼吁总统和政府在议会讨论电力改革之前不要仓促做出决定。

面对属下的纷争,时任俄罗斯总统的普京在纪念俄罗斯全国电气化计划80周年大会上指出,任何电力改革计划都应当"考虑周全和十分慎重"。在普京的指示下,俄罗斯政府决定再用两个月的时间进一步修改电力改革方案。

2001 年 1 月 7 日，俄罗斯总统普京决定成立电力工业改革工作组，指定托木斯克州州长为工作组组长，工作组的成员来自各个不同单位，代表不同的利益集团，任务是在现有的俄罗斯电力改革方案的基础上，吸取国外改革的经验，最终形成一个改革方案。此外，还成立了一个 8 人总统顾问委员会。普京总统委托包括科学院、州政府、电力工业部、原子能工业部等在内的 11 个代表不同利益的单位，提出 11 个改革方案，以考虑照顾到各方面的利益。

2001 年 4 月 15 日，电力工业改革工作组向普京总统提交了以 11 个电力改革方案为基础形成的报告。

2001 年 5 月 19 日，俄罗斯政府通过了以上述报告为基础形成的电力工业改革基本方针草案，确定了一个在国家控制下平稳地向建立有竞争的电力市场过渡的方案，并于 2001 年 7 月 11 日以政府第 526 号决议形式发布。

该方案有两个主要原则：(1)在电力改革进程中，必须保证国家利益，使统一的电力供应系统能够可靠运转；(2)政府保持对电力工业垄断部分(电网、中央调度和地区间调度)的影响，保持对电力工业的控制。

2001 年底，俄罗斯政府对电力市场化改革设定了时间表：(1) 2001 年到 2004 年，这一阶段的任务是为建立电力市场做大量准备工作，对电力企业进行重组，但所有的机构改革均将发生在 RAO 内部，并且由政府控制。具体内容为：由 RAO 直接控制的电厂将合并成 5—7 个发电子公司，由地区控制的电厂将合并成 50—60 个子公司。所有输电网将统一由一个单一的联邦网络运行机构管理。地区和联邦调度部门将统一成一个单一的联邦调度单位。(2)从 2004

年起逐步放开电力市场,垄断企业 RAO 逐步退出电力生产和销售领域。国家则保持对传输网络的绝对控制,并为建立竞争机制调整相应的法律法规。整个电力改革预计 8—10 年完成,并实现批发及零售电力市场的完全自由化。[①]

（二）电力市场化改革方案的实施

2001 年 11 月,成立了交易系统管理所(ATS),主要职责是管理现货交易。ATS 是资本化的,28 个合法组织拥有相同的股份,这些组织包括 RAO、其控制下的发电公司以及其他包括某些大用户在内的公司。ATS 设有咨询/监视部门,由 4 个发电商/供应商、4 个用户/销售者以及 4 个公众代表(2 个来自联邦能源委员会,2 个来自杜马)组成,ATS 可以影响某些技术环节,但大多数的政策决定只能由 28 个所有者组成的股东大会做出。

2002 年 2 月,成立了联邦输电公司(FSK)和系统操作公司(SO),均为 RAO 的全资子公司。联邦输电公司(FSK)只负责管理高压线路和主干电网,而地区配电网络仍留在地区电力股份公司(JSC)内。系统操作公司(SO)作为单一系统运营商将联邦配电系统和地区配电系统统一在一个分级体系内,并在 2002 年 7 月取代联邦配电部门的职能,而地区配电部门在 2003 年也加入了进来。

为保障管制和电力部门重组的合法性,需要对联邦法律进行修改。2002 年 10 月,俄政府向议会提交了一揽子电力改革法案,包括电力法和其他 5 项法律。俄罗斯议会当时已初步通过这 6 项法案中的 5 项,但考虑到打破国家对电力的控制将可能造成电力价格上涨,甚至引起社会动荡,因此这些法案在议会被耽搁数月。

---

① 《俄罗斯的第 4 次电力改革》,载《中国电力》2002 年第 3 期,第 86 页。

2003 年 3 月 31 日,俄罗斯总统普京签署了关于电力工业改革的上述 6 项法案中的包括电力法在内的 5 项法案。5 项法案要求政府分割俄罗斯统一电力系统(UPS),放开电价,对严格管制的电力工业实行竞争。通过的 5 项法案与最初的设想存在很大的差距。因为,在 2005 年 7 月 1 日以后,政府能自由决定是否以及何时放开市场以允许大型用户选择供电商。即使到那时,政府仍要设定电价的年度增幅。甚至市场放开后,全部发电量中的 35% 必须售给有保障的供电商。这些供电商有义务以监管价格给所有需要用电的消费者供电。此外,值得注意的是,政府能随时颁布新的法令对电力工业进行管制。另外,没能通过的那个法案被退回调解委员会,该法案使联邦政府有权管制地方电价。联邦立法委员会认为该法案触犯了地方的权利。

上述 5 项法案规定 2003 年至 2005 年为形成新的电力市场的过渡时期,过渡期的主要特点是在批发(趸售)市场中允许竞争和国家管制两种市场同时并存,国家管制市场的运作规则与 2003 年以前相同,未作变动。在批发(趸售)市场中卖方是联邦发电公司、区域发电公司、核电集团所属的核电厂和独立发电公司;买方是地区销售公司和大型终端用户。竞争既在生产领域(卖方发电公司之间)进行,又在销售环节(销售公司之间)进行。按照新法规,电价确定方式为:用户电价 = 销售公司购入电价的平均值 + 配电电价 + 服务电价(服务电价包括销售、调度和可靠性服务 3 项);输电电价的高低与输电电压水平有关;输电和服务电价要受到国家调控。同时要取消所有横向交叉补贴。这一时期俄罗斯的电力市场结构如图 6 - 3 所示。

2003 年 11 月,俄罗斯竞争性批发(趸售)市场以市场电价成交了首笔电力交易,向电力市场放松管制,通过电力市场配置电力资源

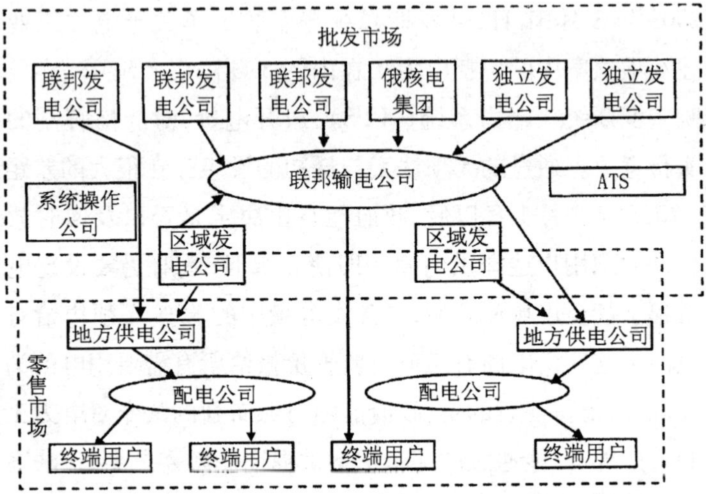

图 6－3　俄罗斯电力市场过渡期结构

资料来源：傅霞飞、狄丹：《俄罗斯的电力工业改革历程》，载《电网技术》2004 年第 22 期，第 65 页。

迈出了关键的一步。6 家购方和 7 家售方参与了首次交易，30 笔买卖签单，13000 万度电以平均 26.4 戈比/千瓦时（约合 0.8 美分/千瓦时）的价格售出，比国家管制的批发（趸售）电力市场 FOREM 的固定价低 1.2 戈比/千瓦时。[①] 6 家买主中的 5 家是俄罗斯电力企业巨头 RAO 所属的地区销售公司，另一家是 Nizhny Tagil 钢铁公司。售方包括 RAO 名下的四个大型热电联产电厂、一个水力发电厂和两个直属区域发电公司。初期只允许全国发电量的 5%—15% 通过竞争性批发（趸售）市场进行交易，因而又把这一时期的竞争性批发（趸售）市场称为“5%—15%”竞争市场，当时计划到 2006 年中期全部

① 《俄罗斯以市场电价成交首笔交易》，见 http://www.chinapower.com.cn，2004－02－16。

放开,这期间国家管制的趸售电力市场 FOREM,将与上述“5%—15%”开放市场共存,大工业买主有权与卖方签订长期购电合同。系统操作公司(SO)表示:交易的第一天就显示出竞争性批发(趸售)市场优于国家管制的批发(趸售)电力市场,竞争性批发(趸售)市场已初显成效;只要有买卖成交,竞争性批发(趸售)市场就可保持“5%—15%”的全国日发电量交易,在短期内交易者的数量有望增加到 20 家。

“5%—15%”竞争市场并不是一个真正意义上的市场,它是一套复杂但又不那么完全的计划/调度与结算机制。[①] 简言之,“5%—15%”市场是一个日前市场/程序,它的交易方式可描述如下:(1)每天所有的批发用户向系统操作公司(SO)就下一日每小时的电能进行“报价”(实际上只有负荷,没有价格),系统操作公司(SO)按照已有的发电计划程序,给出符合可靠性标准且满足负荷要求的预调度计划。然后,系统操作公司(SO)将预调度计划交给 ATS,附带提交的信息还有输电系统状态参数、水力发电及备用参数等。(2)对于参加“5%—15%”市场的发电商与用户,ATS 将削减其预调度计划中 30% 的负荷需求和 15% 的发电,剩余的电能数量即为电力批发市场的基础电能数量,按监管价格进行交易。对于超过基础电能数量的部分,ATS 将接受发电商与用户的竞价。(3)ATS 将采取相同的输电系统全节点模型进行两次安全约束经济调度计算。第一次计算称作“P 问题”,它假设负荷固定,稳定在预调度计划没有削减前的水平,然后根据市场报价与发电监管价格决定日前交易计划。(4)ATS

① 朱治中、谢开、于尔铿:《俄罗斯电力改革中的市场设计述评》,载《电网技术》2005 年第 14 期,第 36 页。

将日前交易计划送给系统操作公司，让它检查日前交易计划是否满足系统的可靠性标准，并给出最终调度计划。（5）第二次计算称作"K 问题"，ATS 同时减少预调度计划中 30% 的发电与负荷，然后基于"5%—15%"市场的投标与出价进行收益最大化调度，它将面临一些人为的约束条件，如发电商的售电量不能超过它在预调度计划中出力的 15%、在"5%—15%"市场中购买的总负荷不能超过预调度计划总数的 15% 等。最终按照求解出来的"5%—15%"市场的节点边际价格与数量进行结算。（6）不管用户如何报价，他最终消费的电能都已经由系统操作公司在日前阶段确定，对于超过确定数量的电量，他们则需要以监管价格进行交易。"5%—15%"市场最人的问题在于对不平衡电量的处理，无论发电商与用户是正偏差还是负偏差，它均按监管价格进行结算。

2004 年 7 月，俄罗斯总理签署了 2004—2005 年电力改革战略，文件包括在 2005 年第 3 季度建立整个批发（趸售）电力市场规划，但不包括整个发电公司从 UPS 分离的时间表。这增大了政府通过计划、重组电力行业的希望。

2005 年 5 月 25 日上午，莫斯科发生大面积停电事故并波及南部相邻的 5 个州。这是一次由电压崩溃引起的系统瓦解。同日中午 12 : 30 左右，事故的连锁反应已得到控制。2005 年 5 月 26 日中午，莫斯科市区的供电大部恢复正常，下午 6 时，供电完全恢复。事故直接负荷损失 3539. 5 兆瓦，直接经济损失 15 亿—20 亿美元，近 400 万人的生活受到影响。[①] 2005 年 6 月 18 日俄罗斯统一电力系统股份

① 阮前途：《解读莫斯科大停电确保上海电网安全运行》，载《华东电力》2005 年第 9 期，第 1 页。

公司(RAO)事故调查委员会发表了事故调查报告,认为设备老化、线路维护不及时、电站人员协调不当、缺乏明确的操作规程等是造成事故的主要原因。[①] 2000 年俄罗斯取消了当时有关电站主要设备的各项操作规程之后,俄电网运作一直缺乏明确的规章制度。俄罗斯国家杜马能源、运输和通信委员会主席亚泽夫认为,建立明确的操作规程则可避免事故的发生。俄罗斯总统普京在电视讲话中说:"我认为,需要谈谈统一电力系统股份公司领导层不充分重视日常业务的问题。他们不应只关注公司的全球化问题和改革问题,也应该注意一些公司的日常业务。"[②]莫斯科"5·25"大停电事故说明电力交易的市场化、自由化程度应以电网所能承受的程度为限。

2005 年 11 月,RAO 在俄罗斯股票市场上市交易,其后股价一直在稳步攀升。截止到 2007 年 8 月 28 日,RAO 股价从上市最初的 10 卢布已经上扬并稳定在 32 卢布左右,上涨了 220%。[③] RTS 指数也同样翻了 2 倍多。与此同时,RAO 上市以来,重组改革也在大刀阔斧地进行,改革的有序进展伴随着股价的稳步攀升。

自 1998 年至 2006 年,俄罗斯经济已经连续 8 年保持快速增长,带动了国内电力消费需求猛增。在 2005—2006 年秋冬季期间,俄罗斯一些经济发达地区,特别是莫斯科市、莫斯科州等俄罗斯欧洲部分的几个州区,以及乌拉尔和西西伯利亚一些地区,已出现了电力能源紧缺的情况。因此,可以确认,俄罗斯在前苏联时期积累的电力储备容量已经消耗殆尽,拥有富裕发电容量的无忧无虑的时代已经成为

① 俄罗斯统一电力系统股份公司事故调查委员会撰,徐永禧译:《莫斯科"5·25"大停电事故及应汲取的经验教训》,载《国际电力》2005 年第 5 期,第 4—7 页。

② 鲁宗相:《解析莫斯科大停电》,载《中国电力企业管理》2005 年第 7 期,第 30 页。

③ http://www.cpnn.com.cn/hqdl/200709100018.htm.

过去。2006年6月,在俄罗斯联邦政府会议上,工业动力部作了关于"俄罗斯联邦电力发展远景规划"的报告,确定了2010年前电力工业发展规划。计划于2006—2010年投入的新发电容量及投资规模分别见表6-1和表6-2。计划新建、改建输电线路:150千伏及以下——90000公里,220千伏及以上——10000公里;新建变电站150千瓦及以下——45千伏安,220千伏及以上——57千伏安。核电站设备更新、改造投资预计需要3370亿卢布。[①]

因此,迫使俄罗斯从电力私有化和批发(趸售)及零售市场建设两个反面加快电力市场化改革的步伐。核心是出售俄罗斯的"非核发电厂",这些发电厂被重新组合成了14个地区性发电公司(主要是热电联产机组)和7个跨地区的区域发电公司(6个独立发电公司和1个水电公司)。跨地区的区域发电公司可以跨区经营,主要参与批发市场竞争;地区性发电公司则在相邻区域运行。联邦输电公司(FSK)按电网区域下设7个输电子公司,其中,包括6个区域输电子公司和一个跨区输电子公司;以地区配电网为基础,组建12个区域性配电公司。由于远东地区装机规模小,尚未实现区域联网,暂不进行市场化改革,仍实行发输配售一体化垄断经营,但也通过资产重组,组建了远东电力集团公司进行统一管理。

表6-1 计划于2006—2010年投入的新发电容量(单位:兆瓦)

电站	2006年	2007年	2008年	2009年	2010年	2006-2010年
核电站	0	0	0	1000	0	1000
水电站	49	679	368	1348	1931	4375

① [俄]Г.Г.拉平撰,赵秋云译:《俄罗斯电力发展前景》,载《水利水电快报》2007年第16期,第32—33页。

火电站/改建	165	264	419	1006	637	2491
火电站/新建	1359	1516	3160	3221	4649	13905
总计	1573	2459	3947	6575	7217	21771

资料来源:[俄]Г.Г.拉平撰,赵秋云译:《俄罗斯电力发展前景》,载《水利水电快报》2007年第16期,第32页。

表6-2　计划于2006—2010年投入的资金规模及来源

投资对象	投资规模/10亿卢布					
	自有资金	部分投资		联邦财政拨款	地方出资	总计
		贷款	投入资金			
火力发电	260	100	327	–	–	687
水力发电	140	50	21	39	–	250
干线网	162	61	–	160	–	383
配电网	433	158	–	–	41	632
总计	995	369	348	199	41	1952

资料来源:[俄]Г.Г.拉平撰,赵秋云译:《俄罗斯电力发展前景》,载《水利水电快报》2007年第16期,第33页。

2007年3月,俄罗斯首先出售了俄罗斯第三电力批发总公司(OGK-3)的股份。俄罗斯炼镍巨头诺里尔斯克镍公司(Norilsk Nickel)出资31亿美元购得了OGK-3电力公司38%的股份。2007年8月24日,俄罗斯联邦反垄断服务局裁定批准欧洲第二大电力公司——意大利国家电力公司(Enel)收购RAO持有的俄罗斯第五电力批发总公司(OGK-5)股份,此消息一出,OGK-5的股价在2007年8月24日当天暴涨11%。此前,意大利国家电力公司(Enel)已经先后两次累计收购了俄罗斯第五电力批发总公司(OGK-5)29.9%的股份,两次收购价分别为每股0.17美元和每股0.16美元,均高于市场价的15%。2007年9月4日，RAO持有的70.00028%俄罗斯第五电力批发总公司（OGK-5）股份正式被意大利国家电力公司（Enel）收购。[①] 同时，RAO宣布，俄罗斯第五电力批发总公司（OGK-5）和俄罗斯第五地区电力公司（TGK-5）已于9月3日至4日正式宣告脱离RAO。至此，也正式宣告俄罗斯的电力私有化改革第一阶段结束。

2007年，俄罗斯推出了电力批发（趸售）和零售市场新模式。根据俄罗斯政府关于改进批发（趸售）电力市场功能和零售电力市场规则的决定，俄罗斯统一电力系统股份公司（RAO）推出了新的批发（趸售）及零售电力市场开放式管理模式。以前受管制市场体制中的电力销售与购买计划由新体制中的受控双边合同所代替。放松监管电价进行交易的关键步骤之一是日前市场，即在电力输送的头一天由买卖各方进行招投标后选择确定。2006年9—12月，俄罗斯欧洲部分的放松监管电价的平均加权价是385卢布/兆瓦时，而2007年头2个月的市场平均加权价是442卢布/兆瓦时。西伯利亚地区的水电，由于水源丰沛，开放市场后，从2006年9月到2007年2月电价降到148卢布/兆瓦时，而其受监管的电价，2006年是235.4卢布/兆瓦时，2007年是254卢布/兆瓦时。这种日前市场模式的电价不仅与地区和季节有关，也与每天的时间段有关，00：00—04：00的电价比高峰电价低33%—50%。这样，价格的波动与电力的供需保持一致，价格信号激励用户节约用电，并改变他们的用电模式；同时鼓励发电公司优化利用其发电容量。[②]

---

① 郭辑：《俄罗斯电力欢迎外资进入》，载《经济日报》2007年9月12日。

② 《俄罗斯推出电力趸售和零售市场新模式》，载《中国电力》2007年第7期，第28页。

2008 年 6 月 30 日,RAO 总裁丘拜斯在他的职位上举行了最后一次新闻发布会。他说:"俄罗斯统一电力系统股份公司于 2008 年 6 月 30 日结束运作,从 7 月 1 日起正式成为历史。在这之后,俄罗斯电力领域将形成新的局面。"至此为止,通过出售电厂和电网,RAO 获得了 8370 亿卢布(约合 340 亿美元)的资金。[①] 分享这道盛宴的除诺里尔斯克镍公司和意大利国家电力公司(Enel)外,还有阿联酋迪拜世界集团、俄罗斯天然气工业公司、卢克石油公司、芬兰 Fortum 和德国 E. On 等。统计显示,购买 RAO 资产的国内资本约占 80%,国外投资约占 20%。外国企业最不满意的是购买电力资产所附带的强制性投资条件,即必须按照俄政府规定的电力发展规划进行投资,扩大电力生产规模,否则将被处以高额罚款。但在这方面,俄政府最后作出了一定让步。已出售的资产并非是 RAO 剥离并准备出售资产的全部,RAO"消失"后,资产的出售由联邦电网公司和俄水电公司代理。待到私有化全部结束时,RAO 旗下的所有热电公司 100% 的股份、电力销售公司 100% 的股份、联邦电网公司 24% 的股份、水力发电公司 40% 的股份,将全部由私人投资者、俄罗斯上市公司和外国企业拥有。

通过多年漫长的改革,自 2008 年 7 月 1 日起,俄罗斯电力领域正式分为垄断市场和竞争市场——发电领域有了充分竞争,输电领域仍主要由掌控全国电力主干网的联邦电网公司垄断。此后将进入 3 年的过渡期,自 2011 年起市场将按照自由价格出售电力,但对居民用电,国家实行的保护价将延续到 2014 年。

---

① 臧文茜、殷赅:《俄罗斯电力垄断巨头今日分解完毕》,载《第一财经日报》2008 年 7 月 1 日。

第三节　俄罗斯电力市场化改革解析

俄罗斯电力市场化改革是社会经济和电力技术发展的客观要求，也是俄罗斯电力工业生存与发展的必由之路。但在改革方案制订与实施过程中，不可避免地遇到了重重困难，这既有经营管理体制方面的问题，还由于错综复杂的既得利益关系网的广泛存在。问题的关键不在于改革推进的速度，而主要应看能在多大程度上消除障碍，并使改革措施得以切实实施，以便取得明显的改革成果。俄罗斯电力体制改革采用渐进方式，将发电与电网纵向分离，在争议声中缓慢前行。

俄罗斯在全国范围内只设立了单一联邦输电公司，并且产权国有，这样做的优点是便于统一管理电网，不足之处是垄断性太强。

如何在发电环节引入竞争机制是值得考虑的。很强的专业知识、严密的控制是核电公司所必须的，同时核电公司具有市场势力的可能性很小，所以俄罗斯只设立一个大型国有（或国家控股）的核电公司是合理的。为了控制水力生产的环境与其他影响，同时也有必要将梯级电站交由同一个公司负责，所以俄罗斯只成立一个国有（或国家控股）的批发性水电公司也是合理的。但是俄罗斯只设立少数批发性地区发电公司与区域发电公司，且全部私有化，可以说，不仅单个发电公司的容量已超过了规模经营的需要，可能导致市场势力，而且电源建设所需资金能否得到保障，也使人生疑。

零售竞争代价高昂，对于俄罗斯而言，进展缓慢的原因有：测量、结算与计费系统落后，民众缺乏商业经验，电力公司的传统制度与社会复杂性等。

系统操作公司(SO)应当是受政府机构监管的独立公司,但俄罗斯电力法或联邦政府的相关政策没有说明其应受何种制约或它应当如何进行决策,这可能与俄罗斯的监管体制改革尚在进行中有关,但这显然与其承担的职责不符。交易系统管理所(ATS)如何健全与演化?系统操作公司(SO)与交易系统管理所(ATS)是否应合二为一?如果保持独立的话,应当如何协调?目前这些问题还没有明确的答案,但一般认为成立单一的系统与市场运营机构比较好,同时,应当有一个政府机构来确保系统的可靠性与市场的有效运作。

电价问题一直是俄罗斯政府讨论最多、老百姓最为关注的问题,也是电力市场化改革必须面对的一个实际问题。俄罗斯一直实行低电价政策,导致发电设备陈旧老化,电力生产与发展所需资金缺乏,而且低电价也不利于节约能源和提高能源利用效率。从"5%—15%"市场和2007年俄罗斯推出的新的批发(趸售)及零售电力市场开放式管理模式运行的实际情况来看,如前所述,买卖双方通过市场形成的电价比国家管制的固定电价低。从长期来看,电力市场放开后,国家取消交叉补贴,电价将逐步提高。从电价变动对大型用户和居民用户的影响程度来看,大型用户可以进入市场选择供电商,通过谈判获得适中价格;由于对居民供电的服务费用高和需求的价格弹性低,2014年保护电价不再实行后,居民用户面对电价提高将无能为力。从俄罗斯电力市场化改革分歧的焦点来看,担心放松管制会使电价大幅上涨,损害消费者利益,进而使整个经济系统瘫痪,社会动荡不安,是其中焦点之一。看来俄罗斯的电价问题的确敏感而又错综复杂,如何调整电价,既能够保证电力企业得到合理的投资回报,吸收到电力生产与发展所需的足够多的资金,又能避免因电价调整造成居民和小用户利益的损害,俄罗斯政府仍有许多工作要做。

电力民营化需要有高效的监管机构和完善的法律法规作保证，很显然，至少目前俄罗斯在这方面是有缺陷的。事实上，电力民营化对电力工业效率的提高并不是实质性、决定性的。但自2005—2006年秋冬季以来，俄罗斯出现了电力能源紧缺的情况，而建设资金却大量缺乏，俄罗斯最终采用激进的方式快速实施电力民营化，也是情势所迫。然而，也有一些专家对此提出质疑，认为：俄罗斯的电力改革是否成功，国家的电力安全能否得到保障，电力工业能否为经济发展提供引擎，还有待于时间的检验。

第七章　欧盟:推进统一电力市场建设

目前,欧盟共有27个成员国,分别为法国、德国、意大利、荷兰、比利时、卢森堡、丹麦、爱尔兰、英国、希腊、西班牙、葡萄牙、奥地利、芬兰、瑞典、匈牙利、波兰、捷克、斯洛文尼亚、斯洛伐克、爱沙尼亚、拉脱维亚、立陶宛、马耳他、塞浦路斯、罗马尼亚和保加利亚,总人口4.8亿。建立统一的欧盟电力市场,是欧盟经济一体化发展的必然结果和内在要求。欧盟电力市场有3个层面:国家级、区域级和统一级。以欧盟电力市场化改革指令为基础,成员国建设并开放本国电力市场,推进其相互融合,逐步建设区域电力市场,最终建成统一的欧盟电力市场。

第一节　欧盟15国电力市场概况

欧盟各国在文化、传统、法律以及电力工业结构等方面存在着一些差异,电力市场化改革的具体措施、进程也各不相同,但基本能够遵循欧盟电力市场化改革指令,并取得成效。法国、英国电力市场情况已做过详细介绍,表7－1为截止到2002年7月初当时的欧盟15个成员国(2004年5月1日,东欧8国即匈牙利、波兰、捷克、斯洛文尼亚、斯洛伐克、爱沙尼亚、拉脱维亚、立陶宛以及地中海岛国马耳他、塞浦路斯共10个国家加入欧盟;2007年1月1日,罗马尼亚和保加利亚加入欧盟)电力市场概况。到 2007 年 7 月,欧盟各成员国均已基本建成电力市场。

表 7－1(1) 欧盟 15 国电力市场概况(一)

国家 \ 项目	第三方进入	市场监管者	输电系统(TSO)运营者
奥地利	有管制的第三方进入	电力监管委员会	法律特许权组织;APG(奥地利电网公司);TIWAG;VKW
比利时	国际间输电实行协商性第三方进入; 国内输电实行有管制的第三方进入	开放市场管理委员会	Elia 公司(2001 年 6 月起)
丹　麦	有管制的第三方进入	能源监督委员会	西部:Elia 电力系统公司;东部:Elkraft 电力系统公司
芬　兰	有管制的第三方进入	能源市场部	Fingrid 电网公司
法　国	有管制的第三方进入	独立电力委员会	RTE(法国电力公司的独立部分)
德　国	自律协商性第三方进入; Stadtwerke; 2005 年以前实施非强制临时单一购电	经济部/卡持尔办公室	6 家公司
希　腊	有管制的第三方进入; 岛屿实行单一购电	能源监管部(RAE)	独立机构(国家控股 51%)
爱尔兰	有管制的第三方进入	电力煤气独立管制机构	一家新国有公司

意大利	特许权市场实行单一购电； 开放市场实行有管制的第三方进入	电力煤气独立管制机构	独立实体
卢森堡	有管制的第三方进入	电气独立实体	电网所有者
荷　兰	有管制的第三方进入	经济事务部＋竞争委员会	TenneT 公司
葡萄牙	特许权市场由 REN 公司单一购电； 电网项目实行协商性第三方进入； 其他情况下实行有管制的第三方进入	ERSE	REE 公司
西班牙	有管制的第三方进入	经济部国家能源局	REE 公司
瑞　典	有管制的第三方进入	STNM	SvenSkaKraftnat 公司（100%国有）
英　国	有管制的第三方进入	OFGEM（监管英格兰、威尔士、苏格兰） OFREG（监管北爱尔兰）	国家电网公司，苏格兰电力，苏格兰及南方能源公司；北爱尔兰电力

表 7－1(2)　欧盟 15 国电力市场概况(二)

项目/国家	市场禁入	优先调度	配电线路	输电费用
奥地利	容量不足； 相互禁入时	可再生能源发电	110 千伏及以下	网上发布：www. e-control.at

比利时	容量不足； 相互禁入时	可再生能源发电； 热电联产； 自动车发电商	待定	网上发布： www. elia.
丹　麦	容量不足	可再生能源发电； 热电联产； 垃圾发电	低于 110 千伏	邮票法
芬　兰	容量不足	无	部分 110 千伏及 低于 110 千伏	邮票法
法　国	容量不足	可再生能源发电； 承担公共服务	低于 70 千伏	邮票法
德　国	容量不足； 相互禁入时	热电联产； 可再生能源发电	110 千伏及低于 110 千伏	结点价
希　腊	容量不足	可再生能源发电； 热电联产； 褐煤发电	150 千伏及以下	
爱尔兰	容量不足	可再生能源发电	110 千伏及低于 110 千伏	邮票法
意大利	容量不足； 相互禁入时	热电联产； 可再生能源发电	150 千伏及以下	邮票法加距离调整
卢森堡	容量不足； 相互禁入时	热电联产； 可再生能源发电	65 千伏及以下	邮票法
荷　兰	容量不足； 相互禁入时	可再生能源发电＋小于 600 千瓦的小型非再生能源机组	低于 220 千伏	邮票法及结点价
葡萄牙	技术	热电联产； 可再生能源发电	150 千伏及以下	邮票法
西班牙	容量不足； 相互禁入时	热电联产； 可再生能源发电	低于 220 千伏	邮票法

瑞　典	无	无	低于220千伏	基准价加地区差异
英　国	技术限制	无	132千伏及以下	上网费和区域系统使用费

表7-1(3)　欧盟15国电力市场概况(三)

项目 国家	市场开放	门限值	投标/授权	输电系统运营者(TSO)与其母体分开情况	供电与配电分开情况
奥地利	全部	无	授权	法定分开	核算分开
比利时	52%	20吉瓦时/年	授权	法定分开	法定分开
丹　麦	配电 + 批发：100%； 零售：1吉瓦时； 总量：约30%	1吉瓦时/年 2003年1月1日起：无	授权	法定分开	
芬　兰	全部	无	授权	所有权分离	核算分开
法　国	30.27%：部分配电	16吉瓦时/年	可再生能源发电实行投标；其他实行授权	管理分离	
德　国	全部	无	授权	管理分离	核算分开
希　腊	2001年，34%	所有兆瓦、千伏	授权岛屿投标	所有权分离	
爱尔兰	30.27%	4吉瓦时/年：可再生能源发电；无	授权	法定分开	核算分开
意大利	35%	超过0.1吉瓦时/年	授权	所有权分离	授权ENEL公司定
卢森堡	57%（2001年1月1日）	20吉瓦时/年	授权	管理分离	核算分开

荷　兰	35%(1999.1.1); 63%(2002.1.1); 100%(2003.10.1)	3.80 安(2002年1月1日)	授权; 配电和输电	法定分开; 所有权分离	2003 年 10 月 1 日起法定分开
葡萄牙	48.9%	>1 千伏	授权; 投标	法定分开	
西班牙	53%; 2003 年:全部	1 千伏; 2003 年;无	输电线路投标;授权	所有权分离	法定分开
瑞　典	全部	无	授权	所有权分离	法定分开
英　国	全部	无	授权	所有权分离	法定分开

资料来源:叶荣泗:《欧盟开放电力市场通览》,载《中国电力企业管理》2003 年第 2 期,第 21 页。

第二节　北欧电力市场

北欧地区包括挪威、瑞典、芬兰、丹麦和冰岛 5 国(挪威和冰岛为非欧盟成员国)。2005 年,北欧地区总发电量为 4020 亿千瓦时,其中水电 2280 亿千瓦时,火电 725 亿千瓦时,核电 918 亿千瓦时,其他可再生能源 97 亿千瓦时,分别占总发电量的 56.7%,18.0%,22.8%和 2.5%。丹麦、芬兰、冰岛、挪威和瑞典的发电量分别为 343 亿千瓦时、677 亿千瓦时、84 亿千瓦时、1370 亿千瓦时和 1546 亿千瓦时,分别占总发电量的 8.5%、16.8%、2.1%、34.1%、38.5%。[①] 挪威几乎完全使用水力发电,冰岛也以水力发电为主,而丹麦和芬兰发电主要来源于火电,瑞典的水电、火电和核电均占一定比重。电源结构上,北欧 5 国间具有一定的互补性,国与国之间存在电力交换的潜在需要。北欧地区电网非常强大,目前,除了冰岛外,其他北欧 4

① 孙建平、戴铁潮:《北欧电力市场发展概况》,载《华东电力》2006 年第 12 期,第 60—66 页。

国均实现了电网互联。瑞典、丹麦之间有6条联络线路,瑞典、挪威之间有9条联络线路,瑞典、芬兰之间有5条联络线路。此外,北欧4国与欧洲其他相邻国家也实现了联网,挪威、芬兰与俄罗斯,丹麦、瑞典与德国,瑞典与波兰之间均有直流或交流联系。北欧国家的输电网电压等级从110—420千伏,有110千伏、132千伏、150千伏、220千伏、250千伏、300千伏、350千伏、400千伏和420千伏多个电压等级。

一、北欧电力市场形成过程

1991年1月1日,挪威能源法案正式实施。1992年,挪威国家电力公司拆分为挪威电网公司(Statnett)和挪威发电公司(Statkraft)。1993年1月,挪威电力交易所(Statnett Marked AS,即现在的Nord pool ASA)建立。

1992年,瑞典国家电网公司成立。1996年1月,瑞典加入挪威国家电力市场,两国联合成立挪威—瑞典联合电力交易所,挪威国家电网公司和瑞典国家电网公司各拥有50%的股份,其总部设在挪威首都奥斯陆,在斯德哥尔摩设立办事处。

1996年,芬兰电力交易所成立,即负责电力平衡的EL-EX。1997年9月,芬兰国有的IVS和企业自有的TVS电网公司合并成立了国家电网公司(Fingrid)。1998年6月,芬兰加入电力市场,瑞典国家电网公司和芬兰国家电网公司联合拥有EL-EX交易所,作为北欧电力交易平衡调节市场。1999年,EL-EX交易所改为Elbas市场。

1998年1月1日,丹麦成立了Eltra电网公司,负责丹麦西部Jutland和Funen的输电网。1999年7月,丹麦西部加入电力市场。1999年,成立Elkraft公司负责丹麦东部Zealand的输电网,2000年10月,丹麦东部加入。

这样，历时近10年，囊括北欧4国的世界上第一个跨国统一电力市场建立起来，同时也形成了较为完备的市场框架。德国的KONTEK地区也已经加入了北欧电力市场。

二、北欧电力市场成员

（一）市场交易机构（Power Exchange）

市场交易机构即北欧电力交易所有限公司（Nord Pool ASA，简称电交所）。电交所及其子公司负责北欧电力市场的交易和清算活动以及欧洲市场的二氧化碳排放指标交易。其中北欧电力现货交易所有限公司（Nord Pool Spot AS，简称电现所）负责现货市场交易，电交所拥有20%股份（挪威国家电网公司、瑞典国家电网公司和芬兰国家电网公司各拥有20%，丹麦的2家电网公司Eltra和Elkraft各拥有10%的股份）；北欧电力金融市场负责期货、期权、差价合同等交易，电交所全资拥有；北欧电力清算所有限公司（Nord Pool Clearing ASA，简称电清所）负责北欧电力市场的清算工作，由电交所全资拥有；北欧电力市场咨询公司（Nord Pool Consulting AS）提供市场战略和管理服务，为政府公共当局、监管机构等提供咨询服务，由电交所全资拥有。北欧电力芬兰公司（Nord Pool Finland Oy）负责北欧电力平衡市场交易，为北欧电现所全资拥有。

（二）输电系统运营机构（TSO）

北欧电力市场没有一个统一的TSO，各国的TSO是独立运作的机构，主要负责电力系统的发展、安全稳定运行和各自调度范围内的电力实时平衡。[①] 目前，北欧电力市场输电系统运营机构共有5家，分别为挪威电网TSO、瑞典电网TSO、芬兰电网TSO以及丹麦的El-

---

① 国家电监会市场部：《北欧电力市场》，载《中国电力报》，2005年12月13日。

tra 电网 TSO 和 Elkraft 电网 TSO,TSO 均嵌入于电网公司,即调度没从电网公司中分离出去。北欧电力市场,备用提供者通常得到两种补偿:一是向 TSO 提供的每兆瓦的容量补偿;二是当 TSO 需要备用时实际提供或收到的每兆瓦时的能量补偿。①

Nordel 是丹麦、芬兰、冰岛、挪威和瑞典 5 国 TSO 的合作组织,主要职责是:编制北欧输电系统的发展规划(包括电网投资);协调管理电网运营阻塞;交换电力系统运行、安全和供电可靠性信息;制定输电定价和辅助服务定价的方法;推进北欧输电系统运营者的国际合作;保持和发展与各国政府电力部门和监管机构之间的联系;编制和发布有关北欧电力系统和电力市场的信息等。

(三)市场主体(Market Participants)

北欧电力市场主体主要包括发电商(Generators)、电网拥有者(Grid owners)、零售商(Retailers)、交易商(Traders)和用户(End - users),值得注意的是,这几类市场主体的角色可能经常是重叠的。

三、北欧电力市场体系

(一)电力批发市场(Wholesale Market)

目前,北欧已经建立起了较完备的批发市场交易框架。双边合同是指在电力批发市场中由发、供电方直接签订的电力交易合同。双边合同可以从双边市场(Bilateral Market)或者柜台交易(OTC)市场中得到。除了 OTC 市场和双边市场外,大量的电力批发交易发生在现货市场、平衡市场、实时市场和金融市场中。而北欧电清所的清算和结算系统则充分利用了金融技术,使电力批发市场与金融市场

---

① 李博、朱元成:《北欧电力市场辅助服务》,载《中国电力》2008 年第 4 期,第 88—92 页。

对接，提供了高效、快捷的清算与结算服务，与日美欧其他国家相比，颇具特色。[①]

1. 现货市场(Elspot)

北欧电现所成立于1993年，是一个日前物理市场，电能交易方必须在电网中有物理接入点才能对第二天各个交易时段(以小时为单位)的电能进行竞价交易。进行交易的市场主体一般已签订双边合同或OTC合同。

交易品种　北欧现货市场的交易品种有小时合同(Hourly contract)、分段合同(Block contract)和灵活小时合同(Flexiblehourly contract)3种，3种合同主要区别在于申报方式的不同，小时合同即常规的24个交易时段合同；分段合同即一个连续几个小时组成的报价内包含若干组电价和电量的数据对；灵活小时合同相对于常规的小时合同，可以申报24个交易时段中某几个交易的数据。

系统价格(System Price)和分区价格(Area Prices)　北欧电力现货市场在计算系统电价时，使用北欧4国交易范围内的所有报价信息，而且不考虑电网输送容量和阻塞问题，因此系统电价就是无约束电价。

如果无约束计算出来的所有联络线潮流都不超出TSO给出的输送容量限制，系统电价就是北欧电力现货市场的唯一价格。反之，则要形成价格分区，通过计算分区电价，采用对销交易的方法调整成交电量，解决联络线阻塞问题。分区电价用于现货市场结算，而系统电价则作为北欧电力金融市场结算的参考电价。

交易过程　每个季度开始前，TSO确定市场价区和各价区之间

---

① 紺谷典子『金融技術と電力』日本電気協会新聞部、2001年3月、第63—66頁。

的线路输送极限,一般情况下,北欧市场分为 6—7 个价区(挪威 2—3 个区、瑞典、芬兰各 1 个区、丹麦 2 个区)。

每周开始前,TSO 根据设备检修安排对各价区之间的线路输送极限进行复核。

每天 10 : 30,TSO 向电现所发布次日各小时线路输送极限。

每天 12 : 00 之前,各市场成员向电现所申报所在价区次日发电或购电价—量曲线。

每天 12 : 00—12 : 30,电现所根据报价计算各个交易时段系统发用电平衡点和系统电价,然后对照各价区之间的线路输送极限进行阻塞管理,必要时形成分区电价。

每天 13 : 30,现货市场交易价格和成交电量计算完毕,向各 TSO 和提交报价的市场成员下发现货成交电价和电量;市场成员可在收到计算结果的 30 分钟之内提出质疑。发现错误的,电现所在 14 : 30 之前将最新的成交结果报告给市场成员。如果没有异议,成交电价和电量正式生效,电现所公布各市场成员的成交结果和发、购电计划,并给予现货交易合同,交易各方必须按照合同的约定进行结算。①

2. 平衡市场(Elbas)

现货市场每天 12 : 00 关闭,此时距第 2 天交易履行还有很长时间间隔,最长可以达到 36 小时,市场成员可在这段时间里调整发用电平衡。电力平衡市场允许交易成员在每日 14 : 00 以后,交易履行的 1 小时之前进行平衡交易,最长交易时间可达 34 小时。

平衡市场的主要特点如下。

---

①　山田聡『電力自由化の金融工学』東洋経済新報社、2001 年 6 月、第 26 頁。

(1)基于连续竞价的拍卖模式。市场全天候开放,全天24小时连续竞价,有购、售电需求的市场成员可以通过基于Web方式的电子系统或电话备用系统,对符合自己意愿的购售电出价申报反向的售购电报价。

(2)确保现货市场闭市后价区间联络线不超限。当2个价区间联络线满送时,2个价区将被分开,有关价区内的市场成员将无法观察到来自对方价区的出价,即不能与对方价区进行交易;当2个价区间联络线仍有富余时,两个价区等同于一个价区,有关价区内的市场成员可以进行自由交易,直到满送。

3. 实时市场

实时市场主要有两个作用:一是为系统运行方进行实时电力平衡提供工具和手段;二是为市场交易成员的不平衡电量提供结算电价。

北欧电力市场长期以来采用分区控制方式,实时平衡由各国的TSO分别负责,因此有关实时平衡的规划也各不相同。从2002年开始,各国的TSO通过相互协调,开始逐渐向单一控制区方式过渡,将所有的实时报价进行全网统一排序,联合进行全网实时平衡,并采用相同的实时市场定价和结算。[①] 当系统频率波动超过50±0.05赫兹时,由TSO启动平衡市场,反之则通过辅助服务来保持频率稳定。当出现输电阻塞影响系统平衡时,由TSO进行对销交易,对销交易不影响实时市场价格,但TSO必须承担由阻塞引起的不平衡费用。

4. 金融市场(Eltermin&Eloption)

---

① 国家电监会:《欧洲、澳洲电力市场》,中国电力出版社2005年版,第150—157页。

金融市场中的交易不考虑电网阻塞、输电容量等技术因素的限制,主要对期货合同、差价合同和期权合同进行交易,其目的是价格发现,套期保值。①

期货合同　金融市场挂牌交易的期货合同主要分为短期期货合同(Futures Contract)和远期期货合同(Forward Contract)。短期期货合同有日期货合同和周期货合同2种,均采用两段结算的方式。周期货合同以8个连续的周合同为一组,滚动循环上市交易。远期期货合同经过几次调整后,现分为月度期货、季度期货(指公历季度)和年度期货合同。年度期货合同可以拆分为季度期货合同,季度期货合同又可以拆分为月度期货合同。远期期货合同也采用两段结算的方式。

差价合同　期货合同结算时所用的参考价格是系统电价,一旦网络发生阻塞,结算电价变成分区电价,市场主体就会面对系统电价和分区电价存在偏差而带来的市场风险。为了规避这类风险,北欧电力金融市场引入了差价合同。差价合同是一种以现货市场的分区电价和系统电价的差价作为参考电价的期货合同,市场中差价合同的成交价格反映了交易方对这种差价的预期值。

期权合同　期权合同有买入期权(calloptions)和卖出期权(putoptions)2种。买入期权的买方有权利在期权到期之前以事先确定的成交价格购买合同电能;卖出期权的卖方有权利出售合同电能。交易主体根据对市场价格变动趋势的预期来决定如何在金融市场中进行期权交易。北欧电力金融市场挂牌经营标准化的期权合同,其附属合同为远期期货合同。

① 张粒子、邓华等:《区域电力市场电价机制》,中国电力出版社2004年版,第7页。

5. 清算和结算

除了北欧电交所的所有交易要由电清所进行清算外,电清所还提供对双边市场中标准化金融合同的清算业务,电清所为此要承担买方或卖方相应的对等义务。电清所每日清算业务通过一个集中一体化的银行和数据处理系统完成,几乎所有的清算金额都通过电子转账的方式在结算行之间进行流转,只有交易费和清算费转账到电清所的银行账户。

电清所为了减少 Elspot 和 Elbas 市场结算过程中所发生的现金流,对两个市场统一进行合同交易金额的净值结算。从 2004 年 2 季度以后,两个市场开始采用按日结算,传统的人工出单被银行电子交易系统所取代。为了减少北欧电力结算风险,北欧电力结算中引入了保证金制度并由北欧电现所的风险管理部专门负责监视每一个市场交易者的交易金额和保证金数额。保证金共有 3 种,分别为基本保证金、结算保证金和特别保证金。

(二)电力零售市场(Retail Market)

目前,北欧电力零售市场已经向全部的电力用户开放。在电力零售市场中,工业、商业和服务业等大用户通常会通过批发市场和电力零售商签订合同。而小用户,如居民,则主要是在零售市场中选择自己满意的零售商,并选择合适的合同类型进行签约。

四、北欧电力市场运行情况

(一)消费者采用的电力交易方式各有侧重

由于北欧 4 国地处天气寒冷的欧洲北部,居民用电受短期气温变化影响很大,而且需求具有很大刚性,因此主要的电力交易方式采取可变化的金融合同形式,如期权合同。商业用户更多地采用日前现货交易来适应短期天气变化,并辅以固定价格合同来降低电力支出。工业用户由于电力需求相对稳定，因此，多采用较便宜的固定价格合同，并辅以现货合同来保持一定的灵活性。

（二）电价稳定

表7－2为1993—2003年北欧电力市场平均电网电价，总体而言，由于水电占有一定比重，因此电价较低，平均值为161.74挪威克朗/兆瓦时；各年度电价变化不大，比较稳定。但在挪威和瑞典枯水的1996年和2003年，电价形成了两个高峰。2003年，北欧电力市场平均电网电价为290.61挪威克朗/兆瓦时，比平均值高出近1倍，最高时月平均电价为550挪威克朗/兆瓦时。[①]

表7－2　1993—2003年北欧电力市场平均电网电价（单位：挪威克朗/兆瓦时）

年度	1993	1994	1995	1996	1997	1998
平均电网电价	80.27	182.67	117.67	253.63	135.00	116.35
年度	1999	2000	2001	2002	2003	
平均电网电价	112.11	103.33	186.49	201.03	290.61	

资料来源：周定山：《西方国家电力体制改革实践及经验教训》，中国水利水电出版社2005年版，第176—178页。作者整理而成。

（三）交易活跃

表7－3列出了1993—2003年北欧电力市场的年度交易电量。总的说来，北欧电力市场交易活跃。2003年，现货市场交易量为117.9太瓦时，财务交易量为545太瓦时，财务双边结算量为1219太瓦时，市场总量为1883太瓦时。

① 周定山：《西方国家电力体制改革实践及经验教训》，中国水利水电出版社，2005年，第176—178页。

表 7－3　1993—2003 年北欧电力市场电力交易量（单位：太瓦时）

年度	1993	1994	1995	1996	1997	1998
现货市场	10	15	20	41	43	56
财务交易	3	7	15	43	53	89
总交易量	13	22	35	84	97	146
财务双边结算					147	373
总市场					244	519
年度	1999	2000	2001	2002	2003	
现货市场	75	96	111.2	123.6	117.9	
财务交易量	216	359	910	1019	545	
总交易	292	456	1022	1143	664	
财务双边结算	684	1180	1748	2089	1219	
总市场	975	1635	2769	3232	1883	

资料来源：周定山：《西方国家电力体制改革实践及经验教训》，中国水利水电出版社 2005 年版，第 179 页。自 2001 年起芬兰被包括在其中。

第三节　欧盟电力市场化改革

一、目标

欧盟推进电力市场化的目的是要消除各成员国电力行业之间的壁垒，建立跨国电力企业和实现跨国电力供应，统一欧盟电力市场，在欧盟范围内形成竞争氛围和优化配置电力资源。为达此目的，欧盟制定了进程表，并多次改版，预计在 2015 年完成。

二、立法

欧盟委员会制定的一系列电力行业法规和通用竞争规则，是指导和规范各成员国电力市场化改革的基础，并据此推动改革不断深入。

20世纪90年代初，欧盟理事会颁布了有关工业终端用户电力和天然气价格透明化的90/377/EEC指令和关于输电的90/547/EEC指令，标志着欧盟电力行业自由化进程的开始。

1996年，96/92/EC指令（又称电力指令）出台，明确了建立欧盟内部电力市场的通用规则。2001年颁布的有关可再生能源发电的2001/77/EC指令对电力指令作了补充。

2003年，为加快电力市场化进程，欧盟颁布了两个新的指令：一个是2003/54/EC指令（也称加速指令），取代了电力指令；另一个是1228/2003法规，明确跨国输电入网等问题。此外，2003/55/EC指令中详细说明了电力与天然气指令的实施方案。[①]

2005年7月，作为欧盟委员会法律顾问组织的欧洲电力和天然气监管机构（ERGEG），颁布了关于输电收费和阻塞管理的导则，并于2006年年初生效。

2007年4月，欧盟理事会通过了"欧盟未来三年能源政策行动计划（2007—2009年）"（EPE），其中长期能源政策主要包括5大措施：一是建立欧盟统一的天然气与电力市场；二是保障能源进口的稳定与安全；三是实施全方位的国际能源战略，加强与欧佩克、经合组织等的合作，通过与俄罗斯建立伙伴关系及签署合作协定以确保欧盟能源供给的稳定，特别要保证欧盟中长期的能源安全。强化对中亚、里海与黑海地区能源产业的项目评估、商业投资与技术合作，进

---

① 宋永华、孙静：《欧洲的电力市场发展及对我国的启发》，载《电力技术经济》2008年第3期，第2页。

一步使能源供给的来源多样化；四是提高能源效率与扩大核能利用规模，达到欧盟至2020年减少能源消耗20%的目标并提出要求各国明确节约能源的“目标责任”；五是研究新能源技术与开发绿色能源。

三、路径与措施

(一)发电环节

欧盟委员会规定了新建发电设施的审批内容和招标程序。审批内容主要有生产技术安全、保护公众健康与安全、环境保护、土地规划与利用、公共土地的使用、能源效率、一次能源的性质、申请人的性质(如技术、经济和融资能力)以及公共服务义务等方面。招标程序要求招标文件应至少在投标截止日前6个月在欧盟官方期刊上公布，内容包括合同格式的详细说明、所有投标人应遵守的程序、决定中标方和签署合同的具体标准。招标组织、监督和管理工作由各国有关的独立部门负责。

欧盟委员会还规定输电系统运营机构(TSO)负责其服务区域内发电设施的调度，并和其他系统共同决定互联设施的使用。发电企业依据成员国公布和批准的客观、非歧视的标准，接入电网，接受电力调度和使用电网互联设施。为保证供电安全，成员国可以要求TSO优先考虑利用本地一次能源燃料的发电设施，并规定一定的数量限制条件。

另外，2001/77/EC指令规定成员国有义务在2003年10月27日之前建立起“绿色准入制度”，以确保利用可再生能源发电的工作能够顺利起步。各成员国可要求TSO和配电系统运营机构(DSO)优先调度绿色电力，TSO和DSO也有义务为此优先提供输电通道，保证输送。

（二）输电环节

在欧盟各国输电都属于垄断业务，必须由监管机构实施监管。

每个成员国应指定至少一个TSO，负责输电系统的运行、维护和发展以及根据需要进行各输电系统间的互联。只有被某个成员国或电网所有者指定为TSO的企业，才能在欧盟范围内运营输电网，各成员国有权根据经济和效率因素确定TSO运营期限等约束条件。TSO（配电系统运营机构DSO）可以属于垂直一体化的电力企业集团，但是必须在法律形式、组织和决策方面独立于集团中从事发电、配（输）电或售电业务的其他部分。TSO（DSO）不得将与其所从事业务相关的任何敏感商业信息向任何第三方透露。垂直一体化电力企业可以拥有输电、配电系统的产权，也允许存在输电、配电系统联合运营机构，但是，必须为输电、配电业务设立单独的账户。在确保TSO（DSO）拥有运行、维护和发展输（配）电网所必须的资产决策权的前提下，集团公司可以保留对TSO（DSO）必要的财务监督权。

所有成员国都必须强制性要求电网按公开价格接受合格用户和发电设施使用电网。所谓合格用户是指可自由选择售电企业的用户群体。TSO应执行合格用户（包括配电企业）和其选择的售电企业之间签订的售电协议。TSO因输电容量不足拒绝用户或发电设施接入输电系统的要求时，必须有正当的理由。如有必要，TSO应提供为加强电网而必须采取措施的相关信息。输电价格及其核算办法应该由各成员国有关监管机构，在客观、透明和非歧视性的原则下批准。发电和售电企业有权通过直供线路（不属于输电网一部分的电缆），为自己的建筑、子公司以及合格用户提供电力。直供线路的建设需要履行基于客观和非歧视标准的批准程序。

欧盟没有单独负责全体欧盟成员国输电网可靠性的机构，通常的做法是:欧洲输电系统运营机构协会组织各 TSO 研究讨论输电网可靠性方面问题,或者针对具体问题,根据需要召开小范围的研讨会,探讨解决方案。各成员国监督其国内的供电安全,内容包括电力供需预测、电网维护质量水平以及为满足峰谷需求而采取的措施等。各 TSO 也有义务维持足够的输电容量和系统可靠性。成员国应按要求每隔 2 年公布监督报告,并将其提交欧盟委员会。

(三)配电环节

各成员国为每个配电系统指定一个配电系统运营机构(DSO),负责某一地区内配电系统的运行、维护、发展以及系统间的互联。运营配电网的企业必须获得相应成员国或电网所有者的认可,被指定为 DSO。配电企业必须按照有关监管机构确定的价格、条款和条件将用户接入电网,并承担一定的公共服务义务。

(四)售电环节

2003/54/EC 指令规定成员国必须自 2004 年 7 月 1 日起,所有非家庭用户拥有购电选择权(得到豁免的成员国除外);自 2007 年 7 月 1 日起,所有用户(包括家庭用户)拥有购电选择权。拥有购电选择权,即允许电力用户自由选择是向本地配、售电企业购电,还是向发电企业或其他售电企业购电,其核心是确定合格用户,并逐步扩大其范围。年用电量超过 1 亿千瓦时的大用户和配电企业从一开始就被纳入了合格用户的范畴。① 各成员国根据 2003/54/EC 指令,确定本国开放用户选择权的进度。

欧盟成员国可以根据本国情况决定是否建立对售电业务的准入

① 刘雅芳:《欧盟电力市场化改革的情况和启示》,载《中国电业》2008 年第 1 期,第 82—85 页。

制度,以及如何建立准入制度;在符合整体经济利益的情况下,可以对电力行业的所有企业(发电、输电、配电、售电企业)提出公共服务义务要求;应采取适当的措施保护终端用户,并保证所有家庭用户都能获得普遍服务。

(五)跨国电力交易

欧盟法律一般不允许限制跨国收购电力企业或对跨国电力投资施加特殊要求。欧盟委员会负责在欧盟层面管制电力企业跨国收购兼并中的反竞争行为。判定某交易或经营行为是否属于反竞争性质的依据是 EC 第 81 条或第 82 条。如果欧盟委员会发现违反 EC 第 81 条和/或第 82 条的行为,可以命令有关企业停止相关行为,并采取必要措施恢复竞争。为确保企业遵守命令,还可以采取处以罚款的措施。罚款额最高可达企业营业额的 10%。而违反第 81 条所签订的协议视作无效协议,不得执行。另外,欧盟法院认为以下所谓"金股"政策违反了自由贸易原则:对其他成员国国民的持股数量施加上限;对出售或使用战略性资产进行限制;规定国家持股部分拥有特殊的表决权或否决权等。

在电力进出口方面,如果某一成员国的电力进口企业希望为电网运营机构供电区域内的合格用户供电,而该用户在电力输出国不属于合格用户,则电网运营机构可拒绝为该进口企业提供入网服务。另外,在实行自由化之前,依据某电网运营机构所做的长期进口电力承诺,而对其授予跨国输电容量的优先权的做法不符合建立欧盟内部电力市场的原则。尽管当初在签订这一长期合同时,该运营机构被赋予了提供公共服务的义务,但是依据 96/92/EC 指令,入网优先权将导致歧视性待遇。

2003/54/EC 指令对于跨国电网互联设施的使用未作特殊规定。

但欧盟委员会建立的电力监管机构论坛就这一问题制定了有关导则。2004 年 7 月 1 日起生效的 1228/2003 法规确定了入网费率的制定、有关阻塞管理和提供可用容量信息等跨国输电入网规则，并提供了在公平、透明和无歧视条件下进行跨国输电的监管框架。此外，2005 年欧洲电力和天然气监管机构（ERGEG）颁布了关于输电收费和阻塞管理的导则草案。这些相关规定的主要目的是规范跨国输电行为，提高经济效益和促进竞争。

四、进程与成效

从 1990 年至今，欧盟的电力市场已经历了近 20 年的建设历程，取得了巨大成就。

就发电环节而言，目前欧盟各成员国的发电环节都已全部开放，实现了竞争。

在输配电环节，欧盟 2005 年 11 月的评估报告指出：大部分国家都能够按照要求从法律上将 TSO 分离出来，且其中有 6 个国家真正实现了产权上的分离，另有 2 个国家未按照要求实现分离。而就独立的 DSO 而言，有 50% 的国家还需要按照欧盟指令要求进一步从法律上将其从竞争业务中分离出来。

在售电环节，到 2007 年 7 月，除爱沙尼亚、塞浦路斯、希腊、葡萄牙出于特殊原因得到宽限外，欧盟其他成员国已经根据欧盟指令，对所有终端用户均开放了购电选择权。但从反映市场实际竞争度的 2 个指标，即大用户更换供电商的比例和市场集中度来看，市场并未达到有效运作。截至 2005 年 11 月，累计更换供电商的大用户比例达到 50% 以上的仅有 6 个国家，大部分在 30% 以下。市场集中度用发电容量最大的 3 个电源公司所占市场份额的总比例表示，仅有北欧 5 国和英国的市场集中度值低于 50%，有一些国家的市场集中度在80%以上。[①]

在电价方面,根据2007年1月欧盟委员会给欧盟理事会和欧洲议会的关于欧盟内部电力和天然气市场前景的报告,1997—2006年的十年间,在一次能源价格全面大幅度上涨(煤炭、天然气、原油价格涨幅分别达到19%、45%和158%)、大量采用风电、太阳能发电等成本较高的可再生能源和电力企业加大了环保投入的条件下,2006年电力销售价格与1997年水平持平(如果扣除税收因素影响,还有所下降)。2002年甚至曾经出现电力销售价格比1997年降低20%的情况。[②]

在跨国电力交易方面,欧盟开展了3个方面的重点工作:一是加快泛欧洲输电网建设进程。1996年,欧盟提出泛欧洲跨国能源传输系统建设计划大纲;2003年6月,从保证能源安全和促进统一电力市场的角度对计划进行了修改,提出了一些优先考虑的电力联网项目;2003年12月,又把即将加入欧盟的10个国家的跨国联网项目考虑进来。截至2006年底,欧洲互联电网装机容量6.3亿千瓦,最大负荷3.9亿千瓦,用电量达2.58万亿千瓦时,供电人口4.5亿人,覆盖面积超过450万平方公里,国家间电能交换超过总用电量的10%。[③] 根据欧盟建议的跨国输电和输气计划的建设项目,2007—2013年期间将投资280亿欧元。二是推行统一的输电交易和阻塞管理机制。欧盟要求各系统调度机构加强协作,逐步采用市场化的

① 魏玢、马莉:《欧盟电力市场化改革最新进展及启示》,载《电力技术经济》2007年第2期,第15页。

② 刘雅芳:《欧盟电力市场化改革的情况和启示》,载《中国电业》2008年第1期,第82—85页。

③ 张运洲:《欧洲联网的经验和启示》,载《中国电力报》2007年10月9日。

输电容量分配机制，包括采用明确的容量拍卖机制，或是在市场交易中采用隐含的容量拍卖机制。有关跨国输电线路成本分摊以及相应价格制定机制也正在重点研究中。三是推动各国电力市场之间的连接和融合，建设泛欧洲电力市场。采取的措施是：增加和扩大日前电力市场交易范围和流动性，实现电力交易所的合并和市场连接；建立一天以内交易和平衡市场机制的连接。在欧盟地区已经建成的主要电力交易所有 9 个，近几年交易所之间已开始相互融合，包括：2002 年，位于德国莱比锡的电力交易所（LPX）与位于德国法兰克福的欧洲能源交易所（EEX）合并成为欧洲能源交易所；[①]2004 年 6 月，荷兰电力交易所（APX）收购了英国电力交易所 UKPX（更名为 APX UK），两个交易所分别在阿姆斯特丹和伦敦开展电力交易；[②]2005 年 7 月，比利时电力交易所成立，于 2006 年初开展日前电力交易，同时该交易所开始筹备与荷兰电力交易所和法国电力交易所中的日前市场交易连接；根据西班牙和葡萄牙建设伊比利亚区域电力市场的协议，葡萄牙着手建立合约交易市场，当时计划在 2007 年与 1998 年建立的西班牙现货交易市场合并，形成伊比利亚区域电力市场。尽管采取了以上三个方面的重点工作，但根据欧盟 2005 年的电力市场评估报告，总体而言，欧盟各国之间的跨国电力交易还不充分，2002 年跨国交易量占欧盟用电量的 8%，2005 年这一数字为 10.7%，仅增加了 2.7 个百分点。[③]

---

① 野村宗訓『欧洲の電力取引と自由化』日本電気協会新聞部、2003 年 12 月、第 181—182 頁。

② 矢島正之『電力改革再考—自由化モデルの評価と選択』東洋経済新報社、2004 年 2 月、第 89—92 頁。

③ 魏玢、马莉：《欧盟电力市场化改革最新进展及启示》，载《电力技术经济》2007 年第 2 期，第 15—16 页。

五、面临的挑战

自 2005 年以来，由于天然气等燃料价格的上升、欧洲二氧化碳排放权交易机制的建立，欧洲电力批发市场的价格出现了大幅度上升，一年内上涨幅度高达 60% 以上。如何稳定电价，使普通民众和企业受惠于电力市场化改革，是欧盟及其成员国政府必须面对的一个问题。

近年来，随着一些机组的退役，欧盟电力市场备用容量逐渐降低。根据剑桥能源咨询公司的研究，如果仅考虑目前在建的发电项目，到 2010 年欧盟有 15 国的平均备用系数将从现在的 22% 降到 10% 左右，高峰期将缺电 2600 万千瓦。如何兼顾改革与发展，筹集到足够多的电力建设资金，是摆在欧盟及其成员国政府面前的又一个难题。

自欧盟推行电力市场化改革以来，电力企业并购活动频繁，近年来更是愈演愈烈，在一些案例中收购者甚至受到政府鼓励。[①] 在英国，供电企业已经从原有的 12 家公司减少为 6 家公司，而一些仍保持一体化的能源公司不断向国外扩展，在多个国家拥有电力业务，法国电力公司就是一个典型的例证。欧盟认为业务拆分不彻底可能影响了市场的有效运作，正在试图进一步严格要求电力公司从产权上分离业务，然而成员国政府对此的态度却是抵制与欢迎并存，无论是大型能源企业还是拥有大型能源企业的成员国政府都不愿意接受。2008 年 6 月在卢森堡举行的欧盟能源部长会议上，由于德国和法国等 8 个成员国强烈反对，没有就实行所有权拆分达成一致，就是一个

① 陈志萱：《欧洲能源企业并购潮起》，载《经济日报》2006 年 3 月 1 日。

很好的例证。①

从现行的欧盟统一电力市场路径选择与框架设计来看，主要缺陷有：许多国家的电力市场仍呈现很高的集中度，市场准入存在壁垒；没有建立起有效的市场化机制来合理安排跨国输电容量的使用，使现有的一些基础设施使用不足；各成员国之间电网互联规模较小，成为统一电力市场发展的最大的障碍。如何完善，人们正拭目以待。

吸取 2006 年发生在欧洲电网、涉及德国、法国、意大利、西班牙、葡萄牙、荷兰、比利时、奥地利共 8 个国家的“11 · 4”大停电等几次停电事故的教训，②目前各成员国政府都将本国的能源供应安全问题放到最重要的位置，强调改革必须以电力供应安全为前提，倾向于建立本国龙头电力企业来保护本国用户的利益。这与欧盟要求降低市场集中度、提高市场运作效率的意愿是相违背的。实际上，欧盟电力市场化改革进一步推进的最大障碍是与成员国政府意愿之间的冲突。

总之，欧盟统一电力市场建设之路还有大量的工作要做，还会遇到许多困难。

---

① 林西：《欧洲能源市场开放之路困难重重》，载《中国电力报》2007 年 7 月 18 日。

② 葛睿、董昱、吕跃春：《欧洲“11 · 4”大停电事故分析及对我国电网运行工作的启示》，载《电网技术》2007 年第 3 期，第 1—6 页。

第八章　日美欧电力市场化改革的经验教训及启示

第一节　日美欧电力市场化改革的经验教训

20 世纪 90 年代初期以来，日美欧各国先后进行了电力工业市场化改革，探索通过电力市场配置电力资源的途径和方法。由于日美欧各国电源结构、电网规模、负荷特性等多种因素都存在一定的差异，从而使日美欧各国电力市场化改革实践各具特色。既有美国 PJM 市场和北欧电力市场的成功改革，也有美国加州电力市场的惨痛失败；更多的是如美国德州电力市场那样，虽然取得了一些成绩，但问题也大量存在。总体而言，日美欧各国的电力市场化改革目前都还处在探索和完善阶段，尽管如此，还是有许多共性，这些基本框架和经验教训为深化我国电力体制改革提供了很重要的借鉴与参考。

一、日美欧电力市场化改革的基本目标、路径

（一）日美欧电力市场化改革的基本目标

在电力全球化和电力市场化改革的潮流面前，日美欧各国大多都结合本国国情，制定了符合本国在国际市场中战略定位的电力市场化改革目标。但是，目标选择存在着明显的差异。例如，日本电力

市场化改革的特色是电力工业私有化较早完成、电力监管逐渐放松、电力市场化改革的步伐缓慢;[①]美国电力改革的目标是放松管制,引入竞争,提高效率,降低电价;英国电力市场化改革的核心是实行私有化和在电力市场引入竞争机制;法国对电力改革主张纵向整合,实施资本开放,反对破碎化,考虑长期发展战略;欧盟电力市场化改革的目标是成员国开放电力市场,加强国与国之间的电网连接,消除内部电力贸易壁垒,建立内部统一电力市场;俄罗斯电力工业虽然实力雄厚,但电价较低,电力生产与发展所需资金缺乏,发电设备陈旧老化,电力市场化改革的重点是吸收到电力生产与发展所需的足够多的资金,提高电力工业效率。概而言之,可以将日美欧电力市场化改革目标归纳为:保证可靠、长期而充足的电力供应以及合理的环境标准;通过打破垄断和引入竞争机制,促进电力工业提高效率、降低电价、改进管理和服务,使公众从中获得利益;通过降低用电成本提高国家整体经济效益,进而提高国际竞争力。

(二)日美欧电力市场化改革的基本路径

日美欧各国实现上述电力市场化改革目标所采取的措施各不相同,路径各异,各有侧重。例如,日本各大电力公司实行发电、输电、配电、售电垂直垄断分地区经营,近年来,在保证有稳定的投资,有可靠的电力供应前提下,发电、售电业务允许其他电力企业加入,逐步引入竞争机制,稳步推进市场自由化;[②]美国具体改革方案及进度由各州根据电网实际情况自行确定,加州照搬英国模式,致使电力交易市场的设计存在缺陷,加之外部因素的恶化,2000 年 6 月至 2001 年

---

① 橘川武郎『日本電力業発展のダイナミズム』名古屋大学出版会、2004 年、第 286—287 頁。

② 川本明『新展開電力ビジネス』日本電気協会新聞部、2001 年、第 13—14 頁。

3月发生了严重的电力危机，而PJM电网等大多数电网采用厂网进行功能性分离，电力交易以长期双边合同为主，现货市场交易为辅，电力公司及供电商对供电用户用电需求有发电容量保证的纵向整合改革模式，获得了成功；英国电力市场化改革的具体措施是分解垂直一体化、改革售电环节、私有化和开放供电市场；法国2005年实施了电力资本开放，但国家仍对整体改制上市后的法国电力公司（EDF）绝对控股，至今也未进行厂网资产分离；欧盟采取的措施主要是：用户可自由选择供电商，欧盟国家必须依据时间表开放供电市场，供电市场可采用不同的业务模式，对于发电市场，欧洲国家可选择采用招标机制或许可证制度来监管发电容量；俄罗斯电力体制改革始于1992年，经历了电力工业股份制改革和市场化改革两个大的阶段，波折颇多，进展缓慢。通过对日美欧各国电力市场化改革实践的分析，可以发现基本路径主要有以下四个方面：（1）交易模式的转换，对电力工业国有资本实行民营化，出售给股民或外国公司。（2）电力行业组织结构的转换，从原来的垂直一体化，认为各个环节组成了一个不可分割的系统，到现在从理论上已经证明将具有自然垄断性的输、配电业务和非自然垄断性的发、售电业务分开经营，完全能够保证电力生产、供应的安全稳定运行，在实践上也已经证明厂网可以分开，电网和终端销售也可以分开，实行自由化。（3）资源配置方式的转换，目的是建立一个竞争性的市场结构，通过电力市场配置电力资源，即资源配置方式市场化。（4）监管内容和方式的转换，由以行政管理为主过渡到以依法监管为主，实行监管法制化。

1. 电力民营化

电力民营化是将国有、公营的电力工业所有权或经营权转移到民间，包括将国有电力企业的资产全部或部分出售或转让给私人企业和将国有电力企业改组为股份公司并将股份卖给私人持股者。以英国为典型的一些欧洲国家将国有电力工业民营化是出于一个或多个目的,主要有:增加国家收入;减少政府在经济中的参与;引入更多的竞争,提高电力工业效率等。

新自由主义经济理论认为民营化是电力工业实现政企分开和引入竞争机制的前提条件,离开了民营化,电力工业市场化改革将不复存在。[①] 但是,1999 年 9 月在美国休斯敦召开的第 17 届世界能源大会却认为:能源和电力企业的国家所有制本身并不是问题,只要国家愿意并能够承担和满足能源和电力工业的投资需求。只要引入足够多的市场竞争主体,不实施电力民营化,一样可以通过电力市场配置电力资源,实现电力市场化改革目标。

以新自由主义经济理论为导向,不仅是日美欧国家,世界上很多国家的电力市场化改革,都是与民营化相联系的。

从欧洲各国来看,电力民营化各不相同。德国电力部门的私有化进程开始得很早,而这一过程大部分是通过企业兼并完成的。2000 年,德国联合电力与矿业股份公司和德国联合工业企业股份公司合并成了德国第一大电力公司——意昂股份公司。西班牙政府在 1988 年至 1998 年间逐步将本国第一大电力企业恩德萨公司私有化,而该国第二大电力企业 IBERDROLA 公司也是私营企业。意大利最重要的电力企业——国家电力公司早在 1999 年便开始“资本开放”进程。2005 年 7 月份,意大利政府第 4 次向市场投放了该公司的国有股票,把在该公司的控股权降到了 20% 左右。西欧小国葡萄

---

① シャロン・ビーダー著、高橋健次訳『電力自由化という壮大な詐欺—誰が規制緩和を望んだか』草思社、2006 年 4 月、第 16 頁。

牙，政府仅掌控葡萄牙电力公司26%的股份，而且政府还计划继续减少在该公司的控股权。[①] 希腊是电力企业私有化起步比较晚的国家，但政府在该国主要电力企业DEI公司的控股权目前也只有70%。欧洲电力企业民营化的一个重要途径就是上市，上市也是欧洲电力企业筹措资金，以扩展业务的重要手段。

从世界范围来看，各国民营化的尝试实际上是差别很大。[②] 目前英国、挪威、意大利、智利、土耳其、澳大利亚、新西兰、阿根廷、西班牙、墨西哥、巴西和韩国等国，都已经实行了电力民营化。美国、日本和我国的台湾地区、香港特区等原来就是电力私有化的国家或地区，只有少数电力企业存在民营化问题。孟加拉国、喀麦隆、印度尼西亚、牙买加、肯尼亚、马来西亚、巴基斯坦、秘鲁等发展中国家也都采取了一些尝试性的民营化举措。法国电力民营化动作迟缓。

从电力民营化的发展过程来看，实施电力民营化的国家逐渐增加，国有电力资产变卖的规模逐步增大。在民营化的初期，国有电力企业的买主是分散的公众，然而，最近几年，出于战略性投资的考虑，愈来愈多的电力公司资产由其他公司购进，并且出售的资产也愈来愈变得多样化，过去出售的电力资产主要是发电资产，因为各国都较容易接受将发电资产先实行分拆的措施。然而，1997年以后可以看到输电资产也被加入了出售行列。

2. 电力市场化

电力市场化是建立竞争性电力市场，通过电力市场配置电力资

---

① 陈俊侠：《法电力公司“大步”跟进欧洲电力私有化》，载《新华每日电讯》2005年11月23日。

② 長山浩章・柏木健志『世界の自由化は今—変わる電力自由化のビジネスチャンス』日本電気協会新聞部、2004年12月、第21—32頁。

源。电力市场是相互作用、使电能交换成为可能的买方和卖方的集合。电力市场中的商品除电能外还包括各种辅助服务。辅助服务包括输送电能、提供备用、无功补偿及电压调节等,主要用来保证电力系统运行的可靠性及电能质量。

表8-1 1991—1997年全球各地电力民营化概况(单位:百万美元)

	1991年	1995年	1996年	1997年	1991—1997年合计	所占比例(%)
非洲	255			483	738	1.41
亚太		6423	4089	7521	18745	28.87
加勒比海湾					107	0.16
欧洲		2272	2871	9746	19194	29.56
FSU			345	32	377	0.58
拉丁美洲		1828	4486	15731	25779	39.70
合计	255	10523	11791	33513	64940	100.00

资料来源:王永干、刘宝华:《国外电力工业体制与改革》,中国电力出版社2001年版,第193页。

日美欧各国所建立的竞争性电力市场的基本模式是在发电环节和售电环节引入竞争,输电和配电环节仍然实行垄断经营。(1)发电领域实行完全竞争:对原有电力公司的发电部分进行私有化和重组,成立两个以上独立发电公司,同时允许新的发电商进入,开放电力批发市场。电力批发市场主要由双边合同市场、日前市场、实时市场和期货市场组成。(2)售电环节实行竞争:打破原有配电公司的售电垄断,成立新的不拥有配电网络的售电公司,开放电力零售市场。(3)提高电力用户供电选择权:一般首先从大用户开始,最后实现包括居民用户在内的所有用户均可自由选择供电商。(4)输配电网仍然实行垄断经营:一般成立国家电网(输电)公司和多家配电公司。通过立法,输配电网公司必须按法定要求向所有发电商和购电者完全开放,提供服务,收取相应费用。(5)成立电力批发市场交易中心,主要负责电力批发市场的具体运作,如按照一定规则对发电机组进行发电排序,对电力批发市场金融业务进行结算等。电力批发市场交易中心通过计算机自动化系统控制三个流:电力商品流、信息流、资金流,包括报价子系统、交易子系统、计量子系统、实时信息子系统、能量管理子系统、合同管理子系统、结算子系统等,遵循"透明、开放、安全、高效"的原则。[①] 电力批发市场交易中心是市场主体完成电力批发交易、开展竞争的场所,也是电力批发市场的灵魂。但日美欧各国电力批发市场交易中心的设置方式、运行机制、交易方式等方面差别非常大。[②]

日美欧各国电力批发市场交易中心的设置方式有四种:(1)输电、调度、市场交易中心三者合在一起;(2)输电与调度合一,市场交易中心独立;(3)输电、调度、市场交易中心三者分开,各自独立;(4)输电公司独立,调度与市场交易中心合在一起。[③] 输电公司是经营输电业务的商业性机构,它追求利润,但因垄断经营而受价格管制;调度和批发市场交易中心则不是商业性机构,不追求利润。调度的责任是保证电网安全稳定运行。批发市场交易中心的责任是保证高效地完成市场交易和开展公平有序的竞争。输电、调度、批发市场交

① 尚金成、黄永皓等:《电力市场技术支持系统设计与关键技术研究》,中国电力出版社2002年版,第19—27页。

② 南部鶴彦『電力自由化の制度設計—系統技術と市場メカニズム』東京大学出版会、2003年3月、第169頁。

③ 矢島正之『電力改革再考—自由化モデルの評価と選択』東洋経済新報社、2004年2月、第16—17頁。

易中心三者都是为完成市场交易服务的,三者日常业务关系十分紧密。

电力批发市场交易中心采用何种运行机制和交易方式能够更有效率,日美欧各国进行了不同的探索与实践:英国先实行电力库(POOL)模式,后改为新电力交易规则(NETA)模式;法国采取了最缺乏竞争性的单一买者模型作为电力批发市场的竞争结构;美国PJM电网采用纵向整合模式,而加州采用有管制的零售市场与解除管制的批发市场方式,正是这一设计缺陷最终导致了加州电力危机,教训深刻。但是,应该说到目前为止世界范围内还没有一个成熟的模式。

电力市场的另一个重要部分是电力零售市场。一个活跃的竞争充分的电力零售市场将使得最终电力消费者看到电力批发市场的价格信号,从而使得电力需求曲线对电力市场供求关系作出反应。目前,美国德州电力市场在零售市场改革方面是较成功的市场之一,ERCOT为负荷参与辅助服务市场和实时电力平衡市场提供了途径。

纵观日美欧各国电力市场化改革的历史进程,可以发现竞争性电力市场设计进行了三个方向的探索:转向长期双边期货交易的欧洲趋势;采用节点定价模型的美国趋势;进行零售市场改革,发展需求方参与的国际趋势。

3. 电力自由化

电力市场化改革的过程就是政府放松电力管制,电力自由化的过程。所谓电力自由化,就是实行电力行业开放,降低进入成本,放松管制,减少政府干预。电力自由化的结果是竞争的加强。虽然日美欧各国电力行业还没有一国做到完全自由放开,不同程度的管制总是存在的。[①] 然而，纵观日美欧各国电力工业的发展，竞争的趋势已成为不可阻挡的力量。诚然，日美欧各国电力行业实行自由化的过程较为复杂，但在此过程中，行业重组、资产分拆、监管体系的演进均是不可缺少的。[②]

由于日美欧各国情况不同，电力工业民营化和市场化的进展程度也各不相同，大致可以分为三类：第一类是探索型，自由化和民营化程度比较高，如美国、英国等；第二类是中间型，如日本的电力工业在第二次世界大战后已经基本私有化，近年来只进行有限制的自由化，各大电力公司在继续实行垂直垄断经营体制的基础上，引入独立发电厂；第三类是稳妥型，如法国、欧盟等。EDF 发电和输电分离采取的均是法律上的分离，RTE 虽然是独立法人，自主经营管理，但仍是 EDF 百分之百的子公司，仍处于 EDF 体制框架内；EDF 虽然已经实行资本开放，但国家仍处于绝对控股地位。欧盟对电力企业产权性质是私有还是公有未作规定，也未禁止电力企业采用垂直一体化的结构。因而欧盟成员国垂直一体化电力企业无需剥离输电系统的产权，也允许存在输电及配电系统联营机构，但必须为其发电、输电、配电和售电业务设立单独的账户。

只实施民营化不实施市场化，是电力改革过程中的一个阶段，不是终极目标。日本、美国等电力民营化程度较高的国家，电力改革的重点是实行市场化，放松管制和引入竞争机制；英国等国家是电力民营化和电力市场化齐头并进；但也有一些国家，如法国，在没有民营化或民营化程度较低的情况下，有的采取发电、输配电、售电的彻底

---

① 南部鶴彦『電力自由化の制度設計—系統技術と市場メカニズム』東京大学出版会、2003 年 3 月、第 33—47 頁。

② 山田聡『電力自由化の金融工学』東洋経済新報社、2001 年 6 月、第 33—47 頁。

分开，在发电、售电领域全面引入竞争机制，有的在厂网未分开前，首先在售电领域引入竞争机制。

加州电力危机之后，许多国家特别是发展中国家的电力改革步伐明显放慢，对原有改革方案进行研究改进。加州电力危机使各国电力市场建设在市场目标上注重效率目标的同时也充分注重发展目标；在市场机制上注重竞争机制的同时也充分注重风险分布机制；在市场主体上注重供应侧参与的同时也充分注重需求侧参与；在交易模式上注重集中优化效益的同时也充分注重分散决策效益。①

二、日美欧电力市场化改革的重点

（一）形成市场定价机制

在整个电力市场化改革过程中，电价作为重要的经济杠杆，在建立和培育电力市场，优化配置电力资源，调整各种利益关系方面具有不可替代的作用。电价改革包括电价水平和电价制度，其关键是形成市场定价机制：在竞争环节（发电和售电）实行市场价格，在自然垄断环节（输电和配电）实行基于边际成本原则（对电价结构和水平）的管制价格。

电价监管是对电价行为进行直接监督和管理的总称。电价行为是指包括电价的申报、审核、批准、执行和调整等电价过程。日美欧各国电价监管方式从时间上分有事前和事后两种；从指标上分有RPI－X价格上限监管方式（英国最为典型，见表8－2）和回报率监管方式（美国最为典型）。

事前限制方式是指不允许申报超过限定值及其以上的价格；事

① 刘宝华、王冬容、舒安杰：《对加州电力危机的再认识》，载《电力系统自动化》2007年第7期，第1—5页。

后限制方式是指在市场执行完毕后按照一定的周期计算平均价格若超过最高限制值则要受到罚款等处理。

RPI－X 价格上限法又被称为挂钩型监管法,1984 年由英国首先提出并予以实施。价格上限事先被限定在一个一定时期内相对固定的、各个企业不能超过的平均价格水平,在此基础上,企业可以自由调整价格。监管者则按照通货膨胀率和预期技术进步率,每年来调整价格上限,其模型为:$P_t = P_{t-1} \times (RPI - X) \pm Z$,其中 P_t 为监管者指定的当期价格水平;P_{t-1} 为上一期的价格水平;RPI(retail price index)为零售价格指数,用来表示通货膨胀率;X 为效率因素,代表预期技术进步率;Z 为外生影响因素。

该方法又细分为两种情况——随电量增加的“率”和随收入增加的“额”。按“额”的限价方法可以用公式具体表示为:当年总收入＝上年总收入×(CPI－X)。

式中,CPI 为本年度消费物价指数预测值与上年度实际值之比值。X 为电力行业技术进步劳动生产率高于社会平均水平的因子,可看作是生产率系数,这实质是由于效率提高或者是需要自行消化的扣除因子。在英国,输电公司的 X 设定为 0,12 个配电公司的 X 值从 0 到 2.5 不等。

表 8－2　英国电价监管范围、方法和实施时间表

业务	定价方法	管制期	定价公式	管制范围	取消管制
发电(竞争)	交易中心	无	无	无	所有
输电(管制)					
第一阶段	RPI－X	4/90—4/93	RPI－0	全部	无
第二阶段	RPI－X	4/90—4/97	RPI－3	全部	无
第三阶段	RPI－X	4/90—4/01	RPI－4	全部	无

配电(管制)					
第一阶段 第二阶段 第三阶段	RPI－X RPI－X RPI－X	4/90—4/95 4/95—4/96 4/96—4/00	不同的 RPI－X 不同的 RPI－X RPI－3	全部 全部 全部	无 无 无
售电(逐步竞争)					
第一阶段	RPI－X	4/90—4/94	RPI－0	大于 100 千瓦 小于 1 千瓦	大于 1 千瓦
第二阶段	RPI－X	4/94—4/98	RPI－2	小于 100 千瓦	大于 100 千瓦 和小于 1 千瓦
第三阶段	RPI－X	4/98—4/02		无	小于 100 千瓦

资料来源：Electricity Association，Electricity lndustry Review(1997.1)。转引自国家电力监管委员会：《国外电力市场规则和发电业务许可证制度》，中国电力出版社 2005 年版，第 94 页。

从数量看，采取按“额”监管的国家比按“率”监管的国家多。其原因是，电量可能是不断增长的，但是当电网建设饱和，已经能够满足用户需求时，电网不再需要相应增加，因此不用按电量增加的“率”来确定电价，否则会获得过高赢利。但当供给不足时，为刺激增加供给，则按电量增加的“率”来确定电价较好。

美国采用的是回报率监管方式，回报率法也称作为服务成本监管法，它允许电力公司转嫁上级监管机构认为为确保给最终用户提供足够好的服务水平而必需的成本。在定期监管和审计基础上，上级监管机构将其认为合适的开支加到回报率基数上。这种方法实际上是以实际发生的合理运营成本为基础，加上一定的回报率来制定电价。其模型为：$R_{(p,q)}=C+S(RB)$。其中，$R_{(p,q)}$为企业收入函数，它取决于产品价格 p 和数量 q；C 为企业的生产成本，S 为政府规定的投资收益率；RB 为投资收益率基数（Rate Bate），即企业的资本投资总额。投资收益率监管试图使企业通过 C 收回其运营成本，并通过设定公平合理的 S 使其资本获得合理的收益，从而在社会福利和企业利益之间达到均衡。

两种方法均可在一定程度上实现监管目标，但各有优缺点：回报率法便于电力公司扩大投资和参与电价制定、履行服务义务和防止出现垄断利润（见 8－3）。但是，采取回报率法，监管者必须掌握充分的信息，从而必须支付昂贵的成本和需要庞大的官僚机构；其次，监管者掌握的信息相对公司而言仍不完备，由于信息不对称导致与公司谈判时处于不利地位；再次，回报率法不能创造一种激励机制，促进公司降低成本。价格上限法提供比回报率法更大的降低成本刺激的动因，还可降低监管成本和暗箱操作的可能，但对初始价格水平和生产率增益的合理决策有一定难度。综合起来看，价格上限法比回报率法更符合市场机制的要求，回报率法早期应用较多，价格上限法近期应用较多，目前价格上限法有逐步取代回报率法的趋势。价格上限法也在变化，如调整挂钩内容，转向市场化和动态化等。

表 8－3　回报率监管与价格上限监管的比较

	回报率监管	价格上限监管
主要方式	投资收益监管	通货膨胀率和预期技术进步率（RPI－X）监管
特点	①成本为基础的价格和收益率 ②企业无定价的决定权 ③单一性的特指某一产品 ④一定时期内价格较稳定	①规定价格上限 ②企业有一定的定价决定权 ③适用于一揽子商品 ④灵活性大

缺点	①过度资本投资的 A－J 效应 ②降低成本激励不足 ③新产品引进不足 ④监管成本高 ⑤排斥竞争企业进入	①不确定性大 ②提高质量的激励不足 ③监管者的承诺可信性低 ④监管俘获的激励大
优点	①保证投资 ②以成本为基础定价 ③提供高水平服务的激励 ④监管透明度高	①成本最小化 ②引进新产品 ③制定拉姆齐相关价格 ④不排斥竞争性引入
性质	①企业不拥有剩余索取权 ②低效能激励合约	①企业拥有剩余索取权 ②高效能激励合约
适用条件	①信息充分、行业技术变化慢的行业 ②公开听证制度完善	①技术变革快或允许竞争性进入的行业 ②企业内部产权关系和治理关系完善

资料来源：胡子瑜：《英美电力改革的比较及其对我国的启示》，载《番禺职业技术学院学报》2005 年第 2 期，第 34 页。

俄罗斯一直实行低电价政策，实行市场化定价机制后，电价将会有一定程度的提高，也只有这样才能够保证电力企业得到合理的投资回报。而日本、美国和大多数欧盟成员国市场化改革前，电力富裕且电价较高，所以改革后电价普遍降低。

（二）建立有效的监管制度

电力监管是指政府设立的电力监管机构依法对电力企业及其在电力市场中的交易行为进行间接调控和直接控制，实现电力资源优化配置的行政管理行为。电力监管一般应遵循合理性、独立性、职权法定、专业性、公开性原则。在建立电力市场、引入竞争的同时，日美欧各国都建立了与之相适应的专业监管机构，制订了详细而且可操作性强的监管法规，依法监管。

日本、法国、德国等国家总体上采取政监合一的非独立监管模式，而英国、美国等国家则采取独立监管模式。在独立监管模式中，由于中央和地方电力监管机构的关系不同，又存在着两种类型：其一是垂直监管模式，即成立一个全国统一的监管机构并设立若干分支机构进行监管，如英国等国家只设立国家电力管制机构，根据电力管制的实际需要，在各地设立若干办事机构。其二是分级监管的方式，一般为两级，采取这种方式的国家一般为联邦制国家，如美国。当然，没有哪个国家电力监管机构是可以真正独立存在的，即使电力监管机构是非行政委员会或非行政办公机构，它仍然是政府的产物，因为它是政府创立的。

监管机构职能的确立包括同级政府之间的横向划分和中央与地方的纵向划分。两级电力监管机构职能的划分原则大致如下：(1)全电力行业实行的原则和规定由国家监管机构制定，以保证全国统一性。(2)具有跨州(省)电力设施的电力企业由国家监管机构行使监管权力。(3)有跨州(省)影响的电力企业的活动和州(省)间电力交易活动由国家电力监管部门监管。(4)完全限于州(省)内的电力企业活动由州(省)监管机构监管。(5)州(省)电力监管机构受国家电力监管委员会的监督并向其报告工作，以实现上下工作的协调与配合。表8－4对两级电力监管机构各自的监管任务进行了归纳总结。

国际大电网会议第37届委员会建立了一个电力市场监管模型(图8－1)，说明了电力监管机构和国家及地方政府各自的职责。

表8-4　两级电力监管机构监管任务分配表

国家级	州(省)级
电价 1. 制定电价的方针和方法 2. 确定大区和国家电网的输电价以及州(省)级间销售电价	电价 1. 批准无竞争电力生产企业的供电价 2. 确定州(省)内输电、配电和零售电价
程序和标准 1. 批准调度电厂的程序 2. 批准电力企业的技术标准 3. 建立最低服务质量标准并审查州(省)级服务质量标准	程序和标准 1. 落实调度程序 2. 实行和监督执行服务质量标准
许可证和合同 1. 制订电网和供电企业的标准许可证 2. 制定从电力生产企业购买电力的标准合同 3. 向大区电力企业颁发许可证 4. 批准大区电力库的安排	许可证和合同 1. 向州(省)级电网和供电企业颁发许可证 2. 审批作为投资计划一部分的供电企业的电力购买计划 3. 批准州(省)内协调性安排
投资审批 1. 颁发审批投资计划的标准和程序 2. 审批国家和大区电力企业的投资计划 3. 审批不在已批准的计划内的州(省)级间电力投资项目	投资审批 1. 审批州(省)级电网和供电企业的投资计划 2. 审批不在已批准的计划内的州(省)内投资项目
争议解决 1. 制订争端解决程序 2. 解决涉及国家、大区电力企业的争端	争议解决 1. 解决州(省)内争端
财务管理 1. 制定电力企业会计标准 2. 审查国家和地区电力企业账目	财务管理 1. 审查州(省)级电网和供电企业账目

部门发展	部门发展
1. 审查部门发展并向中央政府建议 2. 审批企业合并、公司重组和其他部门协调性安排 3. 采取行动促进中央政府引导的竞争	1. 向国家管制机构报告省内的部门发展情况 2. 采取行动促进按中央政府引导在电力部门展开的竞争

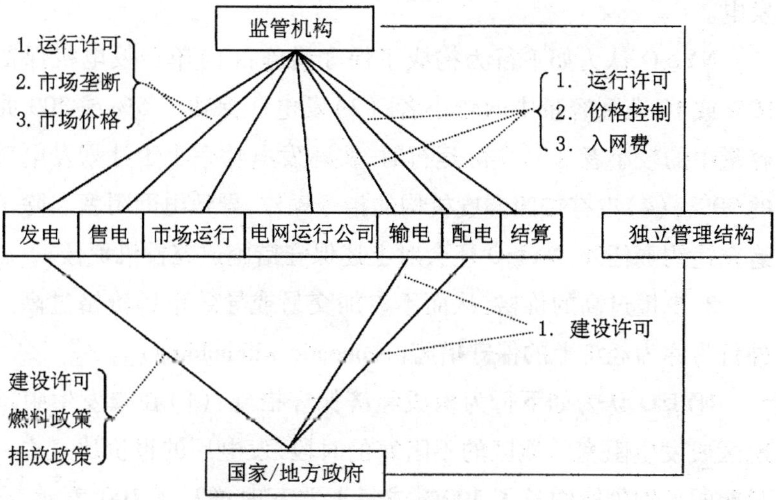

图8－1　电力市场监管模型

资料来源：王永干、刘保华：《国外电力工业体制与改革》，中国电力出版社2001年版，第83页。

日美欧各国电力监管内容大致可以概况为：市场准入、反垄断、普遍服务、环境保护、技术标准、税收以及电价管制等，当然监管重点各有侧重。美国纽约州电力市场中NYISO定义了四种重点监管的投机行为。① 这些投机行为比较典型，分别是：

① 夏清、黎灿兵、江健健等：《国外电力市场的监管方法指标与手段》，载《电网技术》2003年第3期，第2页。

1. 发电商或输电商有意不向市场提供其可以提供的发电容量或输电服务。这种行为称为物理上的保守措施(physical withholding)。它包括:(1)谎报设备处于检修或停运状态或需要检修;(2)在其有经济效益时,拒绝申报或拒绝提供相应服务(如发电和部分辅助服务);(3)在实时调度时,不按照调度机构的调度指令发电而故意少发电。

NYISO 认为如下行为构成了保守措施:(1)单台发电机保留了 10% 或 10 兆瓦容量中的较小者;(2)发电厂保留了 5% 或 200 兆瓦容量中的较小者;(3)实际运行时,实际发电功率小于计划发电功率的 90%;(4)没有按照调度机构的指令操作,导致电网阻塞。除了要追究违约责任外,NYISO 还会对上述保守措施追究投机责任。

2. 申报过高的价格,从而不参加交易或导致市场价格过高。这种行为称为经济上的保守措施(economic withholding)。

NYISO 认为如下行为构成经济保守措施:(1)在未发生阻塞的地区或发生阻塞的地区的不阻塞的时段,发电厂的报价比过去一段时期的平均价格增长了 300% 或每 1 兆瓦时增长了 100 美元,只要其中 1 个条件满足即可认为实施了经济保守措施,但如果申报价格不超过 25 美元/兆瓦时则仍不认为实施了经济保守措施。另外还规定了各种辅助服务费用的上涨幅度的经济保守措施的阈值。(2)在发生阻塞的区域的阻塞时段,根据历史上的阻塞情况确定阈值,一般而言此值比上面规定的未阻塞区域的要高一些。

3. 不经济地、过度地增加机组的发电功率。这导致或加重了电网阻塞。这种行为称为不经济的生产(uneconomic production)。比如,机组发电功率大于调度机构指令发电功率的 110%,并且导致或者加重了阻塞。

4. 对市场价格有重大影响的行为。比如，市场成员的行为导致市场价格增长200% 或达到100 美元/兆瓦时，可直接认定市场成员的行为违反了市场竞争原则；当市场成员的行为导致市场价格增长100%时，则由 NYISO 裁决市场成员的行为是否危害了市场竞争的有效性。

日美欧各国采用的电力监管主要手段有：信息披露、罚款、调整价格、修改市场规则和参数、诉讼等。信息披露是日美欧电力市场最基本的监管手段之一，但在披露范围和程度上存在较大争议。以加州电力市场为例。在加州电力市场成员和 ISO 董事会等的讨论中，有一些机构提出完全公布市场中的所有信息，其中负荷预测结果和市场价格等信息在闭市后立即向公众发布；市场成员的报价数据等"私有信息"在市场交易计划执行 3 个月后向公众发布。在讨论中，支持尽可能多的发布市场信息的成员认为，公众利益高于个别企业的商业机密；支持对市场成员报价数据保密的成员认为如果公布这些数据则将会泄漏它们的商业机密，比如它们研究的报价策略等。

日美欧各国电力监管体制改革的总趋势是：随着电力市场的逐步完善和市场功能的发挥，区分竞争环节和自然垄断环节，放松竞争环节的经济性监管，加强自然垄断环节的网络接入、安全和普遍服务等非经济性内容的监管；由保护性监管转向激励性监管。

三、日美欧电力市场化改革具体操作过程中的普遍做法

（一）政府主导，立法先行

尽管电力市场化改革总的趋向是淡化政府在电力经济活动中的作用，但日美欧各国的电力市场化改革无一例外都是由政府组织和推动的，而不是电力行业本身。这是因为电力工业是国民经济的基础产业和公用事业，多是由国家或地区垄断经营的，而原有的电力企

业是既得利益者，只有在政府主持下才能进行改革，政府是推进改革的主要力量。

先立法后改革，依法改革，是日美欧各国电力市场化改革的通常做法。日本的电力市场化改革随着《电气事业法》1964年的颁布和1995年、1999年、2003年的3次修改，逐步深入。美国电力体制改革可以遵循1935年的《公共机构持股公司法(PVHCA)》、《联邦电力法(FEA)》、1936年的《农村电气化法》、1978年的《公共事业管制政策法案(PURPA)》、1992年的《能源政策法(EPACT)》、1996年的888号和889号法令、1998年的《电力工业充分竞争计划报告(CECP)》等。英国为了进行电力改革于1983年出台了《电力法》，后经过不断修订完善，于1989年7月颁布了新《电力法》，此外，还有1998年颁布的《英国公平竞争法》等。法国政府从1999年开始执行欧盟成员国开放电力市场的改革指令，制定并实施了《关于电力公共服务事业发展和革新的法律》，即新《电力法》。1996年，欧盟96/92/EC指令(又称电力指令)出台；2003年，欧盟又颁布了2003/54/EC指令(也称加速指令)，用于指导欧盟成员国开放电力市场。

日美欧各国电力法规体系的建立是在电力改革过程中逐步进行的，并在实践中调整，在调整中完善，一般以电力法为主干。依法进行电力市场化改革，有章可循，可以克服改革的随意性，降低改革的成本，减少改革的风险，使电力市场化改革的参与者更有信心。

(二)详细规划，渐进改革

电力市场化改革不是局限于发电或售电某个特定的环节，而是对电力生产、使用全过程的配套改革。因此，日美欧各国在实施改革之前都从实际出发，对电力需求进行了预测，在预测的基础上制订了详细的改革计划。

例如,英国于1988年2月发表《电力市场民营化》白皮书,拉开了电力市场化改革的序幕。美国已有24个州制订了电力市场化改革计划和进度。2001年5月19日,经过慎重研究,俄罗斯政府通过了电力工业改革基本方针草案,确定了一个在国家控制下平稳地向建立有竞争的电力市场过渡的方案。

电力市场化改革是政府、电力企业、电力用户和电力员工之间错综复杂的利益关系的重组和相互妥协的结果,隐藏其背后的是制度变革本身给社会所带来的预期收益和成本的比较。电力体制改革的路径选择要有利于保持电力产业的可持续发展,减少体制间的摩擦,并让社会能够享受到电力体制改革所带来的收益。因此,日美欧各国电力市场化改革大多采用渐进方式,注重电力改革过程的演化,强调稳健和利益分配,并在改革过程中将目标不断加以修正,使改革政策的出台时机、步骤、过程尽量具有可操作性,以降低电力市场化改革的实施成本。

"创造运行良好的竞争性电力批发市场和零售市场是一次重大的技术和制度挑战,很容易搞糟,但很难搞好",①更不可能一步到位,它将是一个动态的过程,发展的过程,它是一种创造。改革的整体性和渐进性,是日美欧各国电力市场化改革的共同特点。英国、日本等国改革的不断成熟和完善已经证明了这一结论,而美国加州电力危机是违背这一规律的必然结果。

四、日美欧电力市场化改革有待解决的课题

日美欧电力市场化改革虽然取得了巨大成就,但也有一些悬而

① Paul L. Joskow, "Electricity Market Liberalization Lessons Learned from the U. S. " Berlin, June16, 2004.

未决的问题,有待理论研究上的突破和在实践中实验与完善,下面试举一二。

(一)竞争效率缺乏

为提高竞争效率,抑制市场势力,目前,日美欧各国采取的措施主要有:

限制发电商市场占有率。在发电批发市场设计时,一般应考虑使市场集中率(HHI)低于1000,至少不能高于1800;或者从剩余供给指数(RSI)来考量,应大于1.5,至少应大于1.0。

建立最低市场装机备用要求,满足"必须提供(Must-offer)"规则。在美国PJM、纽约(NYISO)和新英格兰(ISO-NE)电力市场,建立了发电资源适当性要求,即要求负荷服务实体(零售商)必须保证它们服务地区最高负荷118%的容量储备。在装机容量备用市场被确定为容量资源的发电机组,必须参加日前市场和实时市场,除非发电商已经安排自我供电,或因为机组事故停运而无法得到。而且,没有在日前市场中标的容量资源必须投标到实时电力市场。

设置投标或价格上限(Price Cap或Offer Cap)。美国主要电力批发市场,如PJM、NYISO、ISO-NE、ERCOT和MISO都对电量交易采用了1000美元/兆瓦时的投标上限或价格上限,来防止批发市场电价失控。

启动市场势力自动抑制程序(AMP)。下面以纽约ISO为例加以说明(见表8-5)。纽约ISO进行两个测试:(1)测试投标者是否有经济囤积。电量投标:比电力参考价高100美元或者300%。启动成本:比启动成本参考价高200%。最小发电成本比参考价高100美元或者300%。(2)测试该投标者的高投标价对市场电价的影响,是否造成100美元或者200%的电价上涨。一旦这两个测试引发自动抑制程序,该机组的投标价格就会根据参考价来加以抑制。为了减少不必要的抑制程序,投标中前50兆瓦被豁免。如果总体综合投标超过了免除抑制程序的范围,总体综合中的所有兆瓦数都必须接受抑制价格。同时,设有上诉过程将允许任何供电商为自己的行为容量作出合理解释。

采用局部市场势力抑制措施。当负荷增加,输电阻塞出现时,该地区的RSI变得小于1,不得不依靠该地区的发电商提供电力,从而使得这些发电商拥有很大的市场势力。ISO不得已在阻塞出现时,对这些局部地区进行临时零售价格管制,有时还需要调度位于一个特别地点的发电机组来做缓解输电线路的阻塞,或者通过可靠性必须运行(RMR)长期合同来得到所需机组的服务。

对市场势力进行实时监管。市场模拟软件,通常被用来评价市场参加者行为对市场价格及容量的影响。

总体而言,日美欧各国如何抑制市场势力还处于探索完善阶段,已经采取的措施效果并不明显,发电批发市场竞争效率亟待提高。表8-5总结了美国主要地区电力市场采用的市场势力抑制措施。

表8-5　美国主要地区电力市场抑制市场势力措施比较

市场	市场势力抑制	价格上限	执行情况	区域市场势力抑制	执行情况
PJM	根据需要重新调度	电量1000美元/兆瓦时,频率维持100美元/兆瓦	容量市场在2001年春经历了重大市场势力问题,结果是2000年的5.8倍。	对1996年前的非经济顺序调度的发电机:可变成本的110%;LMP加权平均;事先协商价格	阻塞支出:1999年5300万美元;2000年1.07亿美元;2001年2.70亿美元;2002年4.60亿美元

纽约 NYISO	ATM(日前) 行为测试:100美元或300%或对电量200%启动支出;影响测试:100美元或200%超过参考价(前90天接受投标的低平均价);降低到参考价格,50兆瓦豁免。	电量1000美元/兆瓦时,2.52美元/兆瓦对纽约市场阻塞情况下10分钟冷备用(取消)	2001年,4天通过测试,启用4天;2002年,22天通过测试,启用9天;2003年,15天通过测试,启用4天。	实时: 负荷中心 历史LMP加5%[成本+2—12美元/兆瓦时]	非经济顺序调度减少,平横均摊减少
新英格兰 ISO-NE	频繁阻塞 每年决定"指定的阻塞地区";参与"替代内燃机(CT)"边际生产成本加所有固定成本6.15美元/兆瓦·月,按阻塞时间平均;或者可信的解释	电量1000美元/兆瓦时	FERC认为是合理,透明,一致的,允许适当的稀有定价和投资刺激 CT:83.88—86.54美元/兆瓦时;影响:32.4美元/兆瓦时	偶尔阻塞抑制:25美元或50%高于参考价格;影响域值25美元/兆瓦时高于LMP差价	对新投资发出价格信号,减少依赖参与者谈判
加州 CAISO	建议AMP类似NYISO。50美元/兆瓦时或高于200%预测区域电价	108美元/兆瓦时损失控制价格	在考虑中	RMR 50美元/兆瓦时或200%高于预测区域电价	不能有效抑制局部市场势力
德州 ERCOT	在区域之间输电线路直接分配阻塞支出;CSM:要求115%投标,关键投标者不能决定价格,使用95%标价乘1.5	投标上限1000美元/兆瓦时	2001年7月31日到2002年2月14日区域间阻塞支出从1.65亿美元下降到2250万美元;2002年2月15日到2002年12月31日	ZEN建议:事先决定竞争性,非竞争性输电限制;考虑竞争性限制,决定参考价格作为上限;考虑所有限制计算LMPs	讨论阶段

资料来源:周定山:《西方国家电力体制改革实践及经验教训》,中国水利电力出版社2005年版,第40页。

（二）输电线路阻塞问题突出

输电线路阻塞的问题是由于长期以来，输电网络是按垂直结合理念来连接发电设施和确定负荷地区，较少考虑跨区自由输电和未来新电力资源开发。而日美欧各国的电力市场化改革无一例外都要求电网开放、公平进入，这样发电商和购电商就可以自由地签订跨地区供电合同。从而使市场化改革后的日美欧各国电力市场出现了以前并不突出的输电线路阻塞问题。例如，美国PJM、NYISO、ISO-NE、ERCOT和CAISO开放后，阻塞管理支出都呈现了几何基数的增长（见表8-6）。对此问题，日美欧各国的解决方式主要有：（1）增加输电设施投资，或者对输电设施拥有者采用业绩基础（PBR）的奖励惩罚来提高现有输电线路的输电能力。（2）对阻塞支出进行直接分配，让引起线路阻塞的市场参与者直接承担疏解阻塞的支出；同时将可能发生阻塞的输电线路的输电权进行拍卖。①

表8-6　1999—2003年美国主要地区电力市场输电线路阻塞支出（单位：百万美元）

市场	1999	2000	2001	2002	2003
PJM	53	132	271	430	499
纽约电力市场（NYISO）		517	310	525	688
新英格兰电力市场（ISO-NE）		165	102	112	84
德州电力市场（ERCOT）			191(1)	209	271
加利福尼亚州电力市场（CAISO）		166			

资料来源：周定山：《西方国家电力体制改革实践及经验教训》，中国水利电力出版社2005年版，第220页。

注：（1）仅为2001年5个月之和，其中163百万美元发生在2001年8月。

① 八田達夫・田中誠『電力自由化の経済学』東洋経済新報社、2004年8月、第63—75頁。

（三）电力安全面临新的挑战

其一，垂直一体化垄断经营体制被打破后，在资产隶属和组织体系上呈现出条块化的状态，发电厂和电网经营企业是平等的市场主体，并且分属不同的企业集团，使用行政手段协调解决问题的难度加大。其二，由于竞争产生的成本压力会使电力设备可靠性、电力备用容量等重要安全因素受到削弱。其三，厂网分离后，电力调度主要依靠法律法规和经济等综合手段，强调合同的履行，从而向电力调度机构和调度人员提出了新的更高的要求。其四，能否吸收到电力发展所需的新投资，也令人怀疑。日美欧各国大多是在电源充足条件下进行电力市场化改革的，但事实上，随着日美欧各国装机容量备用的逐渐减少，如何增加电力对投资人的吸引力，在很多已实行改革的国家正在成为一个越来越严重的问题。① 其五，小型热电联产、可再生能源发电等分散型发电方式，使电力系统稳定运行难度增加。②

日美欧电力市场化改革的经验教训表明：政府可以通过逐步推进市场化改革的政策来降低电力改革风险，具体说就是首先以电力设施扩建、系统安全和可靠性为目标，然后再选择降低电价，为客户提供更多的选择和提高效率。③ 电力企业可以通过强化整个生产过程的风险管理来减少放松管制、电力技术创新可能产生的风险，如，制定风险管理计划并检查、执行。④

---

① 张驰：《中外电力改革理论和实践的比较分析》，载《电力技术经济》2005 年第 4 期，第 13 页。

② 飯島昭彦『分散型電源はパラサイトー電力系統からの警告』エネルギーフォーラム、2003 年 10 月、第 158—212 頁。

③ 叶泽：《电力竞争》，中国电力出版社 2004 年版，第 260 页。

④ ジョン ウェングラー著、鮫島隆太郎訳『電力取引とリスク管理—エネルギー市場取引入門』エネルギーフォーラム、2003 年 6 月、第 61—64 頁。

美国加州电力危机和2003年美、加“8·14”大停电无疑是一声警钟，既是对电力安全的警钟，也是对电力市场化改革与发展的警钟，同时也说明了电力竞争可以解决某些问题，但是不可能解决全部问题，电力市场化不是万能的，过度市场化是危险的。那种认为只要对电力工业进行自由化、私有化，放松管制，引入竞争机制，电力的发展、电力的供需平衡、电力的可靠性和系统的稳定性都可以解决的观点显然是错误的。电力市场化改革必须确保电网的安全和稳定，否则，将会带来灾难，改革也无法进行。

第二节　中国电力体制改革

中国电力工业的发展史，是一部艰苦创业史，也是一部不断探索的改革史，20世纪80年代以后尤其如此。中国电力工业在改革中不断加快发展，在发展中不断深化改革，实现了改革与发展两者兼顾，经济效益和社会效益协调一致。中国电力工业的每一次改革，既是加快发展的客观要求，也是电力工业发展的内在规律使然。

一、中国电力体制改革历程

新中国成立以来，一直对电力工业实行中央垂直垄断管理。打破电力工业垄断的改革始于1985年，经历了集资办电、公司制改组和市场化改革3个大的阶段：

（一）集资办电（1985—1996年）

1985年，国务院规定国家预算内基本建设投资全部由拨款改为贷款。

1986年，国务院批转了《关于鼓励集资办电和实行多种电价的暂行规定》，明确集资电厂可以独立经营，与电网签订供电经济合同,也可委托电网代为经营管理。实行多种电价,独立经营的集资电厂,其售电价格允许浮动。集资办电有了法规保证,投资电力变得更具吸引力,由此集资办电步入快速发展轨道。

1987 年,国务院提出“政企分开、省为实体、联合电网、统一调度、集资办电”的方针和“因地因网制宜”的原则,明确了电力工业改革的方向。

1988 年 12 月,中国电力企业联合会成立。

1992 年,电力行业确定了“公司制改组、商业化运营、法制化管理”的改革目标及“电网国家管、电厂大家办”的原则。

1995 年,由于电力短缺未见明显缓解,“独家办电”的垄断体制弊端日益显露。我国开始实行多家办电,允许外商投资电力项目,电力市场形成多元化投资主体。

1996 年 4 月 1 日,《电力法》正式实施。

集资办电政策的出台,调动了社会许多方面的积极性,特别是地方政府的积极性,出现了众多不属于原电力部的独立电厂。独立电厂的份额占装机容量一半多,这种带有体制性意义的变化,为下一步的电力体制改革奠定了重要的基础,这个阶段被称为第一轮电力改革。

(二)公司制改组(1997—2001 年)

1997 年 1 月,国家电力公司的成立被认为是第二轮电力体制改革的开始。改革目标是通过完成公司改制,实现政企分开,打破垄断,引入竞争,优化资源配置,建立规范有序的电力市场。

1998 年,九届人大一次会议决定撤销电力部,电力行政管理职能移交国家经贸委等综合经济部门。1998 年 8 月,国家电力公司推出以“政企分开,省为实体”和“厂网分开,竞价上网”为内容的“四步走”的改革方略。1998 年 12 月 24 日，国务院办公厅转发《国家经贸委关于深化电力工业体制改革有关问题的意见》（国办发 146 号），认为先进行网厂分开，竞价上网，条件成熟时再进行输电和配电分离，最后在配电领域引入竞争是积极稳妥的做法。“厂网分开，竞价上网”开始在浙江等 6 个省市先行试点。

进入 2000 年以后，社会各界对电力体制及行风问题的批评见诸媒体，引发了关于电力体制改革的公开大讨论。与此同时，二滩水电站建成即严重亏损的问题，引起中央领导和社会的极大关注。① 国务院三峡建设委员会第九次会议在充分肯定“省为实体”电力体制的历史作用的同时，指出“省为实体”在电力供过于求的新形势下，必须改革，否则将阻碍电力工业的发展。2000 年 6 月 8 日，时任党的总书记的江泽民对电力体制改革做出重要指示，指出电力行业需要改革，需要提高效率，引入公平竞争机制，改变“既打篮球，又吹哨子”的垄断局面。2000 年 6 月 16 日，时任国务院总理的朱镕基主持国务院会议，讨论三峡水电站电能消纳方案。会后，国务院下发[2000]47 号文件纪要，决定由国家计委牵头，会同有关单位，尽快研究提出电力体制改革方案，报国务院审定。2000 年 8 月，成立电力体制改革协调领导小组，确定了小组成员单位及成员。2000 年 10 月 17 日，国务院办公厅以国办发[2000]69 号文件下发《关于电力工业体制改革有关问题的通知》，明确电力体制改革工作由国家计委牵头，会同国家经贸委、国家电力公司等部门和单位，组成电力体制改革协调领导小组。2000 年 12 月中旬，美国加利福尼亚州爆发电力危机，对中国电力体制改革影响巨大，也引起了国内外各方面对中

① 王晓林：《电力改革方案始末》，载《财经》2002 年第 34 期，第 52—58 页。

国电力改革的关注,许多人开始考虑电力市场化改革可能带来的风险。

2001 年 4 月 25 日,国家计委提出《电力体制改革方案》(征求意见稿)。2001 年 5 月 16 日,国家计委向国务院报出《国家计委关于送审电力体制改革方案(草案)的请示》,该方案又被称为"1+6"的改革方案,即设立国家电网公司,下设 6 个区域电网公司。但该方案被认为反垄断力度不够,不能真正破除区域电网内省与省之间的壁垒,方案因此搁置。2001 年 12 月 22 日,国家计委经过 8 个月的调研论证,将修改后的电力体制改革方案(草案)再次上报国务院,经过中央最高决策层同意,获得了国务院批准,电力体制改革步伐加快。

这一时期,初步形成了国家经贸委等综合经济部门行使行政管电职能,国家电力公司等电力企业自主经营,中国电力企业联合会等行业协会自律服务的体制框架。但是,国家电力公司虽然不再具有行政管理的政府职能,实际上仍然代行相当一部分行业监管职能,而且由于其仍然拥有占全国 46% 的发电资产和 90% 的输电资产(电网)等原因,电力"巨无霸"的垄断地位并未动摇,电力行业垄断依然严重。①

(三)市场化改革(2002 年以来)

2002 年 1 月 9 日,朱镕基总理主持召开国务院总理办公会,讨论通过了国家计委上报的电力体制改革方案(草案)。2002 年 1 月 24 日,中央政治局常委会讨论批准电力体制改革方案。2002 年 2 月 10 日,国务院印发国发[2002]5 号文件,要求各省市(区)人民政府和国务院各部委、各直属机构认真贯彻《电力体制改革方案》。2002

① 《电力体制改革方案述评》,载《中国行业分析报告·电力》2002 年 5 月 10 日。

年3月15日,召开国务院电力体制改革工作小组第一次会议,传达国务院会议精神,明确电力体制改革小组成员,电力体制改革工作小组成立。中组部负责确定电监会、国家电网公司、南方电网公司及5家发电集团公司领导班子的筹备和组建;国家电力公司负责制定发电资产重组方案;中央企业工委、国家经贸委、中编办、财政部和国家计委等部门各司其职,紧锣密鼓地开展工作。

2002年6月3日,召开电力体制改革工作小组第二次会议,就国家电力公司提出的《重组划分电网、发电和辅业、三产(多经)企业的初步方案框架》进行了讨论。2002年7月25日召开电力体制改革工作小组第三次会议,传达了国务院领导的批示精神,讨论和部署了下一阶段各单位的工作分工和进度安排。2002年10月1日,国务院批复《国家计委关于发电资产重组划分方案的请示》。

2002年10月15日,电力体制改革工作小组召开第四次工作会议,电力体制改革进入实施阶段。2002年10月30日,国家经贸委召开会议,安排部署新组建电力企业组建方案、章程制定、审查和报批工作。2002年10月31日,国家电力监管委员会、中国电力企业联合会、亚洲开发银行共同举办"中国电力监管体制建设研讨会",围绕电监会的职能定位、机构设置、监管体系等问题进行了广泛深入的研讨。

2002年12月20日,召开了电力体制改革工作小组第五次工作会议,重点研究了电监会"三定"方案、"电价改革方案"等有关问题,明确了今后改革的主要任务,将组织实施电力改革的具体工作由国家计委转到电监会。2002年12月29日,中国电力新组建(改组)的11家公司在北京人民大会堂正式宣告挂牌,这标志着中国电力工业基本实现了厂网分开。

2005 年 2 月 28 日，十届全国人民代表大会常务委员会第十四次会议通过了《可再生能源法》，并于 2006 年 1 月 1 日起正式实施。

2006 年 11 月 1 日，国务院常务会议讨论并原则通过了《关于"十一五"深化电力体制改革的实施意见》，并由国务院办公厅于 2007 年 4 月 6 日印发（国办发[2007]19 号文件），确定了电力改革未来 5 年的发展方向。

2007 年 4 月 10 日，《能源发展"十一五"规划》发布。它阐明了国家能源战略，明确能源发展目标、开发布局、改革方向和节能环保重点。2007 年 9 月 4 日，国家发展改革委向全社会公布了《可再生能源中长期发展规划》。2007 年 12 月 12 日，国家电网公司竞标成功，夺得菲律宾国家电网 25 年特许经营权。此前，国家电网已分别与俄罗斯、蒙古，法国、瑞典等国电力企业展开能源领域的合作，并取得丰硕成果。南方电网公司作为大湄公河次区域电力合作中方执行单位，也与周边国家和地区展开电网互联、电力交易等合作，并已取得积极进展。我国两大电网公司自此呈现出"南北开花"格局，寄望于北联西伯利亚，东接朝鲜电网，西由新疆延伸阿富汗，南以澜沧江贯通东南亚区域，打造一个"亚洲东部联合电网"。

2008 年 3 月 11 日，第十一届全国人民代表大会第一次会议决定设立国家能源委员会，组建国家能源局。2008 年 3 月 18 日，国家发展和改革委员会发布了《可再生能源发展"十一五"规划》，提出到 2010 年，可再生能源在能源消费中的比重将达到 10%，可再生能源年利用量达到 3 亿吨标准煤，比 2005 年增长近 1 倍。2008 年 7 月 29 日，国家能源局"三定"方案对外公布，30 日至 31 日在京召开成立大会，8 月 8 日正式挂牌，具体职责包括：拟订能源发展战略、规划和政策，提出相关体制改革建议；实施对石油、天然气、煤炭、电力等能源的管理；管理国家石油储备；提出发展新能源和能源行业节能的政策措施；开展能源国际合作。

目前，以国家能源委员会、国家能源局和国家电监会为主体的国家层面的电力行业决策、管理、监督架构，势必成为今后一个时期电力体制改革提速的引擎。

二、中国电力体制改革的任务

2002 年 2 月 10 日，国务院以国发［2002］5 号文件下发的《电力体制改革方案》中明确指出电力体制改革的方向和总体目标是："按照党的十五大和十五届五中全会精神，总结和借鉴国内外电力体制改革的经验和教训，从国情出发，遵循电力工业发展规律，充分发挥市场配置资源的基础性作用，加快完善现代企业制度，促进电力企业转换内部经营机制，建立与社会主义市场经济相适应的电力体制。"与此相适应，"十五"期间电力体制改革的主要任务是：实施厂网分开，重组发电和电网企业；实行竞价上网，建立市场运行规则和政府监管体系，初步建立竞争、开放的区域电力市场，实行新的电价机制；制定发电排放的环境折价标准，形成激励清洁能源发展的新机制；开展发电企业向大用户直接供电的试点工作，改变电网企业独家购买电力的格局；继续推进农村电力管理体制的改革。

2007 年 4 月 6 日，国务院办公厅以国办发［2007］19 号文件下发的《关于"十一五"深化电力体制改革的实施意见》中明确指出，"十一五"电力体制改革的主要任务，是按照 2002 年 5 号文件确定的改革方向和总体目标，巩固厂网分开，逐步推进主辅分离，改进发电调度方式，加快电力市场建设，创造条件稳步实行输配分开试点和深化农村电力体制改革试点，积极培育市场主体，全面推进电价改革，加快政府职能转变，初步形成政府宏观调控和有效监管下的公平竞争、开放有序、健康发展的电力市场体系。

三、中国电力体制改革的具体措施

(一)重组国有电力资产

1. 重组电网资产

国家电力公司的电网资产被拆分、重组为两家电网公司,即国家电网公司和南方电网公司,均按国有独资形式设置,在国家计划中实行单列。由国家电网公司控股,组建了华北(含山东)、东北(含内蒙古东部)、西北、华东(含福建)、华中(含重庆、四川)5 个区域电网公司。西藏电力企业由国家电网公司代管。南方电网公司的经营范围为云南、贵州、广西、广东和海南。

国家电网公司主要负责各区域电网之间的电力交易、调度,参与跨区域电网的投资与建设;区域电网公司负责经营管理电网,保证供电安全,规划区域电网发展,培育区域电力市场,管理电力调度交易中心,按市场规则进行电力调度。区域内的省级电力公司改组为区域电网公司的分公司或子公司。区域电网公司是独立的法人实体,发展方向是产权主体多元化的有限责任公司或股份公司。

为保证电网安全稳定运行,两大电网公司保留了一定容量的发电资产。原国家电力公司可控发电容量为 20222 万千瓦,为南方电网公司预留用于保留或转让的发电资产可控容量 276 万千瓦(其中权益容量 219 万千瓦),占原国家电力公司可控发电容量的 1.36%。国家电网公司分得 2863 万千瓦,占 14.15%,其中系统保留可控容量 1993 万千瓦,保留并拟转让的可控容量 870 万千瓦。①

2003 年 9 月 24 日,国家发改委印发《关于组建东北、华东电网

① 《电力大洗牌后的发电资产重组》,载《赣电科普》2003 年 4 月 8 日。

有限公司有关问题的批复》,11 月 8 日国家发改委印发《关于组建华北、华中和西北电网有限责任公司有关问题的批复》。

2. 重组发电资产

按照建立现代企业制度的要求,遵照各发电集团的资产规模、质量大致相当,每个发电集团在各电力市场中的份额原则上不超过 20% 的原则,综合考虑电厂的资产质量和所在地域条件等,将国家电力公司的发电资产拆分、重组为 5 家全国性发电集团公司:中国华能集团公司、中国大唐集团公司、中国华电集团公司、中国国电集团公司和中国电力投资集团公司。原有独立发电公司、水电流域公司、上市发电公司,也被整体、均衡地划入各发电集团公司名下。甚至对关停电厂和“空壳”电厂资产拆分时,也考虑到了均衡,将其划入各发电集团公司名下。5 大发电集团公司由国务院授权经营,分别在国家计划中实行单列。进入 5 大发电集团公司的可控容量为 16163 万千瓦,占原国家电力公司可控发电容量的 79.93%;[①]具体分配见表 8-7。

表 8-7　5 大发电集团公司发电资产、电源结构、职工人数(单位:万千瓦;万元;人)

名称		华能集团	大唐集团	华电集团	国电集团	中电投集团	合计
发电资产	可控容量	3797	3225	3109	3043	2989	16163
	权益容量	1938	2097	2092	2035	2196	10358
	可控资产	12646265	7148335	7122438	7334046	7686788	30556233
	权益资产	5726863	4414643	4495260	4717185	5562283	24916234

① 陆文辉:《中国电力:大洗牌后新格局》,载《中国电业》2003 年第 1 期,第 15 页。

电源结构	水电	670	691	605	463	792	3221
	火电	3126	2534	2504	2567	2082	12813
	风电	1.35			12.64		13.99
	核电					115	115
职工人数		37712	73368	79313	76441	73847	340681

资料来源:《电力大洗牌后的发电资产重组》,载《赣电科普》2003 年 4 月 8 日;陆文辉:《中国电力:大洗牌后新格局》,载《中国电业》2003 年第 1 期,第 15 页。作者整理而成。

3. 重组辅业资产

对原国家电力公司系统所拥有的辅助性业务单位和“三产”、多种经营企业进行调整重组。根据先主后辅、先上后下、先易后难的重组原则,采取不同方式,在中央层面上实现了主辅分离。将原国家电力公司直属的比较大的规划设计、水电施工等辅业单位直接重组为四大辅业集团公司:中国电力工程顾问集团公司、中国水电工程顾问集团公司、中国水利水电建设集团公司和中国葛洲坝集团公司。划分给 4 大辅业集团公司的参股发电资产权益容量为 920 万千瓦,占原国家电力公司可控发电容量的 4.55%,由国家电网公司代管,单列财政账户。

4. 预留发电资产变现

2006 年,妥善解决了河南丹河电厂企业归属、新疆发电资产划转移交、湖北青山热电厂“一厂三制”等厂网遗留问题。2007 年 5 月 30 日,划分给 4 大辅业集团公司的 920 万千瓦预留发电资产部分股权转让协议签字,38 家标的资产,出售总价约 187 亿元,较账面净资产 119.7 亿元溢价约 56%,变现资金将用以支付电网主辅分离改革成本。[①] 这是按市场化方式处置国有电力资产的有益尝试。2007 年 12 月 23 日，国家电网公司保留且本拟 2004 年年底之前出售的 647 万千瓦权益容量，采用定向协议转让的非市场化方式出售。随着“647 项目”和“920 项目”两笔数额庞大的国有电力资产逐步完成变现处置，标志着持续多年的“厂网分开”历史遗留问题基本解决。

（二）建立电力监管制度

2003 年 2 月 24 日，国务院批准《国家电力监管委员会职能配置内设机构和人员编制规定》（国办发［2003］7 号文件）。文件中提出：电监会为国务院直属事业单位，按国家授权履行电力监管职责。电监会按垂直管理体系设置，向区域电网公司电力调度交易中心派驻代表机构。同时，国务院对国家电监会的主要职责提出明确要求：“制定电力市场运行规则，监管市场运行，维护公平竞争；根据市场情况，向政府价格主管部门提出调整电价建议；监督检查电力企业生产质量标准，颁发和管理电力业务许可证；处理市场纠纷；负责监督社会普遍服务政策的实施。”2003 年 3 月 20 日，国家电力监管委员会挂牌成立。

2004 年 8 月，中央机构编制委员会办公室批复，同意国家电力监管委员会设立华北、东北、西北、华东、华中、南方 6 个区域电力监管局，并向有关城市派驻监管专员办公室。区域电监局的主要职责是：依据电监会授权，监管电力市场运行，规范电力市场行为，维护公平竞争；监管辖区内电力企业和电力调度交易机构；负责辖区内电力行政执法、行政处罚和行政诉讼等涉及的有关法律事务；负责辖区内

① 任春、谢毅等：《盘点五年电改风云 纵论电力发展大势》，载《中国电力报》2007 年 12 月 28 日。

电力安全和可靠性监管；负责辖区内电力市场统计和信息发布，管理辖区内电力业务许可证；依法查处辖区内电力企业违法违规行为。区域电监局是国家电力监管委员会的派出机构，正局级，由国家电监会垂直领导。2005 年，6 大区域电监局和 11 个城市监管办公室陆续组建完毕，电力监管工作直接延伸到了第一线。

2005 年 2 月 2 日，国务院第 80 次常务会议审议并原则通过了《电力监管条例》草案，2 月 15 日温家宝总理签署第 432 号国务院令，正式发布了《电力监管条例》。[①]《电力监管条例》的颁布实施标志着国家电监会从初创组建正式转入依法履行监管职权。

2006 年，电监会在监管工作中首次引入了监管报告制度，发布了 6 份监管报告。

2007 年 4 月 10 日，电监会公布了《电力监管报告编制发布规定》。电监会 2007 年相继发布了《电力监管报告（2006）》、《承装（修、试）电力设施许可证制度执行情况及新建发电机组许可证申领情况通报》、《2006 年电力安全监管报告》、《〈工程建设标准强制性条文〉（电力工程部分）执行情况监管报告》、《中国电力监管机构能力建设研究报告》和《2007 年供电监管报告》。2007 年 7 月，江苏省在全国率先实现了对燃煤机组烟气脱硫的实时监控。电力监管报告制度的确立和对燃煤机组烟气脱硫实时监控的实施，表明电力监管能力逐步提高。

（三）电价改革

为了解决电力体制改革厂网分离的价格问题，2003 年 5 月，国家价格主管部门印发了《厂网价格分离实施办法》，明确了原电网直

---

① 《电力监管条例》，中国电力出版社 2005 年版。

属电厂上网电价的原则,并陆续协调、批复了全部厂网分离电厂(约150家)的上网电价。2003年7月,国务院批复了《电价改革方案》,确立了电价市场化改革的总体方向,明确了发售电价格由市场竞争形成,输配电价格由政府监管的改革目标。

从2004年起,国家发改委对各省区市电网统一调度范围的新投产燃煤机组不再单独审批电价,根据各地燃煤机组社会平均发电成本,事先制定并公布统一的标杆上网电价,摒弃了原来"一厂一价、一机一价"的模式。

2005年4月,《上网电价管理暂行办法》、《输配电价管理暂行办法》和《销售电价管理暂行办法》出台;2005年5月1日,煤电联动方案出台。

2006年12月27日,国家发展改革委在京主持召开2007年煤炭产运需衔接电视电话会议,以本次会议为标志,我国延续了50多年的由政府直接组织召开全国煤炭订货会的历史终结了。在国家宏观调控指导下,由企业自主衔接、协商定价的新机制基本确立。

国家发展改革委价格司自2007年5月起开始编制电煤价格指数,数据采样分别由中国煤炭运销协会、中电联燃料分会进行收集。电煤价格指数的编制是煤电价格联动政策实施的基础,也为上网电价在区域范围内由发电厂竞价形成创造了条件。

(四)建设区域电力市场

2004年1月15日,中国首家区域电力市场——东北区域电力市场模拟运行鸣锣开市。2004年5月18日,华东区域电力市场模拟运行。2004年4月,南方电力市场建设工作正式启动,并于2005年11月进入模拟试运行阶段。

2006年12月20日至26日华东电力市场进行了第二次调电试

验，市场运营结果表明：华东电力市场运营规则符合华东电网特点，技术支持系统能够满足市场运营的要求，华东电力市场已经具备了试运行条件。

虽然，东北、华东2个区域电力市场由于各种原因先后停了下来，[1]但目前东北、华东、南方电力市场方案及规则正在进行修改完善。华中电力市场建设已确立了"以双边交易为主、现货交易为辅"的市场模式。华北、西北电力市场建设方案框架也已经明确，在市场模式、大用户参与市场以及监管机制等问题上都取得较大突破。

（五）开展大用户直购电试点

为了实施售电侧市场放开政策，构建多买方—多卖方的零售市场结构，大用户直接交易试点走上了前台。

2004年4月，国务院电力体制改革工作领导小组印发了《电力用户向发电企业直接购电试点暂行办法》，以保证该项试点工作规范、有序地开展。

2005年3月8日，我国首家大用户直接交易试点——吉林炭素股份有限公司试点率先签约，开启了用户与电厂直接见面交易的崭新交易模式。据统计，2005年3—12月、2006年、2007年1—9月，吉林试点分别实现直购电量4.7亿千瓦时、4.6亿千瓦时和3.6亿千瓦时。2006年11月13日，第一个采用"点对多点"模式的广东台山直购电试点也正式宣布实施，2006年12月至2007年9月，广东试点实现直购电量1.6亿千瓦时。目前，正在研究制定直接购电企业准入技术条件和能耗标准。

---

① 沙亦强：《电力市场建设十年——专访国家电监会市场监管部主任刘宝华》，载《中国电力企业管理》2008年第8期，第16页。

四、现阶段我国电力行业的运行态势及改革成效

经过多年求索，中国电力市场化改革取得了阶段性成果。[①] 厂网分开基本完成，发电侧形成寡头垄断市场结构，电力监管体制建立。电力市场化改革给中国电力工业带来了深刻的变化。

（一）发展迅猛

2002 年、2003 年，全社会用电量分别增长 11.6% 和 15.4%，发电装机容量同比上年增幅分别是 5.30%、9.77%（见表 8－8），导致 2003 年、2004 年全国分别有 23 个、26 个省级电网出现了拉闸限电，电力短缺对经济发展形成制约和瓶颈作用，成为经济运行中的突出矛盾。但由于此时已形成了华能、大唐、华电、国电、中电投 5 大发电集团和神华集团、国家开发投资公司、华润集团等中央发电企业以及众多地方、外资、民营发电企业多家办电、多种所有制办电的竞争格局，电力工业呈现加速发展态势。2004—2007 年发电装机容量同比上年增幅分别是 13.02%、16.90%、20.60% 和 14.36%，至 2007 年年底发电装机容量为 71329 万千瓦，全年发电量为 32559.00 亿千瓦时。至 2007 年年底 750 千伏、500 千伏、330 千伏、220 千伏线路长度分别为 511 公里、92567 公里、15795 公里、219337 公里，220 千伏及以上变电容量为 119564 万千伏安（见表 8－9）。这样，仅用 3 年多的时间，到 2006 年基本扭转了电力供应紧张的局势。2008 年 1—6 月，全国 6000 千瓦及以上发电生产设备容量 71186 万千瓦，同比增长 14.1%；全国规模以上电厂发电量 16803.19 亿千瓦时，同比增长 12.9%。[②] 电力工业发展势头依然强劲。

---

① 段贵恒：《改革：求索创新之路》，载《中国电力报》2007 年 12 月 28 日。

② 中电联统计信息部：《2008 年 1—6 月全国电力工业生产简况》，载《中国电力企业管理》2008 年第 8 期，第 84—85 页。

表8-8 2002—2007年中国发电装机容量和发电量

年份	发电装机容量（万千瓦）	同比上年增幅(%)	年发电量（亿千瓦时）
2002	35657	5.30	16541.64
2003	39141	9.77	19052.08
2004	44239	13.02	21943.52
2005	51718	16.90	24975.26
2006	62370	20.60	28598.00
2007	71329	14.36	32559.00

资料来源:《中国电力年鉴》,中国电力出版社2007年版;中电联2007年全国电力工业统计快报。

表8-9 2002—2007年中国电网长度和变电容量

年份	750千伏线路长度(公里)	500千伏线路长度(公里)	330千伏线路长度(公里)	220千伏线路长度(公里)	220千伏及以上变电容量(万千伏安)
2002		36745	9612	142362	52689
2006	141	74417	13711	186538	93608
2007	511	92567	15795	219337	119564

资料来源:《中国电力年鉴》,中国电力出版社2007年版;中电联2007年全国电力工业统计快报。

(二)结构优化调整

中国煤炭资源丰富,火力发电一直占有较大比重,随着电力市场化改革的推进,电力环保日益加强,火电机组结构调整的方向是:建设大容量、高参数机组,关停小火电机组,节能减排。

2006年11月18日和12月4日,浙江华能玉环电厂1号机组和山东华电邹县电厂7号机组两台国产超超临界百万千瓦级机组相继投产，标志着我国火电机组已经迈入大容量、高参数时代。目前，30万千瓦、60万千瓦大型发电机组已成为电力系统的主力机组，并逐步向100万千瓦级发展，火电机组的参数逐步向超超临界方向发展。

2007年1月20日，国务院批转发展改革委、能源办《关于加快关停小火电机组若干意见的通知》（国发[2007]2号文件）。1月29日，国务院召开全国电力工业"上大压小"节能减排工作会议，国家发改委与地方政府、5大发电集团和两大电网公司分别签订了责任书，确保在"十一五"期间关停小火电机组5000万千瓦。与此同时，"全国第一爆"在大唐安阳发电厂进行，2台10万千瓦机组成功拆除。10月26日，电力行业"上大压小"工作领先于全国其他行业，提前两个月完成2007年关停1000万千瓦小火电机组的任务。截至2007年年底，全年关停小火电机组1438万千瓦，超额完成年度关停任务。

节能发电调度是电力系统节能、环保、经济调度的简称，它的内涵是：在电力系统安全约束条件下，获取系统总燃料成本最低的机组组合，调度一定比例的可再生能源发电量和清洁能源发电量，以达到降低供电煤耗、控制化石燃料消耗总量及污染物排放总量的目的。[①] 2007年8月2日，《节能发电调度办法（试行）》下发；同月，宣布贵州、河南、江苏、广东、四川为节能调度第一批试点地区；10月9日，全国节能发电调度试点工作领导小组正式成立；12月30日，贵州省

① 杨昆、孙耀唯、梁志宏：《电力市场及其目标模式》，中国电力出版社2008年版，第121页。

率先启动节能发电调度试点工作，当天发电消耗标煤减少约592吨。

截至2006年年底，全国火电厂烟气脱硫机组容量达到1.6亿千瓦，与2002年相比，烟气脱硫机组容量增长了20倍，约占全国煤电机组容量的41%。到2010年，全国火电烟气脱硫机组投运及在建容量将达到3.8亿千瓦，二氧化硫排放量预计可减少33.7%，完全能够达到电力总量控制要求，也可保证全国减排目标的实现。

在推进火电机组结构调整的同时，还大力发展包括水电、核电在内的可再生能源发电。

2001年年底，我国大陆常规水电装机容量达到7700万千瓦，从而超过美国排名世界第一位。2004年9月26日，黄河上游公伯峡水电站1号机组投产发电，标志着我国水电装机突破1亿千瓦。三峡电站已有多台单机容量70万千瓦巨型水轮发电机组投产发电，标志着我国在大坝设计施工以及大型水电机组设计、制造、安装、运行方面，已经走在世界前列。2008年1—6月，全国6000千瓦及以上水电装机容量12984万千瓦，同比增长21.8%。

2006年3月22日，国务院常务会议审议并原则通过了《核电中长期发展规划(2005—2020年)》。2006年12月16日，中美签署先进压水堆核电技术转让谅解备忘录。至2006年年底，核电前期准备的项目容量已达1740万千瓦，核电建设过程中自主技术得到深入应用。2007年3月1日，国家核电技术公司与西屋联合体在京签署三代核电自主化依托项目核岛采购及技术转让框架合同，我国核电自主化依托项目正式确定选用美国西屋联合体的AP 1000方案。2008年1—6月，全国6000千瓦及以上核电装机容量885万千瓦，同比增长29.2%。

其他可再生能源发电也有了很大发展。截至2006年年底，全国正式并网投运的风电装机容量达207.25万千瓦。目前,全国已建成总容量共8万千瓦的国家级秸秆发电示范项目机组。

(三)管理水平提升

2002—2006年,电力行业在电力设备、燃料、运输费用价格持续上涨,煤炭供应和运力紧张的情况下,确保了供电标准煤耗逐年下降、发电项目造价水平稳中有降、全行业经济效益稳定增长。6000千瓦及以上电厂供电煤耗从2002年的383克/千瓦时下降到2006年的366克/千瓦时;火电机组每千瓦造价由2002年的5000元下降到2006年年底的4000元左右;供电线损率由2002年的7.52%下降到2006年的7.08%。[①] 2006年,电力行业完成销售收入20808亿元,比2002年增长264.8%,年均增长38.2%;电力行业实现利润1446亿元,比2002年增长184.6%,年均增长29.9%。[②] 2008年1—6月,全国6000千瓦及以上电厂供电煤耗346克/千瓦时,比2007年1—6月的355克/千瓦时下降了9克/千瓦时;供电线损率为5.59%,比2007年1—6月的6.04%下降了0.45个百分点。[③]

(四)践行社会责任

电力行业践行社会责任的主要内容之一是电力普遍服务。我国电力普遍服务包括3层含义:可获得性,即用户都应当得到电力服务;非歧视性,即所有用户都应当被同等对待;可承受性,即服务的价格应当为大多数用户所能接受。[④] 2002年5号文件中明确国家电监

① 电监会课题组:《电力改革稳步推进》,载《中国电力报》2007年10月15日。

② 段贵恒:《发展:成就辉煌篇章》,载《中国电力报》2008年1月4日。

③ 中电联统计信息部:《2008年1—6月全国电力工业生产简况》,载《中国电力企业管理》2008年第8期,第84—85页。

④ 《中国电力社会普遍服务调研报告综述》,载《农电管理》2007年第8期,第26—29页。

会的主要职责之一是“负责监管电力社会普遍服务政策的实施”。

社会主义新农村建设，电力行业实施了农网改造和“户户通电”工程。农网改造后，农村综合电压合格率达到95.8%，供电可靠率达到99.3%；城乡居民生活用电全部实现了同网同价，改善了农民生活条件，活跃了农村经济。“户户通电”工程成效显著，如，2007年3月，当地电力部门斥巨资、克服重重困难把电线架设到了地处大山深处的新安县曹村乡大扒村，使104户村民用上了电。目前，国家电网公司供电区域共有23个省（市、自治区）和内蒙古东部两个地区实现了户户通电。“十一五”期间，约160万户600万人的生活将被点亮，基本实现村村通电。

此外，自2005年以来，国家电网公司、南方电网公司、华能、大唐相继发布了社会责任报告。浙能集团2007年被评为浙江省“最具社会责任感企业”。

第三节 启示与政策建议

中国电力市场化改革虽然取得了一定成果，但也暴露出一些无法回避的问题。例如，从电价变动上看，销售电价在改革中一路上涨（见表8－11），用户享受不到电力市场化改革和发电侧竞争的成果；从进程上看，由于电力供应一直偏紧等原因（如，2008年的冰冻灾害、地震和通胀压力），进展缓慢，甚至一些已经明确的改革措施也未落到实处。因而，对电力市场化改革的争论也一直没有停止过。这里，谨借鉴日美欧电力市场化改革经验教训，深化我国电力体制改革，试提出以下思路和建议供参考：

相对于电力改革和发展进程的加快，电力法制建设显得滞后，电力产业政策薄弱。[①] 一个明显的例子是1996年颁布实施的《电力法》有些内容已经不能适应当前电力市场化改革的需要。因此,应尽快对《电力法》进行修订。此外,《电力调度条例》的有些内容难以适应节能发电调度和促进可再生能源发电的需要,也应积极研讨,并尽快提出修改意见。

虽然我国进行了"上大压小"、发展可再生能源发电等火电机组及电力工业结构调整,但目前我国火电机组装机比例仍高达75%,单位发电煤耗水平比世界先进水平高出50克/千瓦时以上,火电机组每年消耗煤炭占全国煤炭产量的50%左右,二氧化硫排放量占到全国排放量的54%。2007年1月10日,国家环保总局成立30年来,首次动用"区域限批"这一行政惩罚措施,大唐国际、华能、华电、国电4大电力集团被列入限批名单。应当说目前对于中国电力工业的发展,资金已不是问题,技术也已不是问题,然而资源和环境却开始成为重要问题。如何突破资源尤其是煤炭资源的制约,如何在电力工业发展的同时有效保护环境,这二者严峻考验着整个电力行业。

长期以来,中国电力工业总是在短缺与过剩不断轮回的"怪圈"中徘徊。[②] 电力"怪圈"的产生与电力投融资体制有着较强的关联。2004年7月,根据《国务院关于投资体制改革的决定》,电力建设项目由审批制改为核准制。此举,赋予了企业更大的投资决策权。2004年7月15日,9省区的32个项目被国家叫停,装机容量总计1711.4万千瓦。2004年12月初,《国务院批转发展改革委关于坚决制止电站项目无序建设意见的紧急通知》下发。合理的电力投资,

---

① 《世界银行:中国电力市场的绩效问题与各方利益平衡》,载《商务周刊》2007年第20期,第52页。

② 阮大伟:《电力体制改革与供应链管理》,中国经济出版社2006年版,第29页。

需要准确的需求预测和规划,要求投资能随价格信号而自由进出。从目前来看,电力需求预测和规划工作已经取得了一定成效,但电力投资能随价格信号而自由进出还基本上停留在期望层面,有待于随着电价体制改革的推进而形成。推进电力投融资体制改革可从以下层面进行:(1)华能、大唐、华电、国电、中电投5大发电集团、地方发电集团,应进一步吸引民营资本和外资,实现发电投资主体多元化。(2)国有资本投资要向电网基础设施倾斜,同时积极探索电网企业进入资本市场的方式和途径。如,南方电网公司拟采取并积极筹备的整体重组上市计划。(3)国家发改委及物价部门,在制定电力产业政策尤其是在制定电力投资政策时,对中央与地方、大与小、国有与非国有、电力系统内外、内资与外资电力企业要一视同仁,公平对待。(4)用电量和发电量的增长与经济增长具有正相关关系,通常用电力消费弹性系数反映,电力消费弹性系数是经济增长率与用电量增长率之间的比率。[①] 2002—2005年能源、电力消费弹性系数及产值能耗、电耗见表8-10,2006年、2007年电力消费弹性系数分别为1.22、1.21,[②]可见2002—2007年电力消费弹性系数均大于1,但目前我国经济发展出现了一些不确定性因素,因而,应进一步加强电力需求(包括产值能耗和电耗)预测和规划工作,用于指导电力建设。

中国的电价改革因慎重而迟缓,因牵涉面广而更显刻不容缓。煤电联动方案出台3年多了,但煤和电的磨合期似乎还远未结束,2008年煤与电的矛盾更是凸显。而且,上网电价形成机制如何建

---

① 张海鱼:《中国经济增长与电力投资》,中国经济出版社2005年版,第8页。

② 王改现:《解析"十五"以来电力消费弹性系数》,载《中国电力企业管理》2008年第8期,第28—29页。

表8-10 2000—2005年能源、电力消费弹性系数及产值能耗、电耗

年份	GDP/亿元	增长率/%	一次能源消费量/吨煤当量	能源消费弹性系数	全社会电力消费量/太瓦时	电力消费弹性系数	万元GDP能耗/吨煤当量	万元GDP电耗/千瓦时
2000	99215.0	8.4	1.38553×10^9	0.420	1346.6	1.35	1.3965	1357.3
2001	107449.9	8.3	1.43199×10^9	0.403	1468.3	1.09	1.3327	1366.5
2002	117227.8	9.1	1.51797×10^9	0.660	1638.6	1.27	1.2949	1397.8
2003	128950.6	10.0	1.74990×10^9	1.528	1889.1	1.53	1.3570	1465.0
2004	141974.6	10.1	2.03227×10^9	1.598	2176.1	1.50	1.4314	1532.7
2005	156030.1	9.9	2.22468×10^9	0.956	2468.9	1.36	1.4258	1582.3

资料来源:朱成章:《"十五"期间能源和电力弹性系数、产值能耗》,载《电力需求侧管理》2006年第4期,第58页。

立、输配电价如何管制、政府在电价监管中的具体定位等问题仍无明确答案。目前,销售电价实行多类别、结构性构成形式,分成大宗工业、非工业普通工业、农业、非居民、居民、商业、趸售、其他8大类。销售电价各类别执行不同的价格标准,一般商业、非普工业、大宗工业价格高一些,居民、农业和趸售价格偏低一些。销售电价存在的主要问题是交叉补贴严重;与发电成本及上网电价之间的传导途径不畅通;由于煤价、运费上涨等原因,销售电价在改革中一路上涨。表8-11给出了2001—2007年国家电网经营区域内售电平均单价。售电平均单价是指一定时间段的售电收入除以售电量所得之数值,需要将某些随电量征收的基金费用剔除,即真正纳入电价的成分。可见,从2002年到2007年国家电网经营区域内售电平均单价增加了25.90%。显然,如果现在就坐而论道地去谈发挥电价引导电力供需、合理配置资源的作用,仍为时尚早。我国中短期电价改革的目标应定位于:上网电价在区域范围内由发电厂竞价上网形成;适当调

高输配电价比重，以利于改善电网结构；改善终端销售电价结构，实行峰谷分时电价。而电价改革的长期目标应定位于：上网电价由发电市场竞争形成；输配电价由政府严格管制；销售电价与上网电价联动。具体路径可考虑采取：上网电价在已经实现从个别成本定价过渡到按社会平均成本定价即实行标杆电价的基础上，再过渡到发电批发市场采用双边交易与集中竞价相结合模式，目前的重点是进一步完善煤电联动办法；输配电价在已经实行的“成本加收益”办法基础上，过渡到上限管制方式。根据国家发改委 2005 年颁布的《销售电价管理暂行办法》（发改价格[2005]514 号文件），销售电价的计算方法为：销售电价 = 购电成本 + 输配电损耗 + 输配电价 + 政府性基金，已经反映出了与上网电价的联动，问题是怎样保证传导途径畅通。

表 8 - 11　2001—2007 年国家电网经营区域售电平均单价（单位：元/千瓦时）

年度	2001	2002	2003	2004	2005	2006	2007
售电平均单价	36.65	42.09	42.50	45.77	48.66	49.98	52.99
变动幅度			+0.97%	+8.74%	+15.61%	+18.75%	+25.90%

资料来源：姜绍俊：《电力价格的比较分析》，载《中国电力企业管理》2008 年第 4 期，第 25—26 页。

注：变动幅度的基准年为 2002 年，作者根据售电平均单价计算所得。

从放开用户供电选择权的程序来看，日美欧各国无一例外均是首先放开大用户选择供电商的权利，然后再逐步扩大到中小用户，最后放开所有用户的选择权。即大用户的界定标准随着电力市场化改革的深化不断调整；最终取消大用户的界定标准，全部用户可以平等地选择供电商。从直接购电方式来看，日美欧各国主要有两种：一种被称为“专线直购”方式，是指大用户和发电企业直接签订供电合同，大用户或发电企业自建专用输电线路，合同电力通过专用输电线路传送到大用户，不与电网相联，即不再通过电网转供。另一种被称为"过网直购"方式，是指大用户和发电企业直接签订购电合同，电力通过租用电网经营企业的输电网络输送到大用户，电网企业充当一个网络提供者角色，并向发电企业或大用户收取过网费。[①] 电力直购涉及到方方面面的利益，政策性强，实施起来难度很大。也有专家认为在目前我国输电、配电没有分开前，大用户直接购电应慎重推行。[②] 但无论如何我国直接购电试点已经取得了一些经验，应该继续并深化原有试点工作，同时应选择若干电网条件比较好的地区，扩大试点。建议政府当前重点做好以下几方面工作：(1)大用户的界定。正在研究制定的直接购电企业准入技术条件和能耗标准应该较高，随着电力市场的进一步完善再逐步放开。(2)交易电量的限制。可通过限制直购电双边合同的总交易量，在运营中逐步完善相关的市场机制；对于成熟市场环境下的直购电，则可取消限量。(3)交易规则的制定。大用户和电网公司应签订输电合同和辅助服务合同，明确各自的责、权、利。如，电网出现阻塞时，按什么原则削减过载负荷等。(4)合同电价的监管。监管部门对大用户与发电商签订的购售电合同电价应给予一定的限制。在目前执行用户分类电价情况下，建议规定发电商与大用户签订的直购电价高于签订合同时发电商的上网电价。(5)合同范本的规范。相关合同的范本应该规范，如，大用户与发电企业之间需签订的《电量直接购售电合同》、大用户与电网公司之间需签订的《委托输电服务合同》以及现行的《供用

---

① 童明光、张毅等：《大用户直购电模式及其在我国的应用》，载《电力技术经济》2006 年第 2 期，第 17—20 页。

② 汪建煌、柯国庆：《大用户直供应慎行》，载《中国电力企业管理》2008 年第 3 期，第 14—15 页。

电合同》等。其中,应重点研究合同执行过程中不确定性引起争议的处理条款。(6)交易合同的执行。系统调度机构按照大用户直接交易合同,制定调度计划并执行。交易计划和实际发用电出现偏差时,暂通过滚动平衡合同电量的方式来解决,随着发电权转让或实时市场的建立,余缺电量通过市场进行买卖。[①] (7)结算方式的确定。大用户直接交易的结算方式由大用户、发电企业以及电网公司3方协商确定。在目前我国还没有形成独立输配电价体系、电价体系中存在着严重的交叉补贴、辅助服务没有单独定价的情况下,建议近期开展大用户直接交易维持现行的结算关系,由电网经营企业集中与大用户和发电企业进行结算。

目前,发电企业资产关系不同、管理关系各异。虽然电力监管部门、电力行业协会和电网企业都对如何搞好发电企业涉网专业管理进行了探索,但是新的管理体制仍然没有建立。表8-12为2004—2007年电网故障情况,分析造成事故的直接原因,设备故障、人员违章作业以及恶劣天气等自然灾害是威胁电网安全运行的主要因素。以2007年为例:2007年共发生32起由设备故障引起的电网事故,占全部69起电网事故的46.37%;发生由自然灾害引起的电网事故共计18起,占全部的26.09%;发生11起由人员责任引起的电网事故,占全部的15.94%;发生8起由其他原因引起的电网事故,占全部的11.59%。[②] 但若从经营管理的角度分析原因,目前,调度运行、继电保护和调度自动化专业管理都存在一些问题,其中继电保护和

① 大用户直接交易研究课题组:《大用户直接交易:机制与模式建议》,载《中国电力企业管理》2008年第3期,第12—14页。

② 赵晔、罗治强、赵玉柱:《2007年国家电网安全运行情况分析》,载《中国电力》2008年第5期,第66页。

自动化两个专业管理存在的问题比较突出。为了确保电力调度工作顺利进行和电网的安全稳定运行,必须加强发电企业的涉网专业管理。电力调度部门应主要依据《并网调度协议》和电力监管部门授予的对发电厂涉网专业的技术监督职责,要求、促进发电厂加强涉网专业设备更新改造和管理。另外,电网的安全供电是要有代价的,电网需要有负荷备用,需要调频、调峰,需要事故应急装置等等,才能保证整个电网的安全可靠供电,这都是需要成本的。因此,推进我国电力体制改革,必须建设坚强电网。

表8－12　2004—2007年中国电网故障分类统计

类型	2004	2005	2006	2007
电网稳定破坏、瓦解	0	1	1	0
主网解列	0	0	0	0
大范围停电	1	0	0	0
220千伏及以上发电厂、变电站全停	30	19	25	26
220千伏及以上母线停电	3	22	32	27
局部电网解列	9	9	7	7
其他	11	18	16	9
合计	54	69	81	69

资料来源:赵晔、罗治强、赵玉柱:《2007年国家电网安全运行情况分析》,载《中国电力》2008年第5期,第65页。

东北区域电力市场2005年市场平衡资金账户亏空约3亿元人民币;2006年由于所有参与电厂报价过高,竞价结束后,根据竞价结果测算,预计平衡资金账户将累计出现亏空约35亿元人民币。2006年7月,中国电监会宣布2006年竞价结果无效。东北区域电力市场在正式运行开始后不到1个月,不得不宣布暂停并进入总结阶段。

而华东区域电力市场停下来的原因和东北的情况正好相反，竞价的结果是价格下降幅度较大。从东北、华东区域电力市场实际运行情况看，在市场风险控制、销售电价与市场竞价联动、市场信息披露、输配电价等方面均有需要完善的地方。但也有专家认为，"如果把改革的目标限定在电价只能降，不能升；或者降得多了也不行，市场建设是没有办法推进的。"①区域电力市场在试点运行中出现一些问题是正常的，也说明了决策区域电力市场试点的英明。重要的是认真总结东北、华东区域电力市场试点运行期间的经验教训，从中找出解决问题的对策，并启动东北、华东区域电力市场继续运行。否则，通过电力市场配置电力资源将会成为一句空话，电力市场化改革也无法推进。

2002 年以来，电力监管事业在探索中前进，在实践中发展，走过了一条不平凡的道路。但不容回避的现实是：电监会的职能与政府有关部门的职能在有些具体问题上相互交叉，需进一步磨合与界定；电力监管的法律法规和监管手段还不健全；监管绩效低于国际水平，无法实现对电力工业的有效监管。② 关于职能相互交叉问题仅以准入监管和电价监管为例。电力建设项目的投资审批权在政府宏观经济调控部门，但电监会根据国务院的授权具有颁发和管理电力业务许可证的职责，而当电力项目在已经获得政府宏观经济调控部门批准的情况下，监管机构再考虑是否同意准入，就陷入一种尴尬的境地。目前有关法律和规定明确，电价定价权属政府价格主管部门，电

---

① 沙亦强：《电力市场建设十年——专访国家电监会市场监管部主任刘宝华》，载《中国电力企业管理》2008 年第 8 期，第 16 页。

② 李虹：《中国电力工业监管绩效实证分析》，载《财贸经济》2007 年第 4 期，第 117—121 页。

监会有调整电价的建议权；电价监督检查权由政府价格主管部门和电监会共同行使，但电监会没有对违法电价行为的处罚权。而监管法规和手段不健全的一个明显例证是，对电力市场运营过程中可能出现电力系统可靠性降低的监管规则尚不够完善。[①] 深化电力监管体制改革，形成以改革促监管，以监管推改革的良性循环，就必须把服务党和国家工作大局作为电力监管的基本任务；必须把解决行业反映强烈、社会普遍关注的突出问题作为电力监管的切入点和着力点；必须把依法监管作为电力监管的主要方式；必须把信息公开作为电力监管的重要手段；必须把广泛动员社会力量参与作为电力监管的有益补充；必须把推进电力改革作为电力监管的立身之本。

1998 年，国务院转发国家计委"关于改造农村电网改革农电管理体制实现城乡同网同价请示"的通知（国发［1998］134 号文件）；1999 年，国务院批转国家经贸委"关于加快农电体制改革加强农村电力管理意见"的通知（国发［1999］2 号文件），按照这两份文件的要求，实施了"两改一同价"，即改革农电体制，改造农村电网，实现城乡居民生活用电同网同价。2006 年，国家电网公司出台了"新农村、新电力、新服务"农电发展新战略，其核心内涵有六：一是积极推进新农网建设和改造工程，逐步建立农网建设和改造的新机制，研究制定农网可持续发展新的投资渠道；二是全力实施"户户通电"工程，进而完成农村电气化普及任务；三是实施新农村电气化"百千万"工程；四是村农电工素质能力提升工程；五是农电企业规范管理工程；六是农村生物质能发电工程。30 多年来的农电改革发展历程

① 陈建长：《电力市场监管理论与实践的探讨》，载《电力技术经济》2007 年第 1 期，第 32—36 页。

一再证明，农电工作要和党中央、国务院在农村工作中的整体思路相一致并与地方政府工作相吻合，才能使农电工作在经济发展大环境中显示旺盛的生命力。[①] 建议目前农电体制改革以制定农村电力普遍服务政策；推动农电企业改制、理顺产权关系、妥善处置地方农电资产；解决农网改造后的遗留问题等为重点。

主辅分离工作一直进展缓慢，主要是因为政策性强，涉及面广，矛盾错综复杂。如，辅业重组、主多（三产）分离以及职工关联持股，这几个问题就是交织在一起的。解决这一问题切实可行而又有效率的就是以市场的办法为主，辅以行政的办法。主辅不分，关联企业享受一部分主业的利润，就会使主业成本增加，通过市场竞争的办法，如竞价上网会迫使企业提高管理水平，自然会把这部分关联企业分开。主辅分离多少，哪些可以分离，哪些可以保留，都应通过市场来解决，用行政"一刀切"的办法甩给社会，必然会带来很多问题。当然，市场也会失灵，必要的行政办法也是不可缺少的。在使用行政办法时建议关注以下几个方面：首先，要以建设和谐社会为指导，充分考虑电力辅业产业工人的历史贡献、他们以及社会承受能力等各种制约因素，采取的措施要有利于辅业单位的生存和发展。其次，要把握好行政办法的力度和节奏，根据辅业单位的具体情况，分阶段、分类型，积极稳妥、综合协调，成熟一个，操作一个。第三，要积极争取政策，对辅业单位历史上形成的呆坏账及债务进行合理的核销；有针对性地解决辅业单位的产权关系、劳动关系和行政隶属关系，使分离后的辅业单位轻装前进。

---

① 杨鸿义:《农电改革和发展的历史丰碑——从"两改一同价"到"新农村、新电力、新服务"农电发展战略》，载《农电管理》2008 年第 8 期，第 9—11 页。

总之，中国电力市场化改革的历程正如党的十七大报告所指出的，“改革开放作为一场新的伟大革命，不可能一帆风顺，也不可能一蹴而就”。中国电力市场化改革的成效和功绩不容否定，停顿和倒退没有出路。重要的是按照十七大“把改革创新精神贯彻到治国理政各个环节，毫不动摇地坚持改革方向”的要求，扎扎实实地把电力市场化改革推向前进。

附录　韩国：电力民营化和结构调整

从20世纪80年代后期开始，韩国电力工业步入了高速增长期，虽然1997年受金融危机和冷夏的影响出现了负增长，但很快就走出了逆境，重新进入增长轨道，并带动韩国经济发展。与此同时，在韩国政府的大力推动下，电力体制改革也逐步展开。

一、韩国电力工业概况

（一）发电能源构成

韩国能源资源贫乏，能源自给率只有约3%，只是在东部沿海地区有少量的无烟煤，水能资源也有限，只有汉江可开发利用。能源主要依靠进口，进口比重逐年增加。韩国的发电能源主要有煤炭、液态天然气（LNG）、核能、燃油和水电，至2006年底有40座燃煤电厂、45座燃气电厂、20座核电厂。目前，韩国重点发展核能和LNG发电，计划到2020年底投资313亿美元建设核电厂和燃气电厂，核电比例将由2007年的37.8%增加到2020年的43.4%，而油电比例将由2007年的5.1%削减到2020年的0.6%，以满足不断上升的电力需求，减少对石油的依赖。①

（二）装机容量与发电量

2000年韩国发电装机容量为4846万千瓦，其中火电装机容量

① 《韩国拟定大规模建设发电厂计划》，载《中国电力》2007年第2期，第13页。

为3159.5万千瓦,水电装机容量为314.9万千瓦,核电装机容量为1371.6万千瓦。2000年发电量为2674.00万千瓦时,其中火电发电量为1528.26万千瓦时,水电发电量为56.10万千瓦时,核电发电量为1089.64万千瓦时。2001年以来韩国发电量稳步增长,2002年增长率为7.4%,2003年增长率为5.1%,2004年增长率为6.2%,2005年增长率为1.8%,2006年增长率为12.9%(见表1)。预计未来韩国15年电力需求将以2.5%的速度增长。根据韩国商业、工业及能源部(MOCIE)拟定的未来15年电力工业发展计划,韩国计划建设8座以上核电厂、14座燃煤电厂和17座燃气电厂。这个计划将使韩国保证增加3442万千瓦时电量,到2020年其发电厂联合装机将达94.28吉瓦。①

表1　韩国2001年以来发电量统计(单位:10亿千瓦时)

年份	火电量	核电量	水电量	地热及其他	合计	增长率
2001	168.9	112.1	4.2	–	285.2	
2002	182.1	119.1	5.3	–	306.5	7.4%
2003	185.7	129.6	6.8	–	322.1	5.1%
2004	205.6	130.7	5.9	–	342.2	6.2%
2005	203.6	139.5	5.1	–	348.2	1.8%
2006	246.464	141.237	5.172	0.92	393.793	12.9%
2007(1—6月)	133.708	66.613	1.677	0.222	202.220	

资料来源:根据国电信息中心网上公布的经济合作发展组织(OECD)成员国各年度电力平衡统计数据整理而成,http://www.sp.com.cn。

① 《韩国拟定大规模建设发电厂计划》,载《中国电力》2007年第2期,第13页。

(三)输配电和电网

韩国有3个主要的电网,配网自动化系统发展较快、覆盖面积大。韩国电力系统使用的电压等级为765千伏、345千伏、154千伏等。配电系统原来多为6.6千伏,从1996年开始逐步升级为22.9千伏,目前99.7%的线路已完成升压改造。截止到2004年底,韩国输电线路总长度为28409公里,其中765千伏线路全长662公里,345千伏线路全长7903公里,154千伏线路全长18723公里(见表2)。全网共有变电站615座,其中765千伏变电站4座,变电容量19111兆伏安,345千伏变电站51座,变电容量80081兆伏安(见表3)。①

表2 韩国输电线路回路长度(单位:千伏,公里)

电压等级	1980年	2000年	2001年	2002年	2003年	2004年
765		595	662	662	662	662
345	2044	7281	7345	7497	7740	7903
154	6062	16747	17576	18144	18595	18723
66及以下	4579	1727	1540	1402	1031	889
180(DC)		232	232	232	232	232

资料来源:宋卫东、王熙亮:《韩国电力工业概况》,载《国家电网》2006年第10期,第66页。

表3 韩国变电设备容量(单位:千伏;兆伏安;座)

电压等级	1980年	2000年	2001年	2002年	2003年	2004年
765			1110	7110	7110	19111

① 宋卫东、王熙亮:《韩国电力工业概况》,载《国家电网》2006年第10期,第66页。

345	6334	53115	63577	69078	75660	80081
154	9789	70886	78119	83364	89228	93528
66 及以下	2985	1699	1473	1286	1068	980
合计	19108	125700	144279	160838	173066	193700
变电站个数	378	483	549	574	603	615

资料来源:宋卫东、王熙亮:《韩国电力工业概况》,载《国家电网》2006 年第 10 期,第 66 页。

(四)电力监管

韩国主要的电力监管机构为商业、工业及能源部(MOCIE)。此外,科技部(MOST)负责核工业的审批、立法和监督;韩国天然气公司(KOGAS)管理 LNG 的接收码头并将天然气运到电力公司和私营的城镇天然气公司;韩国电力公司(KEPCO)负责电力的生产、输送和分配;韩国电力研究所(KEPRI)是韩国电力技术开发的主力。

(五)电价

韩国的电价是由 KEPCO 提出申请,电价委员会进行审议,经过 MOCIE 与财政经济部协商之后确定的。决定电价的三大因素是生产成本、适当的投资回报以及公平合理。KEPCO 的电价由基本电价和从量电价两部分组成,并按不同用途制定,可以分为“居民用电”、“商业用电”、“教育用电”、“工业用电”、“农业用电”、“路灯”等几部分。2004 年韩国平均电价为 6.61 美分/千瓦时,工业及居民电价低于经济合作发展组织(OECD)各成员国的平均水平(见表 4)①。为了支持低电价发展政策,韩国政府几乎将接近一半的外债投放给了 KEPCO,同时,要求 KEPCO 在原料采购上支持本国煤炭工业,并以

① 宋卫东、王熙亮:《韩国电力工业概况》,载《国家电网》2006 年第 10 期,第 67 页。

补贴的形式向出口工业提供低廉的电力。为了使竞争更加公平，MOCIE计划将电价分类从目前的按不同用途变为按不同电压等级。在这种新的制度下,居民电价将会有所下调,工业电价相应上涨。MOCIE将在今后几年中逐步推广这种制度。

表4 韩国电价水平(单位:美分/千瓦时)

年份	居民	商业	教育	工业	农业	路灯	合计
2000	8.4	9.4	7.99	5.17	3.82	5.84	6.62
2001	8.12	9.57	8.22	5.46	3.86	6.04	6.83
2002	7.71	9.1	7.91	5.23	3.76	5.76	6.55
2003	7.8	8.92	8	5.35	3.85	5.83	6.62
2004	8.06	8.59	7.89	5.52	3.72	5.79	6.61

资料来源:宋卫东、王熙亮:《韩国电力工业概况》,载《国家电网》2006年第10期,第67页。

二、垂直一体化公有垄断经营的韩国电力集团公司

韩国早期的电业是由3家地方性私有公司经营,1961年7月他们联合组成了韩国电气公司,1982年2月实行电业公有化时被改组为韩国电力集团公司(KEPCO)。KEPCO是韩国唯一的从事发、输、配、售电业务的具有公用事业性质的公有股份公司,还在北京、香港、巴黎、纽约等地设立了海外办公机构。如表5所示,截至1999年9月,KEPCO拥有全国发电能力的94.2%和全部的电力输送和销售能力。① 2000年,营业额147.98亿美元,净收益11.73亿美元,总资产521.43亿美元。② 截至2005年1月7日,KEPCO共有员工20209

① [韩]金圣洙:《韩国电力部门的调整与重组》,载《中国电力企业管理》2002年第2期,第57页。

② 《韩国电力行业走向私有化》,见http:www.xz66.com.2002-10-17。

人,员工结构见表 6。KEPCO 的核心经营理念是尊重客户、积极创新、以效益为中心。

表5　韩国电力生产状况(1999.9)(单位:万千瓦)

	韩国电力集团公司 KEPCO	Hanwha 能源公司 POS 能源公司 LG 能源公司 Hyundai 能源公司 Daegu 电力公司	韩国水资源 管理公司	总计
发电能力	4066	150	101.5	4317.5
比例	94.2%	3.5%	2.3%	100%

资料来源:[韩]金圣洙:《韩国电力部门的调整与重组》,载《中国电力企业管理》2002 年第 2 期,第 57 页。

表6　韩国电力集团公司(KEPCO)员工人数(2005.1)

分类	高层领导	管理人员	工程师	技工	临时工	总数
人数	8	4675	9453	3945	2128	20209
占员工总数的百分比(%)		23.1	46.8	19.5	10.5	

资料来源:宋卫东、王熙亮:《韩国电力工业概况》,载《国家电网》2006 年第 10 期,第 65 页。

KEPCO 是国家垄断性经营的公用事业公司,该公司总裁由政府任命,2005 年组织机构如图 1 所示。各部门基本职能是:

规划和研究部主要负责管理、信息、财务、合作规划等,韩国电力研究院(KEPEI)归属此部门。

一般事务部主要负责人力资源、教育等,包括韩国电力中心教育研究院(CEI)在内的 6 个机构。

市场部主要负责电力销售、需求侧管理、配电管理等业务,下设

190 个地区办公室。

输电部主要负责输变电管理、输变电建设管理、电力生产计划、通信系统和网络、地区输变电部门(包含 11 个地区供电部门和 3 个建设单位)管理。韩国 765 千伏输变电工程的主要业务均由此部门全权负责。

海外事务及 KEDO(朝鲜半岛能源开发组织)工程部主要负责海外工程管理、KEDO 工程等,下设 7 个分部。

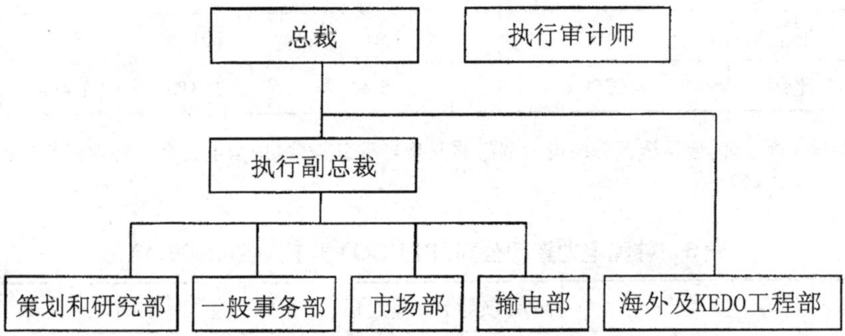

图 1　韩国电力集团公司(KEPCO)的组织机构

资料来源:宋卫东、王熙亮:《韩国电力工业概况》,载《国家电网》2006 年第 10 期,第 65 页。

在迅速工业化阶段,由 KEPCO 对韩国电力工业实行垂直一体化公有垄断经营,使韩国电力工业呈现了高速发展的态势,年均售电增长率超过 10%,对满足国民经济需要起到了很大的作用。但是,随着 KEPCO 逐渐成长为韩国庞大的政府下属机构之一,这种体制的缺陷也逐渐暴露了出来,主要有:在人力资源管理上呈现出低效率;由于要为全国提供稳定和足够的电力供应,就不能保证远期电站建设的资本回收;由于 KEPCO 垄断了电力生产、输送和销售的所有阶段,使得各能源工业在结构衔接方面缺乏平衡能力,对它们的效率和生产力检查的结果,表明它们从来都未优化成本和效益结构。这些缺陷的综合表现就是 KEPC0 的负债占了韩国外债的很大部分,是负债最多的国有企业(见表 7),甚至成了 1997 年韩国金融危机后经济复苏的掣肘。

表 7　1995—2003 年 KEPCO 外债情况(单位:亿美元,%)

年度	1995	1998	2000
政府外债	66	159	192
KEPCO 外债	31	66	70
KEPCO 外债占政府外债的比例	46.97	41.51	36.46

资料来源:国家电监会:《韩国电力市场化改革概况》,载《中国电力报》2006 年 7 月 26 日。

三、韩国电力市场化改革的目标与路径

(一)韩国电力市场化改革的目标

20 世纪 90 年代以来,在一些国际组织如 OECD 和 IMF 的支持下,以英国为先的许多国家都对电力行业进行了重组,把竞争机制引入电力工业。韩国政府为了克服 KEPCO 的制度性缺陷,顺应国际潮流,便开始了打破电力工业垄断的体制改革,探索通过电力市场配置电力资源的途径与方法。

韩国政府描绘的未来电力工业结构是:发电部门和配电部门从 KEPCO 完全分离出来,形成数个发电公司和配电公司,形成竞争机制;输电由 KEPCO 担任,并开放输电网,以保障自由使用;为了使大用户直接得到电力,消费者协会和售电公司等新电力公司也参与管理和监督,从而可促进电力市场的竞争,并规范市场。以民营化和结构改革为措施,韩国政府欲实现的电力市场化改革目标是:引入竞争,提高效率;确保电力供应的长期性、低电价和电力运行稳定性;通过为消费者提供多种选择，向消费者提供更多的便利。

（二）韩国电力市场化改革的路径

韩国电力体制改革经历了民营化和结构调整两个大的阶段：

1. 民营化改革（1987—1998 年 12 月）

1987 年 4 月，卢泰愚政府设立了公有企业民营化推动委员会，并公布了民营化五年计划。作为韩国政府民营化五年计划的一个内容，1989 年 5 月韩国政府把 21% 的 KEPCO 股份出售给了公众，并随后在韩国证券市场上市交易。[①] 1993 年韩国政府把 8% 的 KEPCO 股份出售给了外国投资者，而且 MOCIE 也调整了电业政策，允许独立发电企业（IPP）参与电源开发，但对 IPP 的参与仍设置了一些限制条件。1994 年韩国政府对大型公有企业包括 KEPCO 的绩效进行广泛的分析和评估，其最终报告第一次建议重组 KEPCO，引入竞争型电力交易市场，但是有人反对此项政策，理由之一是放松电力工业管制，将使电价上升，企业负担加重。1995 年 2 月韩国政府颁布了《民间发电厂建设法》，同年 5 月又颁布了《民间发电业务处理方针》，对 IPP 项目的实施做出了详细规定。1997 年亚洲金融危机以来，韩国政府鼓励国内外私人投资者参与国家垄断行业如电力、煤气、通讯的投资。1998 年初在 KEPCO 股份构成中，58.2% 由政府拥有，16.3% 由银行拥有，其他由私人投资者拥有。韩国计划预算委员会于 1998 年 7 月发布了一个“民营化计划”，8 月又发布了第二个“民营化计划”，即《公有企业民营化以及改革经营管理计划》，在这两个民营化计划中，KEPCO 均被确定为实施渐进式民营化改革的 6 家公有企业

① 徐建军：《韩国电力公司的重组和 DSM 政策》，载《电力需求侧管理》2000 年第 1 期，第 45—46 页。

之一。在这两个民营化计划的指导下，KEPCO 以存托凭证的方式向海外发售了政府持有的7.5 亿美元的股份。[①] 至1999 年初政府拥有 KEPCO 的股份进一步减少到52.6%。

这一时期韩国电力体制改革的核心是 KEPCO 的有限民营化，KEPCO 仍然实行发电、输电、配电、售电垂直一体化公有垄断经营。

2. 结构改革(1999 年 1 月至今)

1999 年 1 月,为了适应韩国经济全国范围内的大重组,韩国政府发布了由 MOCIE 制订的,旨在打破 KEPCO 垂直一体化公有垄断经营,引入竞争机制的重组计划。这一计划看起来很精致,这主要是为了满足国际货币基金组织的援助要求,计划内容部分参考了英国和澳大利亚模式,准备 10 年内分四个阶段实施,现简要介绍如下:

从 1999 年 1 月到 12 月为准备阶段。这一时期,韩国政府需要完成的工作包括修正相关的法律法规,评估 KEPCO 资产并划分成组,为电力交易市场运营做准备。KEPCO 也准备成立一个专门机构,负责电力体制改革事宜。本阶段仍是由公有的 KEPCO 以区域独占方式,同时经营发、输、配、售电业务。除少数几家 IPP 与KEPCO 订有购售电合约,产出电力依合约规定售予 KEPCO 外,所有电力活动包括零售电价皆仍受政府管制。这一时期电力工业结构如图 2所示。

从 2000 年 1 月到 2002 年 12 月为发电竞争阶段。这一时期,将把 KEPCO 的非核发电部分拆分重组成5 个发电子公司,并分步实现民营化。而将 KEPCO 的核电公司变成一个独立且独资的发电子公

---

① 张宝仁、李银珩:《韩国公有企业民营化及期效果分析》,载《东北亚论坛》2002 年第 3 期,第 53—56 页。

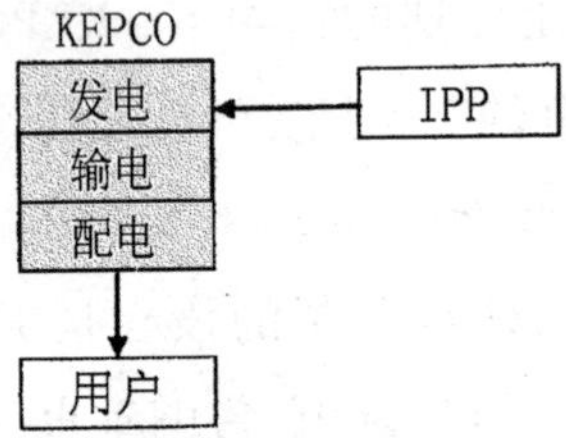

图2 准备阶段的电力工业结构

司，在将来有限的一段时期内，KEPCO仍然全权拥有该公司。各发电子公司通过电力交易市场，以价格竞标方式销售电力，也可以向一些大用户直接售电。至于与KEPCO签订有购售电合同的IPP，则可自由选择参与电力市场交易，或将产出电力继续售予KEPCO。电力交易市场的定价机制，系参考英国早期以成本为基础的电力库(POOL)制度，由韩国电力交易所(KPX)根据发电机组提供的可供发电容量及发电成本查核值，决定优先调度哪些发电机组发电，并据以决定系统边际价格(SMP)，目的在于发现既有发电机组的发电成本。政府打算在此阶段成立一个独立的电力监管机构，其职能是调控电价，并确保竞争的公平性。在本阶段中，发电市场的竞争程度相当有限，而KEPCO将继续向客户提供输变电服务，也就是说KEPCO虽然不再参与发电业务，但是它仍完全控制电力的输、配、售环节。这一时期电力工业结构如图3所示。

从2003年1月到2008年12月为批发市场竞争阶段。这一阶段，配售电资产将从KEPCO分离出去，KEPCO只剩下输电资产。分离后的配售电资产将按地区成立数家配电和售电公司，配电公司之间通过价格投标开展竞争，并分阶段实现民营化。KEPCO将放开输电网，保证配电公司自由使用输电网，并以独立电力公司的身份，向

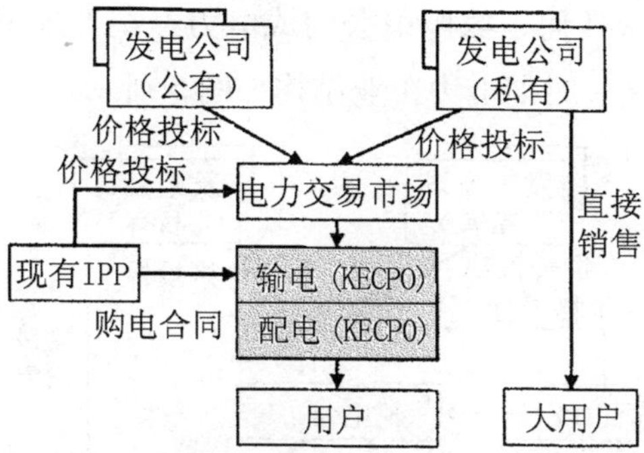

图3　发电竞争阶段的电力工业结构

配电公司、IPP收取电力输送费用。届时市场定价机制将改采用双向竞标的POOL模式，除中央调度将改用新建置的电能管理系统（EMS）外，亦将对输电线路损失及各类辅助服务采用新的成本分摊或定价机制。这一时期电力工业结构如图4所示。

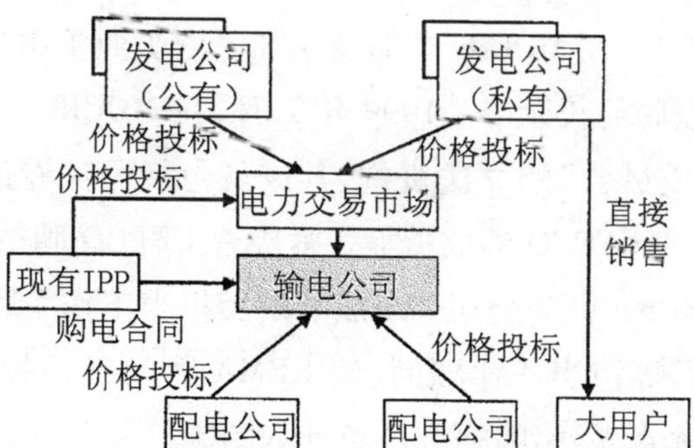

图4　批发市场竞争阶段的电力工业结构

2009年以后为零售竞争阶段，这也是市场化改革计划的最后一步。将会解除配电公司的地区控制权，放开配电网，消费者可以根据市场规则选定从任何一家配电公司或电力经纪商那里购买电力,实现零售竞争。这一时期电力工业结构如图 5 所示。

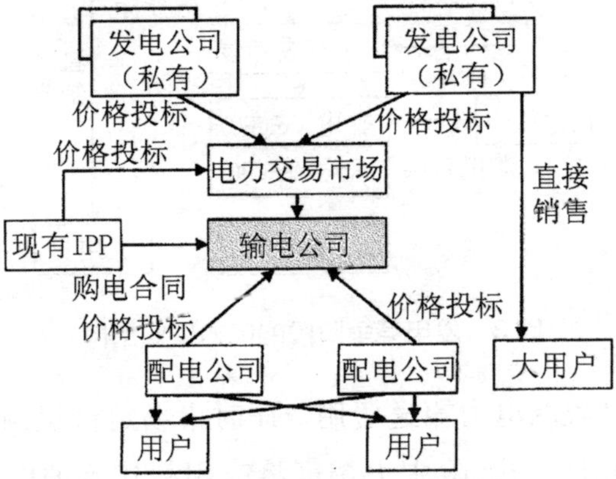

图 5　零售竞争阶段的电力工业结构

该计划的实际执行情况为:

1999 年 1 月,在 MOCIE 内部设立了电力工业重组执行机构,由自然资源管理局局长领导。1999 年 2 月,在 MOCIE 下设立了独立的名为"电力委员会"的立法机构,其成员包括民法专家、政府预算专家、MOCIE 和 KEPCO 的成员等。紧接着 KEPCO 聘请安德森顾问公司和美国 NERA 顾问公司等组成的财团担当工作主顾问、请 Baen kim & lee 公司等担当法律顾问、请 KEMA 顾问公司等担当技术顾问,成立了一个改革小组,研究改革计划的制订和方案的实施。

2000 年 12 月,韩国国会通过了两个电力法案——《电力工业重组促进法案》和《电力企业修正法案》,使得 KEPCO 拆分重组发电资产并使其民营化有了法律保障。

2001 年 4 月 2 日,KEPCO 的发电部门被分割成了 6 家全资发电子公司。为确保市场公平竞争, 6 家发电公司中的 1 家承接 KEPCO

所有的水力及核能发电机组,其余5家发电公司均分KEPCO其余的发电机组。同时成立的还有独立的电力交易中心(KXP),而KEPCO本身只负责输电、配电和售电业务。KXP采用"基于成本的电力库"(CBP)方式运作,有2个电力交易分市场,分别是为燃煤电厂和核能电厂准备的基本负荷型市场和非基本负荷型市场,根据需求预测,电力库计算出次日24小时贸易的系统边际价格。所有的发电商和零售商必须通过"基于成本的电力库"(CBP)进行电力贸易。发电商的发电容量通过拍卖程序竞标获得。KEPCO是市场的单一买家,但允许符合条件的大客户直接从电力库中购买限定的电量。每个发电机组的预计成本决定调度计划。KXP的发电成本评估委员会(GCEC)定期评估每个发电机的可变成本、工程费用、固定成本。此外,电力系统采用容量费的办法来促进发电容量的投资和补偿现有机组的成本回收。至此,在发电环节引入了竞争机制,韩国电力工业已经从垄断性市场结构演化为垄断竞争性市场结构,市场化改革取得了阶段性成果。

2002年7月,KEPCO宣布将首先出售一家子公司,即韩国东南电力公司(KOSEP)。LG、SK、浦项制铁、Hanwha等6家韩国国内企业和美国的迈朗公司、日本的日本电力公司等8家外国企业提交了购买意向书,但由于工人罢工、工会联盟反对、大韩商工会议所(KC-CI)等工商企业担心电力民营化会提高工商企业用电价格以及投标企业自身因素等原因,到2003年1月第一轮投标后,只剩下4家企业,2003年3月28日剩下的这4家企业也全部退出,KEPCO被迫宣布放弃拍卖韩国东南电力公司(KOSEP),受此影响,MOCIE重新评估了配电和售电资产的民营化计划。

2003年8月14日,美、加大停电事故发生后,加重了韩国民众对竞争市场环境下电力产业风险的忧虑，韩国政府为此建立了一个特别委员会，对电力改革方案重新进行了评估。2004年7月17日，该特别委员会提出的建议是：暂停从KEPCO分离配电和零售业务，改为引入独立事业部制，通过重组进行内部竞争；同一天，韩国政府宣布中止进一步电力私有化。

目前，亦不见新的电力民营化和电力结构改革措施出台。

四、韩国电力市场化改革展望及有待解决的课题

韩国电力市场化改革走在亚洲的前列，取得了巨大成就，但也有一些悬而未决的问题，主要有：

在韩国政府主导下的公有企业民营化浪潮中，自1987年起KEPCO开始了渐进式民营化，但直到今天，韩国政府仍持有KEPCO 52.6%的股份，和已经完成民营化的大韩航空、韩国重工业、国立教材出版等相比，应该说KEPCO的民营化是慎重而迟缓的，也可以说是不成功的。对经济效益良好的KEPCO实施民营化，受到了来自电力工人、工会联盟和一部分工商企业的反对，波折颇多。从目前来看，只是对KEPCO的非核发电资产实施了有限民营化。电力民营化是手段，而不是目的，电力市场化改革的目的是提高韩国电力工业效率，重点在于打破垂直一体化垄断，引入竞争机制。KEPCO的核电资产、配售电资产何时民营化；输电资产是否民营化，这是摆在韩国政府面前的一个课题。

2006年5月，韩国发电侧市场的装机容量和市场份额为：韩国水电与核电有限公司（KHNP）18250兆瓦（29.4%），韩国东南电力公司（KOSEP）7190兆瓦（11.6%），韩国中部发电公司（KOMIPO）8000兆瓦（12.9%），韩国西部发电公司（KOWECO）7280兆瓦（11.7%），韩国南部发电公司（KOSPO）7570兆瓦（12.2%），韩国东

西电力公司8500兆瓦(13.7%),其他独立发电商5230兆瓦(8.4%)。可见发电市场的竞争格局已经初步形成,但从KEPCO剥离重组而成的6家发电公司的全部装机容量高达56790兆瓦,占市场份额的91.6%,而这6家公司均脱胎于KEPCO,有着千丝万缕般的联系,很容易达成某种默契,利用市场势力获取垄断利益。根据韩国电力交易中心(KXP)月度报告,2006年5月在最大需求时段,可用功率为57108兆瓦,冗余功率为8624兆瓦,冗余度17.8%,虽然比1994年的55%有所降低,但还是偏高,[①]造成发电设备能力闲置,银行投资回收困难,对国民经济产生负面影响。可见,抑制市场势力,使发电侧有效竞争,降低冗余度,韩国电力交易中心任重而道远。

从1999年1月韩国政府发布的电力市场化改革计划来看,创新之处在于将输电和配电分开,在配电环节引入竞争机制。而实际执行情况是到目前为止,仅仅是2001年4月将发电公司从KEPCO剥离,KEPCO继续垄断着输电、配电和售电业务。电力工业结构调整受电力技术、经济理论等诸多因素限制,韩国何时能够实现图5所示那样的电力工业结构呢?

韩国的电力交易市场设计,很明显是借鉴了英国的POOL模式,但英国已于2001年3月放弃了POOL模式,改采用新电力交易规则(NETA)模式。从目前来看,韩国的电力交易市场还非常不完善,无论是硬件设施,还是交易制度、交易方式等都和通过电力交易市场配制电力资源的目标相去甚远。如何借鉴国际经验,结合韩国国情,建成规范、高效的韩国电力交易市场,还需要理论与实践的不断探索。

---

① 傅胤容、胡义华、潘永雄:《韩国电力市场化改革及启示》,载《华东电力》2007年第1期,第68页。

韩国的电力监管机构主要是 MOCIE，但实际上 KEPCO 也代行了一部分监管职能，这种既当裁判员、又是运动员的做法，明显违反了市场经济的基本原则，对 IPP 也是不公平的。虽然 1999 年 2 月韩国建立了名为“电力委员会”的立法机构，但是无论电力监管机构的设置，还是电力监管法律法规的制订与实施，都还有许多需要完善的地方。

韩国电力市场化改革的目标之一是形成市场定价机制，即具有竞争性的部门实行市场价格，具有自然垄断性的部门实行政府管制价格，这也是检验电力市场化改革成功与否的关键。现在，韩国的电价由政府制定并且是全国统一的，同其他国家的电价水平相比较，韩国的电价又一直保持在一个较低的水平。那么，韩国政府该怎样利用电价杠杆来调节电力投资者、工商企业、居民等各方面的利益关系，并形成市场定价机制呢？

KEPCO 作为韩国政府的有力后盾，目前承担着农村、渔村、未开发地区的电力普及以及各种公益事业等政府职能，随着电力市场化改革的逐步深入，它的这个作用将会被削弱。韩国政府将会通过什么部门、何种渠道来继续实施这些公益项目呢？

由以上议论可以看出，韩国电力市场化改革所面对的不仅仅是垄断与竞争问题，同时还涉及到公平与效率、国家战略和政府责任等问题，如果不能在这些问题的相互关系上找到合适的切入点，改革本身就会困难重重，并产生激烈的矛盾和冲突，改革的意义就会受到怀疑。

参 考 文 献

中文文献：

1. 王永干、刘保华：《国外电力工业体制与改革》，中国电力出版社2001年版。

2. 许纯祯：《西方经济学教程》，吉林大学出版社1996年版。

3. 龚维敬：《垄断经济学》，上海人民出版社2007年版。

4. 赵会茹、李春杰、李泓泽：《电力产业管制与竞争的经济学分析》，中国电力出版社2007年版。

5. [美]Steven Stoef 著，宋永华、刘俊勇、王秀丽译：《电力系统经济——电力市场设计》，中国电力出版社2006年版。

6. 吴小丁：《反垄断与经济发展——日本竞争政策研究》，商务印书馆2006年版。

7. 肖兴志：《自然垄断产业规制改革模式研究》，东北财经大学出版社2003年版。

8. [美]Geoffrey Rothwell、[西班牙]Tomás Gómez 著，叶泽、夏晓华译：《电力经济学：管制与放松管制》，中国电力出版社2007年版。

9. [英]Fiona Woolf 著，翻译工作组译：《全球输电扩展：通往成功之路》，中国电力出版社2007年版。

10. 李怀：《自然垄断理论研究》，东北财经大学出版社2003年版。

11. [日]根岸哲、舟田正之著，王为农、陈杰译：《日本禁止垄断法概论》,中国法制出版社 2007 年版。
12. 魏全平、童适平等:《日本的循环经济》,上海人民出版社 2006 年版。
13. 国家电力调度通信中心:《美国电力市场与调度运行》,中国电力出版社 2002 年版。
14. 曾鸣:《电力需求侧管理的激励机制及其应用》,中国电力出版社 2002 年版。
15. [美]杰里米·D. 兰伯特著,胡江艳、盛艳、姜新凡、潘力强译:《美国 PJM 电力市场》,中国水利水电出版社 2007 年版。
16. 国家电力监管委员会:《美国电力市场》,中国电力出版社 2005 年版。
17. 周定山:《西方国家电力体制改革实践及经验教训》,中国水利水电出版社 2005 年版。
18. 韩水、苑舜、张近珠:《国外典型电网事故分析》,中国电力出版社 2005 年版。
19. 国家电监会:《欧洲、澳洲电力市场》,中国电力出版社 2005 年版。
20. 张粒子、邓华等:《区域电力市场电价机制》,中国电力出版社 2004 年版。
21. 尚金成、黄永皓等:《电力市场技术支持系统设计与关键技术研究》,中国电力出版社 2002 年版。
22. 国家电力监管委员会:《国外电力市场规则和发电业务许可证制度》,中国电力出版社 2005 年版。
23. 叶泽:《电力竞争》,中国电力出版社 2004 年版。
24.《电力监管条例》,中国电力出版社 2005 年版。

25.《中国电力年鉴》,中国电力出版社2007年版。

26. 杨昆、孙耀唯、梁志宏:《电力市场及其目标模式》,中国电力出版社2008年版。

27. 阮大伟:《电力体制改革与供应链管理》,中国经济出版社2006年版。

28. 张海鱼:《中国经济增长与电力投资》,中国经济出版社2005年版。

29. 叶泽、欧阳永熙:《电力工业从垄断到竞争的结构演变》,载《电力技术经济》2004年第1期。

30. http://www.sp.com.cn/sjdl/dlgygk/yz/200304230052.htm.

31.《俄罗斯经贸动态》,http://www.agfine com,2003-07-30。

32.《俄罗斯上半年电力出口下降18%》,http://www.chinapower.com.cn,2002-09-13。

33.《白俄罗斯拟靠自身力量满足国内电力需求》,http://www.chinapower.com.cn,2004-02-10。

34. 陈志萱:《欧洲能源企业并购潮起》,载《经济日报》,2006年3月1日。

35. 美国松滨国际系统公司:《外国投资商:欢迎电力工业体制改革》,载《中国电力企业管理》2002年第7期。

36.《蒙古3省长期拖欠电费 俄罗斯电力公司停止供电》,http://www.news.tom.com,2002-11-19。

37. 王勇军、康永平、沈方:《电力市场中购电费用及竞争效率分析》,载《中国电力》2003年第6期。

38. 冯永晟、马源:《论输配电网的自然垄断属性》,载《电力技术经济》2008年第2期。

39. 刘阳平、叶元煦:《电力产业的自然垄断特性分析》,载《哈尔滨工程大学学报》1999 年第 5 期。
40. 黄晓玲、郭国川:《电力市场操纵力问题探析》,载《中国电力》2003 年第 6 期。
41. 杜立民、史晋川:《电力市场中市场力的监测:一个综述》,载《浙江大学学报(人文社科版)》2007 年第 4 期。
42. 戚聿东、柳学信:《自然垄断产业治理模式改革:国际经验及启示》,载《改革》2007 年第 1 期。
43. 齐向阳:《日本电力工业概述》,载《吉林电力》2002 年第 2 期。
44. 王翀中:《日本的电力市场自由化》,载《中国电业》2003 年第 12 期。
45. 阙光辉:《日本电力市场化改革最新进展及启示》,载《电力技术经济》2007 年第 3 期。
46. 何德功:《日本的新能源计划》,载《环境经济》2005 年第 6 期。
47.《日本:风力发电风行全国》,载《电力需求侧管理》2004 年第 5 期。
48. 吕春生:《日本的新能源开发及对我国的启示》,载《现代日本经济》2006 年第 6 期。
49.《日本电力工业概况》,载《国际电力》2003 年第 5 期。
50. 杜盛梅:《日本新能源政策及发展趋势》,载《中国电力报》2005 年 9 月 27 日。
51. [日]大森惠子:《日本新能源发电两翼齐飞》,载《中国电业》2003 年第 11 期。
52. 国家电监会市场部:《美国电力工业改革概况》,载《中国电力报》2006 年 2 月 21 日。

53.《美国国会通过2005年能源法》,载《国际电力》2005年第5期。
54. 杨家义:《美国电力重组及对中国的启示》,载《中国电力企业管理》2001年第8期。
55. 吴敬儒:《透视美国电力改革》,载《中国电力企业管理》2002年第1期。
56. 郭日彩、许子智等:《美国输电线路典型设计概况及对我国电网工程设计建设的启示》,载《电网技术》2007年第12期。
57. 俞燕山:《美国是怎样管电价的》,载《中国电力报》2006年12月8日。
58. 俞燕山:《 美国电力普遍服务与批发市场的监管》,载《中国电力报》2006年12月11日。
59. 王斌、江键键、康重庆、夏清:《美国标准电力市场的主要设计思想及其对我国电力市场设计的启迪》,载《电网技术》2004年第16期。
60. 傅书逷:《IEEE PES 2005年会电力市场部分综述》,载《电网技术》2006年第17期。
61. 国家电监会市场部:《美国电力工业改革概况》,载《中国电力报》2006年2月21日。
62. 胡江溢、王鹤、周昭茂:《电力需求侧管理的国际经验及对我国的启示》,载《电网技术》2007年第18期。
63. Joseph Eto著,徐建军、陆海燕译:《美国电力公司DSM的过去、现在和未来》,载《电力需求侧管理》1999年第2期。
64. 杨志荣:《DSM演进历史的评析》,载《中国能源》2003年第4期。
65. 何学民:《美国的夏季电力需求侧管理》,载《中国电力报》2004年7月13日。

66. 孙小菲:《美国实施 DSM 能效项目及政策介绍》,载《电力需求侧管理》2005 年第 2 期。
67. 国家经贸委考察团:《美国、加拿大电力需求侧管理考察报告》,载《电力需求侧管理》2002 年第 3 期。
68. 宋宏坤:《美国加州如何通过 DSM 解决能源危机》,载《电力需求侧管理》2004 年第 3 期。
69. Joseph Eto 著,王之伟译:《美国电力公司 DSM 的过去、现在和未来(续)》,载《电力需求侧管理》2000 年第 1 期。
70. 程迈越:《美国 PJM 电力市场对中国电荒的启示》,载《21 世纪经济报道》2004 年 1 月 22 日。
71. 国家电监会市场部:《美国 PJM 电力市场(上)》,载《中国电力报》2006 年 2 月 28 日。
72. 黄继明:《美国 PJM 电力市场探析》,载《国际电力》2002 年第 1 期。
73. 魏玢:《美国 PJM 电力市场及其对我国电力市场化改革的启示》,载《电力系统自动化》2003 年第 8 期。
74. 李才华、杜松怀等:《PJM 输电权运行机制及其在我国区域电力市场阻塞管理中的应用》,载《现代电力》2007 年第 3 期。
75. 高彦辉:《PJM 5 节点电力系统阻塞管理实例》,载《电网技术》2007 年增刊 2。
76. 国家电监会市场部:《美国 PJM 电力市场(下)》,载《中国电力报》2006 年 3 月 7 日。
77. 朱兆霞、邹斌:《PJM 日前市场电价的统计分析》,载《电力系统自动化》2006 年第 23 期。
78. 胡朝阳、韩祯祥、童建中:《美国东部 PJM 电力市场运营方式论述》,载《国际电力》2002 年第 4 期。

79. 袁懋振、陈允鹏等:《纽约电网及其对中国南方电网的启示》,载《南方电网技术研究》2006 年第 3 期。

80. 鲁顺、李灿、魏庆海等:《纽约电力市场探析》,载《电网技术》2004 年第 17 期。

81. 国家电监会市场部:《美国纽约电力市场(上)》,载《中国电力报》2006 年 3 月 14 日。

82. 国家电监会市场部:《美国纽约电力市场(下)》,载《中国电力报》2006 年 3 月 21 日。

83. 国家电监会市场部:《美国德州电力市场(上)》,载《中国电力报》2006 年 4 月 11 日。

84. 魏玢:《美国德克萨斯州电力市场模式及其信息技术(IT)应用》,载《国际电力》2004 年第 1 期。

85. 葛炬、张粒子:《美国德州 ERCOT 电力市场及其对我国电力改革的启示》,载《中国电力》2004 年第 12 期。

86. 邓雪:《美国德州输配电价机制政策与实践》,载《电力技术经济》2007 年第 1 期。

87. 何学民:《美国德州的电力零售改革》,载《中国电力报》2005 年 4 月 12 日。

88. 刘文军、杨云峰等:《美国德克萨斯州可再生能源市场发展状况》,载《中国电力》2007 年第 6 期。

89. 国家电监会市场部:《美国德州电力市场(下)》,载《中国电力报》2006 年 4 月 18 日。

90. 国家电监会市场部:《美国新英格兰电力市场(上)》,载《中国电力报》2006 年 3 月 28 日。

91. 胡朝阳、甘德强、沈沉:《新英格兰电力市场的能量市场和实现技术》,载《电力系统自动化》2003 年第 3 期。
92. 温步瀛、佘占兴、杜松怀:《新英格兰电力市场 AGC 辅助服务市场分析》,载《华北电力技术》2001 年第 9 期。
93. 温步瀛、杜松怀:《新英格兰电力市场运行备用辅助服务浅析》,载《东北电力技术》2001 年第 11 期。
94. 国家电监会市场部:《美国新英格兰电力市场(下)》,载《中国电力报》2006 年 4 月 4 日。
95. 甘德强、胡朝阳、沈沉:《美国新英格兰备用电力市场设计和优化新模型》,载《电力系统自动化》2003 年第 2 期。
96. 张卫东、童琪波:《美国加州发生电力危机的情况介绍与分析》,载《电力技术经济》2001 年第 2 期。
97. 朱成章:《美国加州电力危机的启示》,载《国际电力》2001 年第 2 期。
98.《美、英两国的电力市场模式》,载《中国电业》2003 年第 12 期。
99. 朱成章:《美国加州电力危机透视》,载《中国电力企业管理》2001 年第 4 期。
100. 陈琦、朱成章:《美国加州电力危机产生的原因及教训》,载《农电管理》2001 年第 9 期。
101. 戴铁潮:《美国加州电力市场危机的思考》,载《浙江电力》2001 年第 4 期。
102. 张干周:《美国南加州爱迪生能源公司用户负荷实时管理》,载《国际电力》2005 年第 6 期。
103. 宋志强、蒲新华、连明澄、程迈越:《加州电力危机再认识——美国电力改革的经验教训与电力企业风险》,载《中国电力企业管理》2003 年第 11 期。
104. 徐永禧:《美国电力市场发展现状》,载《国际电力》2004 年第 2 期。
105. [美]威廉姆 · L. 马赛:《市场化与管制——加州危机之后的美国电力改革》,载《中国电力企业管理》2002 年第 3 期。
106. 国家电监会市场部:《美国加州电力市场》,载《中国电力报》2006 年 4 月 25 日。
107. 《"美、加两国 8 · 14 大面积停电事件"的基本情况》,载《现代电力》2003 年第 5 期。
108. 《美加联合调查组公布 8 · 14 大停电中期调查报告》,载《国际电力》2003 年第 6 期。
109. 徐永禧编译:《美国、加拿大 8 · 14 大停电》,载《国际电力》2003 年第 5 期。
110. [德] Günther Beck, Dusan Povh, Dietmar Retzmann, Erwin Teltsch:《全球大停电的经验教训》,载《中国电力》2007 年第 10 期。
111. 李正信:《美国电力系统乱如麻》,载《经济日报》2003 年 8 月 28 日。
112. Amy lee:《大停电警示美国电力行业》,载《中国科技财富》2003 年第 9 期。
113. 《美加"8 · 14"大停电事故调查组完成最终报告》,载《国际电力》2004 年第 2 期。
114. 李敬如、左晓文:《美国输电网建设的启示》,载《中国电力企业管理》2008 年第 5 期。
115. 王熙亮、张晓东、宋卫东:《美国洛杉矶"9 · 12"大面积停电事故过程》,载《国际电力》2005 年第 5 期。

116. 李莉华、高凯、迟峰:《美国纽约 7 · 17 停电事故调查与分析》,载《中国电力》2007 年第 5 期。

117. 朱成章:《美国加州电力危机和美加大停电对世界电力的影响》,载《中国电力》2003 年第 11 期。

118. 徐永禧:《北美历次大停电比较及影响可靠性因素的变化》,载《国际电力》2004 年第 1 期。

119. 王熙亮、张晓东、宋卫东:《美国洛杉矶"9 · 12"大面积停电事故过程》,载《国际电力》2005 年第 5 期。

120. 李莉华、高凯、迟峰:《美国纽约 7 · 17 停电事故调查与分析》,载《中国电力》2007 年第 5 期。

121. 沈培新:《美国电力管理体制的改革》,载《电力技术经济》2005 年第 3 期。

122. 薄斌、张萌:《美国私营企业顾问机构总裁对美国电力工业改革发展的分析》,载《国际电力》2004 年第 4 期。

123.《1999 年以来美国电力改革州的工业用户电价与未改革州的相比反而逐年上升》,载《中国电力》2008 年第 2 期。

124. 国家电监会市场部:《美国各电力市场的比较及小结》,载《中国电力报》2006 年 5 月 9 日。

125. 徐永禧:《美国 EPRI 对美国电业改革的趋势分析》,载《国际电力》2004 年第 2 期。

126. 鲁海燕、宋永华:《英国电力工业概述》,载《现代电力》2005 年第 2 期。

127. 张敏蔚:《英国电力工业改革的启示》,载《陕西电力》2007 年第 6 期。

128. 时璟丽:《竞争性电力市场环境下可再生能源发电的国际发展经验和对我国的启示》,载《中国电力》2007 年第 6 期。
129. 孙建国、李文溥:《管制产业中的产权制度变革——对英国电力管制改革的分析》,载《厦门大学学报》2003 年第 6 期。
130. 方彤:《中国及世界电力入围 2007 年财富 500 强情况》,载《中国电力》2007 年第 9 期。
131. [韩]吴周翰:《英国电力产业民营化对中国的启示》,载《山东经济》1999 年第 1 期。
132. 仇明:《英国与世界电力改革及其对我国的启示》,载《数量经济技术经济研究》2002 年第 1 期。
133. 李帆、朱敏:《英国电力市场及输电系统简介》,载《电力系统自动化》1999 年第 2 期。
134. 王家伟:《英国电力市场化改革之路》,载《现代电力》2004 年第 3 期。
135. 张敏蔚:《英国电力工业改革的启示》,载《陕西电力》2007 年第 6 期。
136. 李帆、宋永华:《英国电力市场模式改革回顾与展望》,载《国际电力》1999 年第 1 期。
137. 宋卫东:《开放电力市场使英国电价持续下降》,载《中国电力企业管理》2000 年第 11 期。
138. 朱成章:《英国电力改革后电价是怎样降下来的》,载《农电管理》2001 年第 6 期。
139. 沈录孙、吴琪彬:《与时俱进的英国电力改革——英国新电力交易制度及实施》,载《中国电力企业管理》2002 年第 4 期。
140. 许芸:《英国对电力用户的无功管理方式及其启示》,载《电力需求侧管理》2008 年第 1 期。

141.《英国售电许可证通用条款节选》,载《电力信息化》2005 年第 11 期。

142. 赵九斤:《英国新电力交易制度运行状况》,载《国际电力》2002 年第 3 期。

143. 何永秀等:《英国电力备用市场化运营经验及对我国的启示》,载《国际电力》2003 年第 5 期。

144. 王秀丽、宋永华、王锡凡:《英国电力市场——结构、成效及问题》,载《中国电力》2003 年第 6 期。

145. 朱敏:《英国第三次电力工业改革——BETTA 实施》,载《现代电力》2005 年第 3 期。

146. 陈胜利、吴迪、孙月琴、汤伟:《英国电力市场发展与机网协调管理机制》,载《安徽电力》2006 年第 4 期。

147. [法]施梅滋:《法国电力公司——中国电力部门的合作伙伴》,载《国际贸易》1994 年第 6 期。

148. 梁木、徐灵军:《法国电力工业近况》,载《国际电力》1998 年第 1 期。

149. 王晓玲:《法国电力:为了即将到来的大市场》,载《商务周刊》2007 年 12 月 7 日。

150. http://www.sp.com.cn.

151.《法国核电占全法年总发电量 85%》,载《中国产经新闻报》2004 年 4 月 30 日。

152. 国电信息中心:《法国电力现状及展望》,http://www.sp.com.cn。

153. 范明天、苗竹梅、王敏:《赴意大利、法国考察供电技术管理的报告》,载《电力设备》2004 年第 6 期。

154. 李卫平、秦勇:《法国电力公司电网公司的市场运营》,载《华东电力》2006 年第 4 期。

155. 邹庚来:《再访法国电力公司》,载《电力技术经济》2004 年第 4 期。

156. 李卫平、秦勇:《法国电力公司电网公司的市场运营》,载《华东电力》2006 年第 4 期。

157. 沙亦强:《法国电力公司改制上市的启示》,载《中国电力企业管理》2006 年第 8 期。

158.《法国建立电力交易所》,载《电力需求侧管理》2001 年第 1 期。

159. 尚武:《法电股票发售受欢迎》,载《中国电力报》2005 年 11 月 24 日。

160. 陈志萱:《法国电力公司股票正式上市》,载《经济日报》2005 年 11 月 23 日。

161. 杨雅洁:《市场化改革的法电路径——法国电力公司亚太区总裁马识路谈"资本开放"》,载《中国电力报》2005 年 12 月 15 日。

162. 王晓玲:《法国电力:为了即将到来的大市场》,载《商务周刊》2007 年 12 月 7 日。

163. 邹庚来:《法国电力公司考察印象(下)》,载《大众用电》2000 年第 3 期。

164. 靳风林:《资本开放与企业的社会伦理责任——个案研究:以法国电力集团企业伦理建设为例》,载《科学社会主义》2006 年第 4 期。

165. 从远:《法国电力公司三步骤力推社会责任》,载《中国企业报》2007 年 5 月 16 日。

166. 融慧:《〈法国电力集团可持续发展报告〉介绍和简评》,载《WTO经济导刊》2007 年第 5 期。

167. 王倩:《法国电力公司责无旁贷地承担社会责任》,载《WTO 经济导刊》2006 年第 1 期。

168. 齐绍洲、刘健、罗威:《欧盟能源市场一体化浅析》,载《法国研究》2006 年第 1 期。

169. 程莹:《法电公司大张旗鼓搞改制》,载《中国电力企业管理》2004 年第 4 期。

170. 邹庚来:《法国电力公司管理与改革介绍》,载《湖南电力》2005 年第 2 期。

171. 芦龙军:《法国电力公司被迫降低电力批发价格以刺激竞争》,http://www.xinhuanet.com,2007 - 12 - 17。

172. 中国驻俄使馆经商参处:《俄罗斯电力工业现状和前景》,http://www.ru.mofcom.gov.cn,2007 - 07 - 04。

173. 傅霞飞、狄丹:《俄罗斯的电力工业改革历程》,载《电网技术》2004 年第 22 期。

174.《俄罗斯上半年电力出口下降 18%》,http://www.chinapower.com.cn,2002 - 09 - 13。

175. 孙耀唯:《俄罗斯电力改革的启示》,载《中国电力企业管理》2008 年第 9 期。

176.《俄罗斯电力改革决而未断》,载《经济时报》2003 年 4 月 30 日。

177. 张重实:《俄罗斯统一电力系统股份公司》,载《国际电力》2001 年第 1 期。

178. 傅霞飞:《俄罗斯电力工业的当前情况与问题》,载《电网技术》2002 年第 9 期。

179. 熊昆、杨硕、张建南:《俄罗斯电力体制改革现状》,载《中国电力企业管理》2004 年第 4 期。
180.《俄罗斯的第 4 次电力改革》,载《中国电力》2002 年第 3 期。
181.《俄罗斯以市场电价成交首笔交易》, http://www.chinapower.com.cn,2004－02－16。
182. 朱治中、谢开、于尔铿:《俄罗斯电力改革中的市场设计述评》,载《电网技术》2005 年第 14 期。
183. 阮前途:《解读莫斯科大停电确保上海电网安全运行》,载《华东电力》2005 年第 9 期。
184. [俄]俄罗斯统一电力系统股份公司事故调查委员会撰,徐永禧译:《莫斯科"5·25"大停电事故及应汲取的经验教训》,载《国际电力》2005 年第 5 期。
185. 鲁宗相:《解析莫斯科大停电》,载《中国电力企业管理》2005 年第 7 期。
186. http://www.cpnn.com.cn/hqdl/200709100018.htm.
187. [俄]Г. Г. 拉平撰,赵秋云译:《俄罗斯电力发展前景》,载《水利水电快报》2007 年第 16 期。
188. 郭辑:《俄罗斯电力欢迎外资进入》,载《经济日报》2007 年 9 月 12 日。
189.《俄罗斯推出电力趸售和零售市场新模式》,载《中国电力》2007 年第 7 期。
190. 臧文茜、殷赅:《俄罗斯电力垄断巨头今日分解完毕》,载《第一财经日报》2008 年 7 月 1 日。
191. 叶荣泗:《欧盟开放电力市场通览》,载《中国电力企业管理》2003 年第 2 期。

192. 孙建平、戴铁潮:《北欧电力市场发展概况》,载《华东电力》2006 年第 12 期。

193. 国家电监会市场部:《北欧电力市场》,载《中国电力报》2005 年 12 月 13 日。

194. 李博、朱元成:《北欧电力市场辅助服务》,载《中国电力》2008 年第 4 期。

195. 宋永华、孙静:《欧洲的电力市场发展及对我国的启发》,载《电力技术经济》2008 年第 3 期。

196. 刘雅芳:《欧盟电力市场化改革的情况和启示》,载《中国电业》2008 年第 1 期。

197. 魏玢、马莉:《欧盟电力市场化改革最新进展及启示》,载《电力技术经济》2007 年第 2 期。

198. 张运洲:《欧洲联网的经验和启示》,载《中国电力报》2007 年 10 月 9 日。

199. 林西:《欧洲能源市场开放之路困难重重》,载《中国电力报》2007 年 7 月 18 日。

200. 葛睿、董昱、吕跃春:《欧洲"11 · 4"大停电事故分析及对我国电网运行工作的启示》,载《电网技术》2007 年第 3 期。

201. 陈俊侠:《法电力公司"大步"跟进欧洲电力私有化》,载《新华每日电讯》2005 年 11 月 23 日。

202. 刘宝华、王冬容、舒安杰:《对加州电力危机的再认识》,载《电力系统自动化》2007 年第 7 期。

203. 胡子瑜:《英美电力改革的比较及其对我国的启示》,载《番禺职业技术学院学报》2005 年第 2 期。

204. 夏清、黎灿兵、江健健等:《国外电力市场的监管方法指标与手段》,载《电网技术》2003 年第 3 期。

205. 张驰:《中外电力改革理论和实践的比较分析》,载《电力技术经济》2005 年第 4 期。

206. 王晓林:《电力改革方案始末》,载《财经》2002 年第 3—4 期。

207.《电力体制改革方案述评》,载《中国行业分析报告·电力》2002 年 5 月 10 日。

208.《电力大洗牌后的发电资产重组》,载《赣电科普》2003 年 4 月 8 日。

209. 陆文辉:《中国电力:大洗牌后新格局》,载《中国电业》2003 年第 1 期。

210. 任春、谢毅等:《盘点五年电改风云 纵论电力发展大势》,载《中国电力报》2007 年 12 月 28 日。

211. 沙亦强:《电力市场建设十年——专访国家电监会市场监管部主任刘宝华》,载《中国电力企业管理》2008 年第 8 期。

212. 段贵恒:《改革:求索创新之路》,载《中国电力报》2007 年 12 月 28 日。

213. 中电联统计信息部:《2008 年 1—6 月全国电力工业生产简况》,载《中国电力企业管理》2008 年第 8 期。

214. 电监会课题组:《电力改革稳步推进》,载《中国电力报》2007 年 10 月 15 日。

215. 段贵恒:《发展:成就辉煌篇章》,载《中国电力报》2008 年 1 月 4 日。

216. 中电联统计信息部:《2008 年 1—6 月全国电力工业生产简况》,载《中国电力企业管理》2008 年第 8 期。

217.《中国电力社会普遍服务调研报告综述》,载《农电管理》2007

年第 8 期。
218.《世界银行:中国电力市场的绩效问题与各方利益平衡》,载《商务周刊》2007 年第 20 期。
219. 王改现:《解析"十五"以来电力消费弹性系数》,载《中国电力企业管理》2008 年第 8 期。
220. 朱成章:《"十五"期间能源和电力弹性系数、产值能耗》,载《电力需求侧管理》2006 年第 4 期。
221. 姜绍俊:《电力价格的比较分析》,载《中国电力企业管理》2008 年第 4 期。
222. 童明光、张毅等:《大用户直购电模式及其在我国的应用》,载《电力技术经济》2006 年第 2 期。
223. 汪建煌、柯国庆:《大用户直供应慎行》,载《中国电力企业管理》2008 年第 3 期。
224. 大用户直接交易研究课题组:《大用户直接交易:机制与模式建议》,载《中国电力企业管理》2008 年第 3 期。
225. 赵晔、罗治强、赵玉柱:《2007 年国家电网安全运行情况分析》,载《中国电力》2008 年第 5 期。
226. 沙亦强:《电力市场建设十年——专访国家电监会市场监管部主任刘宝华》,载《中国电力企业管理》2008 年第 8 期。
227. 李虹:《中国电力工业监管绩效实证分析》,载《财贸经济》2007 年第 4 期。
228. 陈建长:《电力市场监管理论与实践的探讨》,载《电力技术经济》2007 年第 1 期。
229. 杨鸿义:《农电改革和发展的历史丰碑——从"两改一同价"到"新农村、新电力、新服务"农电发展战略》,载《农电管理》2008

年第8期。

230.《韩国拟定大规模建设发电厂计划》,载《中国电力》2007年第2期。

231. 宋卫东、王熙亮:《韩国电力工业概况》,载《国家电网》2006年第10期。

232. [韩]金圣洙:《韩国电力部门的调整与重组》,载《中国电力企业管理》2002年第2期。

233.《韩国电力行业走向私有化》,http:www.xz66.com.2002-10-17。

234. 国家电监会:《韩国电力市场化改革概况》,载《中国电力报》2006年7月26日。

235. 徐建军:《韩国电力公司的重组和DSM政策》,载《电力需求侧管理》2000年第1期。

236. 张宝仁、李银珩:《韩国公有企业民营化及期效果分析》,载《东北亚论坛》2002年第3期。

237. 傅胤容、胡义华、潘永雄:《韩国电力市场化改革及启示》,载《华东电力》2007年第1期。

外文文献:

238. エネルギー政策研究会『電力ビジネス事典』エネルギーフォーラム、2004年9月。

239. 西村陽『電力改革の構図と戦略』エネルギーフォーラム、2000年11月。

240. 山家公雄『電力自由化のリスクとチャンス』エネルギーフォーラム、2001年9月。

241. 経済協力開発機構・国際エネルギー機関著、中田俊彦訳『電力自由化と構造改革—競争市場に対する戦略的思考とは?』技術経済研究所、2002 年 9 月。
242. 鈴木浩・渡辺進『ITが拓く電力ビジネス革命』オーム社、2002 年 7 月。
243. 竹内英次郎『外から見た「電力自由化」』日本電気協会新聞部、2004 年 2 月。
244. 石黒正康・野村宗訓『変貌するアジアの電力市場—アセアン諸国の電力構造改革の行方』日本電気協会新聞部、2004 年 6 月。
245. 世界銀行編、生島靖久訳『インフラストラクチャーの改革—民営化と規制と競争の経済学』シュプリンガー・フェアラーク東京、2005 年 5 月。
246. 山田聡『電力自由化の金融工学』東洋経済新報社、2001 年 6 月。
247. 植草益『産業融合—産業組織の新たな方向』岩波書店、2000 年。
248. 南部鶴彦『電力自由化の制度設計—系統技術と市場メカニズム』東京大学出版会、2003 年 3 月。
249. 南部鶴彦・西村陽『エナジー・エコノミクス—電力・ガス・石油:理論・政策融合の視点』日本評論社、2002 年 10 月。
250. 八田達夫・田中誠『電力自由化の経済学』東洋経済新報社、2004 年 8 月。
251. シャロン・ビーダー著、高橋健次訳『電力自由化という壮大な詐欺—誰が規制緩和を望んだか』草思社、2006 年 4 月。

252. 中瀬哲史『日本電気事業経営史—9 電力体制の時代』日本経済評論社、2005 年 3 月頁。
253. 圓尾雅則『電力・ガス』日本経済新聞社、2006 年 11 月。
254. 森田隆大『資本市場と電力』日本電気協会新聞部、2001 年 2 月。
255. 橘川武郎『日本電力業発展のダイナミズム』名古屋大学出版会、2004 年 10 月。
256. 植草益『エネルギー産業の変革』NTT 出版株式会社、2004 年 1 月。
257. 土方薫『電力デリバティブ』シグマベイスキャピタル、2004 年 9 月。
258. 矢島正之『電力自由化に勝ち抜く経営戦略--電気事業の近未来』エネルギーフォーラム、2005 年 12 月。
259. 井上雅晴『電力自由化 2007 年の扉』エネルギーフォーラム、2004 年 11 月。
260. 経済産業省『エネルギー白書 2006』ぎょうせい、2006 年 7 月。
261. 青木幸弘・西村陽『電力のマーケティングとブランド戦略』日本電気協会新聞部、2004 年 2 月。
262. 西村陽『電力自由化完全ガイド』エネルギーフォーラム、2004 年。
263. 井熊均『電力取引ビジネス』東洋経済新報社、2001 年 5 月。
264. 経済産業省『エネルギー白書 2004』ぎょうせい、2004 年 6 月。
265. 西村隆夫『日本のエネルギー産業—政治経済学の視点から見た規制緩和と環境への影響』同友館、2002 年 8 月。
266. 飯田哲也『自然エネルギー市場—新しいエネルギー社会のす

がた』築地書館、2005 年 2 月。
267. 中村政雄『電力自由化をめぐるQ&A—どうなる・日本のエネルギー』日本リーダーズ協会 2001 年 11 月。
268. 矢島正之『電力改革再考—自由化モデルの評価と選択』東洋経済新報社、2004 年 2 月。
269. 野村宗訓『電力市場のマーケットパワー』日本電気協会新聞部、2002 年 6 月。
270. 飯島昭彦『分散型電源はパラサイト—電力系統からの警告』エネルギーフォーラム、2003 年 10 月。
271. 紺谷典子『金融技術と電力』日本電気協会新聞部、2001 年 3 月。
272. 野村宗訓『欧洲の電力取引と自由化』日本電気協会新聞部、2003 年 12 月。
273. 川本明『新展開電力ビジネス』日本電気協会新聞部、2001 年。
274. 長山浩章・柏木健志『世界の自由化は今—変わる電力自由化のビジネスチャンス』日本電気協会新聞部、2004 年 12 月。
275. ジョン　ウェングラー著、鮫島隆太郎訳『電力取引とリスク管理—エネルギー市場取引入門』エネルギーフォーラム、2003 年 6 月。
276. R. Schmalensee, B. Golub, "Estimating Effective Concentration in Deregulated Wholesale Electricity Markets," *Rand Journal of Economics*, 1984, 15(1).
277. S. Blumsack, L. B. Lave, "Mitigating Market Power in Deregulated Electricity Markets", http://www. Andrew. cmu. edu/user/sblumsac/usaee. pdf, 2006 - 04 - 13.

278. Mathew Barmack, Edward Kahn, Susan Tierney, " A Cost-Benefit Assessment of Wholesale Electricity Restructuring and Competition in New England. *IEEE Journal of Regulatory Economics*, 2007, 31 (2).

279. Paul L. Joskow, Electricity Market Liberalization Lessons Learned from the U. S. Berlin, June16, 2004.

280. http: //www. tepco. co. jp.

281. http://www. nedo. go. jp.

282. http://www. enecho. meti. go. jp.

后　记

在书稿即将付梓之际，我既不安，又满怀感激之情。

不安的是，虽已殚精竭虑，但由于自身学识水平所限，觉得书稿中还有很多遗憾，纰缪之处还望各位专家、读者不吝赐教。

感激的是，没有方方面面的鼎力支持，难有本书的问世。首先，感谢我的师长。谢谢各位老师给予我的谆谆教诲和悉心培养。我的导师吉林大学的余昺鵰教授从研究方向的确立、逻辑结构的安排、到写作修改及定稿，都倾注了大量的心血，对书稿的形成起到了关键作用。余老师精益求精、严谨认真的治学态度令我敬重而钦佩，对我多方面的指导更让我受益匪浅，终身难忘。其次，感谢我的领导和同事。谢谢你们对我的关心、鼓励与帮助。尤其要感谢东北师范大学日本研究所所长尚侠教授对我的爱护、宽容与督促。尚教授曾利用赴日本讲学的机会自掏腰包为我购买并邮寄了很多有价值的书籍。再者，本书汲取和引用了国内外许多专家学者的研究成果；日本国际交流基金提供了相关研究资料并资助出版；商务印书馆的编辑们为本书的出版付出了辛勤的劳动，尤其是朱绛先生，他一丝不苟的工作作风令我非常敬佩。在此一并表示感谢。此外，还要感谢我的家人。他们的理解和无私奉献是我拼搏的动力，在今后的工作、学习中，我将百倍努力，以更加优秀的成绩回报他们的厚爱。

最后,再一次向所有关心与帮助我的人和机构表示真诚的感谢和崇高的敬意！谢谢你们！

井志忠

2008 年 9 月